BIBLIOTHÈQUE SOCIOLOGIQUE

A. HAMON

PSYCHOLOGIE
DE
L'ANARCHISTE-SOCIALISTE

Amicus Plato, sed magis amica veritas.

PARIS
P. V. STOCK, ÉDITEUR
(Librairie TRESSE & STOCK)
8, 9, 10, 11, GALERIE DU THÉATRE-FRANÇAIS
PALAIS-ROYAL

1895

BIBLIOTHÈQUE SOCIOLOGIQUE

A. HAMON

PSYCHOLOGIE
DE
L'ANARCHISTE-SOCIALISTE

Amicus Plato, sed magis amica veritas.

PARIS
P. V. STOCK, ÉDITEUR
(Librairie TRESSE & STOCK)
8, 9, 10, 11, GALERIE DU THÉATRE-FRANÇAIS
PALAIS-ROYAL

1895

A. HAMON

PSYCHOLOGIE

DE

L'ANARCHISTE-SOCIALISTE

A LA MÊME LIBRAIRIE

Ouvrages déjà publiés
dans cette Bibliothèque Sociologique :

LA CONQUÊTE DU PAIN, par *Pierre Kropotkine*. Un volume in-18, avec préface par *Elisée Reclus*, 4e édition. Prix 3 50

LA SOCIÉTÉ MOURANTE ET L'ANARCHIE, par *Jean Grave*. Un volume in-18, avec préface par *Octave Mirbeau*. Prix 3 50

DE LA COMMUNE A L'ANARCHIE, par *Charles Malato*. Un volume in-18, 2e édition. Prix 3 50

ŒUVRES de *Michel Bakounine*. Fédéralisme, Socialisme et Antithéologisme. Lettres sur le Patriotisme. Dieu et l'État. Un volume in-18. Prix . . . 3 50

ANARCHISTES, mœurs du jour, roman, par *John-Henry Mackay*, traduction de *Louis de Hessem*. Un volume in-18. Prix 3 50

Sous Presse :

L'UNIQUE ET SA PROPRIÉTÉ, par *Max Stirner*. Un volume in-18. Prix 3 50

AU

PROFESSEUR LACASSAGNE

par sympathie de scientiste,
cet essai scientifique est dédie

A. HAMON.

Il a été tiré, à part, 35 exemplaires sur papier de Hollande, numérotés à la presse (1 à 35).

BIBLIOTHÈQUE SOCIOLOGIQUE

A. HAMON

PSYCHOLOGIE
DE
L'ANARCHISTE-SOCIALISTE

Amicus Plato, sed magis amica veritas.

PARIS
P. V. STOCK, ÉDITEUR
(Librairie TRESSE & STOCK)
8, 9, 10, 11, GALERIE DU THÉATRE-FRANÇAIS
PALAIS-ROYAL

1895

DU MÊME AUTEUR

HYGIÈNE

Etude sur les eaux potables et le plomb. Paris, 1884. Traduction turque, Constantinople, 1889.

L'Esposizione d'Igiène di Parigi. Piacenza, 1886.

Chronique de l'Hygiène en Europe. Montréal, 1886.

Dell' uso dei tubi di Piombo per la condotta delle acque alimentari. Piacenza, 1889; traductions polonaise et espagnole.

Sociologie et Hygiène. Bordeaux, 1889; traduction italienne, Naples, 1889.

Traité de l'hygiène publique d'après ses applications dans les différents pays de l'Europe, par le Dr Palmberg. Traduction française, Paris, 1891.

SOCIOLOGIE

L'Agonie d'une Société. 1889, (en collaboration avec M. G. Bachot.)

Ministère et Mélinite, 1891, (en collaboration avec M. G. Bachot), 5e *mille*.

France sociale et politique. Année 1890, 2 volumes; année 1891. Paris, 1891 et 1893.

Survivances animiques et polythéiques en Bretagne. Paris, 1893.

Les hommes et les théories de l'Anarchie. Paris, 1893. Traduction espagnole, Buenos-Ayres, 1894.

De la définition du crime. Lyon, 1893. Traductions portugaise, espagnole, (Madrid 1894); anglaise 1895.

Psychologie du militaire professionnel. Paris et Bruxelles, 1894, (8e *mille*). Traductions allemande, espagnole et italienne.

En préparation :

La genèse de l'Anarchiste-Socialiste.
La France sociale et politique, année 1892.

PRÉFACE

> « Quel but vous êtes-vous proposé ?
> — Eh ! mon Dieu ! le même qu'on se propose en écrivant toute histoire : Trouver le vrai. »
>
> E. RENAN.

Ce livre est le deuxième de la série que nous avons entreprise sous le titre générique d'Etudes de psychologie sociale. Le premier, la *Psychologie du Militaire professionnel* — paru en novembre 1893 — nous valut les injures de certains, les éloges d'autres et fut motif de longues et quelquefois acerbes polémiques. C'était un livre de science que maints chroniqueurs tinrent à considérer comme un réquisitoire, une diatribe. Nous avions recherché la vérité et son exposé simple, à nouveau, justifiait cette parole de Pascal : « Trop de vérité nous étonne. »

Comme en tous nos antérieurs travaux notre seule et unique fin en écrivant la *Psychologie de l'Anarchiste-Socialiste* est la recherche de la vérité. Nous ne saurions trop le répéter : Nous RECHERCHONS LA VÉRITÉ. Une fois que nous croyons l'avoir trouvée, nous la livrons au monde parce que nous pensons avec Bossuet que : Quiconque possède la vérité la doit à ses frères ; car elle est un bien commun.

Homme de science — ce qui pour nous signifie homme recherchant la vérité sans se soucier des inconvénients ou des avantages qui en peuvent résulter pour soi, les siens, son pays, la société -- nous avons écrit une monographie scientifique sans nous occuper si elle servait ou nuisait à tel ou tel individu, à tel ou tel parti, à telle ou telle société.

Nous recherchons la vérité ; et cette recherche nous la faisons impartialement, impassiblement. Déterministe, nous pensons que l'homme est irresponsable de ses pensées et de ses actes. Il conçoit les unes, agit les autres, et, toutes conditions étant données, il ne pouvait pas ne pas les concevoir, ne pas les agir. Il n'a donc ni mérite ni démérite à ces conceptions, à ces actions. Il est un effet, une résultante de multiples composantes.

Cette conception déterministe nous rend aisée l'impartialité. Il nous est ainsi très facile de faire abstraction de nos préférences, de nos amitiés. Nous ne disons point de nos haines, car nous n'en avons point, ni contre les hommes, de purs et simples effets, ni contre les concepts et les institutions, effets aussi de multiples causes [1].

Nous avons fait tous nos efforts pour garder la sérénité qui doit être l'apanage du scientiste. Nous pensons avoir réussi à conserver l'impassibilité du chercheur de vérité.

Dans la *Psychologie du Militaire professionnel*, nous avons montré l'influence de la profession sur la mentalité des individus qui l'exercent. Nous avons

1. D'aucuns pourraient inférer de ces lignes, que pour nous les hommes sont *seulement* des effets et ne sont *jamais* des causes. Nous pensons que l'homme est *toujours* un effet et que *tout effet agit à son tour comme cause.*

prouvé par la méthode d'observation que l'exercice d'une profession caractéristique détermine dans les cérébralités des exerçants un état spécial, nettement particulier aux membres de la profession.

Dans la *Psychologie de l'Anarchiste-Socialiste*, nous montrons que les adeptes d'une même doctrine philosophique possèdent une constitution psychique commune. Nous prouvons par la méthode positive et la méthode rationnelle que l'adoption d'une doctrine philosophique indique chez les adeptes l'existence de caractères mentaux communs.

Dans ce livre, nous établissons le type idéal, moyen de l'Anarchiste-Socialiste, de même que le naturaliste établit le type idéal, moyen, de l'homme ou d'une autre espèce animale quelconque. Pour la détermination de ce type moyen, nous recourons à la méthode positive. La méthode rationnelle n'est, par nous, utilisée que pour confirmer les déductions tirées dé faits relatés.

Dans le premier livre de cette série psychologique, je me servis de faits cueillis dans les livres, les revues, les journaux. Ici ce procédé ne pouvait me servir, car les documents manquent. Je dus recourir à un autre système qui me fut suggéré par la lecture d'un ouvrage du Dr G. Saint-Paul. L'*Essai sur le Langage intérieur*, inspiré par notre éminent collègue de la société d'Anthropologie de Paris, le Dr Lacassagne, est établi à l'aide de questions adressées par écrit à un certain nombre de personnes. Ce procédé nous parut devoir permettre l'établissement de la psychologie de l'Anarchiste et nous y recourûmes en adressant à un certain nombre d'anarchistes ce simple questionnaire :

1° Pourquoi êtes-vous Anarchiste-Socialiste ?

2° Comment êtes-vous devenu Anarchiste-Socialiste ?

Je priais aussi de m'indiquer l'âge, la profession, la nationalité.

Les réponses ne manquèrent point. Les unes étaient signées et il était indifférent aux signataires que leur nom fût livré à la publicité. D'autres préféraient garder l'anonyme. D'aucunes réponses même me parvinrent sans que je susse le nom de leurs auteurs. C'est à l'aide de ces réponses que je pus chercher et établir les caractères psychiques spéciaux aux disciples des Reclus, des Malatesta, des Kropotkine, des Spies, des Parsons. Ainsi je constatai les avantages de la méthode inspirée par le Dr Lacassagne et ainsi on comprendra les raisons de la dédicace de ce livre de science.

⚘⚘⚘

Cet ouvrage fut conçu il y a plus d'un an. C'était en décembre 1893, à Paris, M. Félix Dubois, un journaliste, me vint voir pour demander à l'auteur de la *France Sociale et Politique*, des documents sur le mouvement anarchiste pour le supplément littéraire du *Figaro*. Par lui, un numéro entier fut consacré au « Péril Anarchiste » qui bientôt se mua en un livre publié à Paris et traduit en diverses langues. C'est à la suite de conversations avec M. Dubois que je résolus de donner pour son livre une brève étude sur la psychologie de l'Anarchiste. A quelques anarchistes français, j'adressai le questionnaire dont j'ai parlé. J'obtins des réponses et ma brève étude se changea tôt en le désir de faire une monographie complète dont je donnai un simple résumé à M. Félix Dubois.

Mon livre s'échafauda peu à peu, seulement basé sur des réponses-confessionnelles d'anarchistes français. L'élaboration fut lente par suite des circonstances. L'ouvrage était quasi terminé quand je fus à Londres. Alors mon horizon s'élargit et je conçus l'espoir d'accroître l'ampleur de mon œuvre. J'avais déterminé la mentalité philosophique de l'Anarchiste d'après des confessions de français, si ma thèse était juste, je devais retrouver chez des anarchistes étrangers, les mêmes caractères mentaux. Je voulus vérifier le fait, et pour ce, à des anarchistes-socialistes, anglais, irlandais, écossais, allemands, hollandais, italiens, espagnols, portugais, etc., j'adressai le même questionnaire. J'eus des réponses, et dans ces confessions, je retrouvai les mêmes caractéristiques psychiques. C'était la confirmation tangible de la vérité de ma thèse.

Ces réponses de toute nationalité, je résolus alors de les utiliser en refaisant entièrement mon livre primitif. Le cadre est resté le même toutefois, et aussi nombre de pages. Cependant il y a des différences, car au cours de l'analyse des réponses confessionnelles, je pus constater des similitudes et des différenciations suivant les nationalités. Je signale les unes et les autres en cette étude scientifique.

* * *

On remarquera que pour fixer le type moyen de l'Anarchiste-Socialiste, nous n'avons nullement eu besoin de faire une hypothèse quelconque sur les doctrines. Qu'elles soient fausses ou justes, bonnes ou mauvaises, immorales ou morales, peu nous importe pour cette étude psychologique ! Que les Anarchistes-Socialistes soient des fous ou des sages, des criminels ou des saints ; qu'ils aient tort ou raison ; qu'ils forment une secte fanatique appelée à disparaître sous le mépris public et le ridicule, ou une secte admirable destinée à triompher ; qu'ils soient des rétrogrades ou des précurseurs ; tout cela nous est absolument indifférent.

Nous n'apprécions point la valeur morale des hommes ou des doctrines, nous cherchons par l'analyse à déterminer l'état psychique qui est commun à ces hommes si divers de pays, de religion, de profession, de classe, et tous adeptes d'une commune doctrine. La détermination de leur commune constitution cérébrale, telle est la fin que nous poursuivîmes, tel est le but que nous pensons avoir atteint.

Au sujet des confessions dont nous usâmes, il nous est besoin d'une seule hypothèse : celle de la bonne foi. Cette hypothèse, par tous, peut être admise comme exacte. En effet, elles émanent de gens combien différents par la nationalité, l'éducation, la religion, la profession, etc. ! Malgré ces diversités d'origine, des caractères communs se révèlent en ces confessions qui, d'autre part, se différencient beaucoup par le mode d'expression des concepts. Ils sont exprimés avec vivacité, précision, confusion,... suivant chaque individu. Chaque confession est, pour l'Analyste, déterminatrice d'une mentalité individuelle différenciée des autres mentalités. Bien que cette différenciation individuelle se constate, on remarque aussi des différenciations par groupes de confessions, groupes formés par les nationalités. C'est-à-dire que l'observateur décèle en ces confessions des caractères communs suivant que les confessés sont de nationalité commune. Ces similitudes existent en les groupes nationaux sans préjudice de la communauté de caractères mentaux existant en l'ensemble de tous les confessés. Or, si de la part d'iceux il y avait mauvaise foi, ces différenciations individuelles, ces similitudes nationales ne subsisteraient point. Les réponses confessionnelles seraient bien plus similaires, bien moins différenciées. Leur diversité, en somme fort grande, est un sûr garant de la bonne foi de leurs auteurs. Puis, n'avons-nous point un mode de vérification dans l'emploi de la méthode rationnelle? Evidemment si. Or, par des citations des doctrines nous vérifions toujours les caractères mentaux que la méthode positive nous avait décelés. On ne peut donc mettre en doute la bonne foi des confessions et par suite leur valeur est inattaquable pour la détermination de l' « état d'âme » spécial aux adeptes de la doctrine anarchiste-socialiste.

Au cours des pages suivantes nous parlons de divers caractères psychiques particuliers à la mentalité anarchiste-socialiste. Nous n'avons point pour cela à les juger. Etudiant la question en psychologue, il ne nous importe point l'opinion bonne ou mauvaise que l'on professe pour « l'esprit de révolte, l'amour de la liberté, l'amour du moi, l'amour d'autrui, le sentiment de justice, le sens de la logique, la curiosité de connaître, l'esprit de prosélytisme. » Il nous suffit que ces tendances soient en l'encéphale des anarchistes-socialistes. Or nous pensons avoir, expérimentalement et rationnellement, démontré qu'elles y sont.

Que les effets de la constitution mentale particulière aux anarchistes-socialistes soient bons ou mauvais, nous n'avons pas à nous en occuper; nous ne voulons pas nous en occuper. Nous constatons son existence, cela nous suffit. C'est là la besogne que nous nous sommes assigné. Exposer, prouver cette existence constitue tout cet ouvrage. Les pièces, extraits confessionnels et extraits doctrinaux, sont sous les yeux du lecteur. Il jugera lui-même. Que, pour le lecteur, les doctrines anarchiques socialistes soient bonnes ou mauvaises; que, pour lui, leurs auteurs ou leurs adeptes soient estimables ou méprisables, cela nous indiffère absolument. Cela est affaire au lecteur seul et ne nous regarde point en tant qu'homme de science analysant l'état psychique d'adeptes d'une doctrine philosophique.

On accepte généralement l'impartialité du scientiste étudiant des phénomènes naturels, tels les mouvements des glaciers, l'anatomie ou la physiologie des plantes, des insectes, des mammifères. On admet qu'avec ardeur, il se livre à l'étude de ces êtres, de ces phénomènes. Jamais on ne supposera que, dans le but de rendre ces êtres plus sympathiques au lecteur, le naturaliste les gratifiera d'organes qu'ils ne possèdent point, de qualités qu'ils n'ont pas. De même on voudra bien croire à notre impartialité de scientiste anatomisant les encéphales anarchistes.

Nous avons fait cette étude avec ardeur — de même l'entomologue est ardent dans son examen des insectes — mais aussi avec le souci d'être impartial. N'ayant pour seule fin que la recherche de la vérité, nous insouciant qu'elle plaise ou déplaise nous pensons avoir gardé la sérénité qui pour nous est un nécessaire attribut de l'homme de science.

Peut-être en cette œuvre de science et rien que de science, maintes personnes trouveront-elles intention apologétique — déjà ce fut dit[1]? Nous nous en soucions fort peu, ayant la conscience de nos efforts pour garder l'impassibilité nécessaire et la croyance d'avoir réussi à la garder.

Peut-être d'aucunes parmi ces personnes inféreront-elles de ce livre que nous sommes anarchiste-socialiste? Peu nous en chault. Nous noterons seulement l'étrange logique de ces individus qui, d'une étude scientifique sur les anarchistes, inféreraient l'anarchisme de l'Auteur alors qu'il ne leur vient point à l'idée d'inférer d'un ouvrage de criminologie la criminalité de l'auteur. De la *Pathologie de l'Esprit* de Maudsley nul n'a déduit que ce savant était aliéné. De l'ouvrage *Auguste Comte et Herbert Spencer* par E. de Roberty, nul n'a inféré que ce philosophe était disciple de l'un ou de l'autre de ces philosophes. Du livre d'Abel Hovelacque sur les *Nègres* ou d'A. Corre sur les *Créoles* nul ne conclut à la race nègre ou créole de l'auteur. Dans son livre *Social Statics*,

1. Divers critiques l'écrivirent au sujet de notre chapitre « Psychologie de l'Anarchiste » paru dans le *Péril anarchiste*.

Herbert Spencer étudie la nationalisation de la terre, et donne moult arguments en sa faveur. Qui eût conclu de là que H. Spencer était un partisan de la *Land nationalisation* eût erré ; on sait en effet que ce philosophe en est un adversaire déclaré. Il nous semble donc tout à fait illogique, de cette monographie scientifique, d'inférer notre anarchisme. Mais, au fait, cela nous est complètement égal, car cette appréciation sur l'auteur ne peut en rien diminuer la vérité ou la part de vérité qui est en cet ouvrage.

En l'écrivant, nous nous sommes abstrait de tout désir d'être agréable ou désagréable à tel ou tel ; nous nous sommes interdit de juger les doctrines. Nous avons seulement scruté l' « âme » anarchiste socialiste, et ici nous exposons le résultat de cette analyse. Que l'un le trouve admirable ; que l'autre le trouve méprisable : c'est affaire à chacun d'eux. La question qui se pose est : le résultat est-il exact?

Nous le pensons. Les pièces dont nous l'avons déduit sont sous les yeux du lecteur. Il jugera lui-même, car loin de nous l'idée d'imposer notre manière de voir. Avec Ernest Renan, « nous croyons qu'une vérité n'a de valeur que quand on y est arrivé par soi-même, quand on voit tout l'ordre d'idées auquel elle se rattache. » Aussi je ne désire point que le lecteur croie sans examen la vérité qui est, je pense, en ce livre. Je lui demande de lire, de considérer et les citations doctrinales et les extraits confessionnels, et de voir s'il estime exactement déduites les conclusions que nous tirâmes.

Certes nous éprouvons une jouissance quand ce que nous jugeons la vérité est considéré comme tel par d'autres hommes. Mais nous souhaitons qu'ils y parviennent d'eux-mêmes; qu'ils se convainquent et non qu'ils croient. Aussi ne désirant point imposer mes concepts, j'ai écrit mon livre avec une suprême indifférence comme si j'écrivais pour moi seul et que jamais personne ne dût le lire.

Donc, je prie le lecteur de ne point voir en cette monographie un quelconque souci de le faire croire à nos déductions; qu'il y voie notre vif désir que lui-même arrive aux mêmes déductions. Nous lui mettons les pièces du procès sous les yeux. Qu'il juge de l'exactitude, de la justesse de nos conclusions!

Déjà nous furent objectés [1] que les caractères psychiques par nous déterminés ne se concilient point avec la propagande par le fait. La question n'est pas là !

Elle est : Les caractères psychiques déterminés sont-ils bien ceux appartenant aux personnes enquêtées ? Ces personnes sont-elles bien des anarchistes ?

A la première de ces questions le lecteur répondra aisément, ayant les pièces du débat sous les yeux. A la seconde nous répondrons que les personnes dont les confessions figurent en ce volume sont réellement anarchistes-socialistes, s'affirment telles.

D'ailleurs est-il bien exact de dire que les caractéristiques mentales que nous avons déterminées ne se concilient point avec la propagande par le fait ? Je ne le pense pas. Je ne veux pas faire ici la psychologie des propagandistes par la violence, des Ravachol, des Pallas, des Vaillant, des Salvador Franch, des Henry, des Caserio. Ce sera l'objet d'une autre étude pour laquelle nous amassons des documents et qui sera une contribution à la criminologie politique. Mais

1. La *Riforma sociale*, le *Manchester Courier*, etc. nous firent cette objection.

déjà nous pouvons affirmer que l'examen des procès de ces criminels montre la présence en leur mentalité des mêmes caractères psychiques. Nous le constatâmes et chacun le peut constater à la lecture des témoignages, de leurs déclarations ou factúms.

Cela surprendra seulement les superficiels et point du tout les observateurs impartiaux et subtils qui se rappelleront qu'au nom d'une religion d'amour les Inquisiteurs ont brûlé des milliers d'êtres, qu'au nom de la Liberté et de l'amour de l'humanité les terroristes de 93 ont guillotiné des milliers d'autres.

Inquisiteurs et terroristes étaient convaincus agir pour le bien de l'humanité. En leur constitution psychique existait cette caractéristique : amour d'autrui et ils tuèrent autrui en masse et ils furent criminels. . . . .

Le questionnaire dont nous parlons précédemment

ayant été envoyé en plusieurs pays fut publié dans divers journaux notamment dans *El Esclavo, El corsario, The Solidarity*. Il fut aussi sans doute saisi chez divers anarchistes en Italie, en Roumanie. Cette publication et cette saisie furent l'origine d'un curieux roman dû à la riche imagination roumaine. A Bucharest en décembre 1894 un journal officieux *Constitutionalul* me présenta comme le chef des anarchistes du monde entier! De London où je résidais alors je dirigeais le mouvement anarchiste! C'était grotesque; un journal conservateur du lieu *Tzara* et une feuille démocrate l'*Adeverul* le comprirent et voulurent me défendre de ce pouvoir dictatorial. Ils n'empêchèrent point un étudiant en médecine d'être expulsé un peu à cause de ce roman et ils n'empêchèrent point non plus l'expansion de ce roman outre frontières. En Russie je fus transformé en grand chef de l'Anarchie internationale. En Italie, il paraît, à croire ce qui me fut conté par quelques-uns, que je passe pour avoir la même fonction.

Même, je reçus d'amis l'obligeant avis de ne point m'aventurer en ce pays, car la geôle d'abord et l'expulsion ensuite m'attendaient.

Tout cela est d'un grotesque achevé et nous n'en parlons que par amusement. Il n'est pas nécessaire de démentir de si grossières histoires; elles se détruisent elles-mêmes, par leur absurdité propre.

A. HAMON.

Londres, en novembre 1894.
Paris, en mars 1895.

PSYCHOLOGIE

DE

L'ANARCHISTE-SOCIALISTE

INTRODUCTION

DE L'EXISTENCE D'UNE MENTALITÉ NATIONALE, PROFESSIONNELLE ET PHILOSOPHIQUE.

« Vous connaîtrez la vérité et la vérité vous rendra libres. »
(Évangile selon S. Jean.)

« Une race, écrit M. Gustave Le Bon dans la *Revue scientifique*, possède une constitution mentale aussi fixée que sa constitution anatomique. Que la première soit en rapport avec une certaine structure particulière du cerveau, cela ne semble pas douteux ; mais comme la science n'est pas assez avancée encore pour nous montrer cette structure nous sommes obligés de ne pas nous en préoccuper. Sa connaissance ne saurait nullement modifier d'ailleurs la description de la constitution mentale qui en découle et que l'observation nous révèle... Cet agrégat de caractères psychologiques communs constitue ce qu'on appelle avec raison le caractère national.... Leur ensemble forme le type moyen qui permet de caractériser un peuple. Mille Français, mille Anglais, mille Chinois pris au hasard diffèrent notablement entre eux; mais ils possèdent cependant de par l'hérédité de leur race des caractères communs qui permettent de construire un type idéal du Français, de l'Anglais, du Chinois analogue au type idéal que le naturaliste présente lorsqu'il décrit d'une façon générale le chien ou le cheval. Applicable nécessairement aux diverses variétés de chiens ou de chevaux, une telle description ne comprend naturellement que les caractères communs à tous et nullement ceux qui permettent de distinguer leurs nombreux spécimens.... Un Anglais, un Gascon, un Flamand, un Normand correspond à un type bien défini dans notre esprit et que nous pouvons décrire aisément. Appliquée à la majorité d'une de ces races, elle la dépeindra parfaitement. Le travail inconscient qui s'établit dans notre esprit pour déterminer le type physique et mental d'un peuple est tout à fait identique dans son essence à la méthode qui permet au naturaliste de classer les espèces... »

Ainsi, il existe une mentalité *nationale*. Des individus, parties d'une même nationalité, présentent des caractères psychiques communs spéciaux à leur nationalité. Pour le Dr Le Bon, cela est dû à l'hérédité de leur race; nous pensons que cela est surtout dû aux influences climatériques, telluriques, sociales qui sont similaires pour tous les individus d'une même nationalité. L'hérédité, certes, joue un rôle en cette préparation de la mentalité nationale, mais il est bien moindre que celui joué par les ambiances physiques et sociales.

Le même raisonnement dont use le Dr Le Bon pour montrer l'existence d'une mentalité *nationale* peut être employé pour montrer l'existence d'une mentalité *professionnelle*.

Dans la Nation, il existe des professions bien caractérisées, telles les professions militaire, de la magistrature, de la police, du clergé, etc. On conçoit aisément que, sous l'influence de l'exercice continu d'une profession, dans les encéphales prédisposés héréditairement, se détermine la production de caractères mentaux particuliers à la dite profession. Ces caractéristiques psychiques sont sans doute les effets d'une structure cérébrale particulière; nous l'ignorons vu l'état peu avancé de la science.

Nous disons que les encéphales sont héréditairement prédisposés parce que le fait même d'adopter une profession plutôt qu'une autre indique que l'exercice de cette profession plaît à celui qui l'adopte. Sa cérébration est telle qu'il trouve cette profession agréable ou moins désagréable qu'une autre. C'est l'opinion générale que pour la plupart des professions ceux qui les exercent eussent pu, par suite d'autres circonstances, ne point les exercer; que, en un mot, la plupart des hommes n'ont point de congénitales prédispositions à l'adoption d'une carrière plutôt que d'une autre. Nous pensons que c'est là une conception erronée qui a son origine dans l'absence ou l'insuffisance d'analyse des cérébrations humaines.

L'homme recherche toujours la jouissance. Tous ses actes, toutes ses pensées ont ce but : jouir. Les modalités de cette jouissance se différencient suivant les individus, mais le but est le même. Une moindre peine est une de ces modalités; aussi quand nous disons que l'homme recherche la jouissance, nous entendons dire aussi qu'il cherche à éviter la souffrance et qu'entre deux peines il élit pour la moindre. Si les nécessités vitales l'obligent à adopter une profession qui lui est pénible, il recherchera celle qui lui est le moins pénible, celle qui se rapproche le plus de ce qu'il conçoit comme une profession agréable, celle, en un mot, qui satisfait le mieux ses tendances héréditaires.

Il adopte alors cette profession, et ses prédispositions congénitales par l'exercice de la profession se développent, se fixent. Les hommes prédisposés à l'activité physique et à la violence seront des militaires, des aventuriers, des voyageurs; ceux prédisposés au rêve, au repos physique s'adonneront de préférence aux travaux intellectuels. Si des dispositions aux procédés rusants, à l'ambition des richesses, aux plaisirs grossiers se joignent à ces autres tendances, les hommes seront diplomates, politiciens, commerçants, financiers.

Chez les individus adoptant une profession, il y a certainement prédisposition à la production des actes ou des idées que cette profession nécessitera pour être exercée. Tant que l'individu n'a pas trouvé cette profession, celle qui est le plus près de sa conception, celle qui le satisfait, il erre à sa recherche. Il change de profession aspirant au jour où il aura trouvé celle qui lui paraît le mieux se rapprocher de son idéal, c'est-à-dire celle qui satisfait le mieux ses tendances. Il est des hommes dont les tendances sont si diverses, souvent si contraires et si prononcées, qu'ils ne peuvent se fixer en une profession. Ils cherchent toujours à se satisfaire et ne le peuvent jamais suffisamment, car ce qui plaît à certaines de leurs tendances, déplaît à certaines autres. Il est des hommes, par contre, dont les tendances congénitales sont peu développées en quantité et en qualité; alors ils se fixent aisément et se plient non moins facilement aux circonstances externes. Leurs tendances au repos, au misonéisme l'emportent sur toutes autres et les fixent dans une profession sans qu'il y ait grande réaction de leurs autres tendances pour provoquer la recherche d'une autre profession moins déplaisante ou plus plaisante.

Donc, il y a prédisposition héréditaire pour une profession déterminée. Il importe toutefois de noter que cette prédisposition par hérédité subit de multiples influences qui peuvent ou contrarier ou accentuer le développement des tendances congénitales.

Pendant toute la période éducative, l'enfant subit puissamment l'action du milieu familial, social, climatérique, etc. Homme, ces actions subsistent mais généralement avec une puissance moindre, l'individu adulte étant moins plastique que l'enfant ou le jeune homme. Ces actions de ces ambiances ont pour résultat, sur la cérébration des individus, d'inhiber certaines tendances, d'en développer d'autres. Mutuellement, elles réagissent les unes sur les autres et d'aucunes s'atrophient et d'aucunes s'hypertrophient. Ainsi arrive nécessairement une modification plus ou moins prononcée des individus. Les conditions mésologiques, en une certaine mesure, lancent les individus sur des voies qu'ils n'eussent point suivies si les conditions de milieux eussent été différentes. N'oublions pas cependant que les tendances congénitales sont aussi facteur et facteur important dans cette orientation des êtres.

Ainsi un individu, par hérédité, violent, emporté, s'il est élevé par des individus doux, froids, s'il reçoit une alimentation apte à atténuer sa violence, deviendra un adulte moins violent, moins emporté que s'il eût été élevé en un milieu éducatif emporté, violent. Il y a dans le premier cas inhibition de la croissance des tendances et dans le second cas développement.

Toutes les conditions mésologiques agissent de cette façon. Jointes aux conditions héréditaires, elles aiguillent l'individu sur une voie donnée qui à son tour aide au développement de certaines tendances au détriment d'autres.

L'adulte qui exerce une profession bien caractérisée conçoit comme bien les idées et les actes nécessaires en icelle puisqu'il n'en veut point sortir, puisqu'il s'y plaît mieux qu'il ne se plairait ailleurs. On est donc autorisé à dire que sous l'influence des diverses conditions mésologiques, s'accentuent les tendances congénitales ou que celles-ci l'emportent malgré les contrariantes ambiances. Toujours le germe des tendance existe, c'est aux divers milieux à le faire avorter ou à le faire croître et fructifier.

L'exercice d'une profession provoque, pendant des périodes de temps plus ou moins longues, la répétition de mêmes recepts, de mêmes percepts, de mêmes concepts, de mêmes actes. Grâce à cet incessante répétition, il se forme un état psychique spécial à tous les exerçants d'une même profession. Les organes croissent et se développent par l'exercice; la fonction crée pour une part l'organe et le non-fonctionnement en provoque la décroissance, l'atrophie, la disparition. De même, il est sans doute pour les caractères somatiques de l'encéphale que l'état peu avancé de la science ne permet point de constater, mais dont l'existence se manifeste par des caractères psychiques que l'observation décèle.

L'accoutumance aux mêmes perceptions, aux mêmes conceptions, aux mêmes actions fixe les unes et les autres dans l'individu percipient, agent. L'habitude agit sur la cérébration et l'individu peu à peu se trouve possesseur de caractères mentaux spécifiques de sa profession, insuffisants pour le différencier d'avec ses confrères, suffisants pour le différencier d'avec les individus d'une autre profession. Ainsi par l'assuétude de l'exercice de la profession s'engendrent ces mentalités spécifiques du militaire, du magistrat, du policier, etc.; mentalités que l'observation décèle encore que les caractères somatiques, probablement correspondants, ne peuvent être actuellement découverts.

En résumé, à côté de la mentalité *nationale* coexiste la mentalité *professionnelle*. Ses principaux traits se retrouvent à des degrés variables d'intensité, chez tous les exerçants d'une même profession, quel que soit le pays où vivent ces individus.

Non seulement il est parallèlement des mentalités *nationale* et *professionnelle* mais encore il est une mentalité *philosophique* agrégat de caractères psychiques communs aux individus professant la même doctrine philosophique.

On conçoit aisément que le fait, pour un certain nombre d'individus, de posséder des conceptions philosophiques communes indique, en eux, l'existence d'un état psychique similaire, au moins partiellement, état psychique spécifique que je nomme mentalité *philosophique* pour le distinguer de l'état psychique spécifique de la profession ou celui spécifique de la nationalité.

Les individus qui sont adeptes d'une doctrine philosophique déterminée montrent, par cela seul qu'ils sont disciples de ladite doctrine, qu'ils la trouvent juste, vraie, satisfaisant à l'idéal plus ou moins précis, plus ou moins confus qu'ils concevaient. Cet accord dans l'adoption d'un même corps de théories prouve des similitudes cérébrales chez tous ces adeptes. Ils conçoivent de même façon; ils envisagent les faits de même manière; ils ont des similaires visions des choses. Cette similarité dans les conceptions, les appréciations des choses résulte de dispositions psychiques communes à tous ces individus. Ayant les mêmes tendances, ils ne peuvent pas ne pas concevoir semblablement; ils ne peuvent pas ne pas apprécier les choses de même façon.

Si des individus n'ont point des caractères psychiques communs, ils ne peuvent avoir une identique manière de voir. Leur différenciation psychique se révélera par une appréciation différente sur des théories identiques.

Il nous semble inconcevable deux individus de même cérébration jugeant différemment une même doctrine. Il paraît au contraire très rationnel que deux individus jugeant semblablement une doctrine possèdent des points semblables en leur cérébralité.

Loin de nous la pensée de dire que ces points de similitude seront tels et si nombreux qu'il y aura identité en les mentalités de ces individus. Nous disons seulement qu'à l'analyse psychologique on trouvera des caractères communs qui permettront de différencier ce groupe d'individus d'un autre groupement. Il sera, par contre, avec ces caractères communs, impossible de différencier entre eux les individus de ce groupe.

C'est cet ensemble de caractères communs, ensemble variable avec la doctrine dont les individus sont adeptes, qui constitue une mentalité que nous dénommons *philosophique*. Cette cérébralité *philosophique* est nettement spécifique de l' « état d'âme, » de l'état *essentiel* des adeptes d'une doctrine déterminée.

Sans doute cette constitution mentale est en rapport avec une certaine structure de l'encéphale. La science n'est pas assez avancée encore pour faire connaître cette structure. D'ailleurs sa connaissance n'importe point, car elle ne saurait modifier la description de la constitution mentale qui en découle et que l'observation révèle. Il ne fait rien d'ignorer l'état somatique du cerveau si, voulant connaître l'état psychique de l'individu, nous le pouvons au moyen d'observation.

Chaque adepte d'une doctrine déterminée possède, à des degrés variables de développement un certain nombre de communs caractères psychiques. L'agrégat de ces caractères constitue une mentalité *philosophique* spécifique de la collectivité des partisans d'une même doctrine. Ainsi se peut établir un type psychique d'état essentiel philosophique comme on peut en établir un pour l'état essentiel national ou professionnel. Ce type psychique moyen est idéal, purement idéal, de même qu'est idéal le type cheval, chien, loup, etc. Appliquée à *un* cheval déterminé, la description du cheval sera insuffisante pour le peindre et le faire distinguer des autres chevaux. Mais appliquée à la majorité de la race chevaline, la description sera absolument suffisante pour la peindre et la faire distinguer des autres races animales. De même peut-on dire pour la description d'un type mental philosophique. Insuffisante pour permettre la distinction des adeptes entre eux, elle est suffisante pour permettre la différenciation des adeptes d'avec le reste des hommes.

Une doctrine déterminée est internationale, j'entends qu'elle est dans ses lignes générales la même quel que soit le pays où on l'enseigne. Donc en tous les pays elle trouve ou peut trouver des adeptes. En tous les pays, les hommes qui adoptent cette doctrine présentent les mêmes communs caractères psychiques.

Quel que soit le pays d'origine, d'élevage et d'éducation, quelle que soit la profession exercée, quelle que soit la classe sociale dont on fait partie, chaque disciple d'un même corps de théories a, avec l'ensemble des autres disciples, des conceptions communes, des croyances communes, une foi commune. La mentalité *philosophique* est donc indépendante de la nationalité, de la profession; elle est internationale.

Il ne faudrait point déduire de là que les ambiances climatériques, sociales, professionnelles, etc., n'ont aucune action dans la genèse de la cérébration philosophique. Ce serait là une vue inexacte des choses. Ces ambiances agissent sur l'encéphale, exaspèrent ou atténuent certains des caractères. Aussi chaque adepte, tout en ayant un net rapport mental avec ses coreligionnaires, possède une individualité plus ou moins caractérisée.

Tout homme possède une mentalité *nationale*, agrégat des caractères mentaux communs à tous les individus de la même nation. Tout homme possède une mentalité *professionnelle*, agrégat des caractères mentaux communs à tous les individus de la même profession. Tout homme possède une mentalité *philosophique*, agrégat des caractères mentaux communs à tous les individus adeptes d'une même doctrine.

L'observation doit révéler et révèle en effet l'existence de ces mentalités spécifiques; pour la première, chez tous les hommes de la *nation* quelle que soit leur profession, leur classe sociale, leurs conceptions philosophiques, etc.; pour la deuxième, chez tous les hommes de la *profession* quelle que soit leur nationalité, leur classe, leurs conceptions philosophiques; pour la troisième, chez tous les hommes *adeptes d'une même doctrine* quelle que soit leur nationalité, leur profession, leur classe.

CHAPITRE PREMIER

GÉNÉRALITÉS SUR L'ANARCHISTE ET SA MENTALITÉ SPÉCIFIQUE.

« On n'est pas digne d'aimer la vérité quand on peut aimer quelque chose plus qu'elle. »

MASSILLON.

Sous le nom d'Anarchiste nous entendons désigner les individus adeptes des doctrines anarchistes-socialistes que certains philosophes, sociologues ou scientistes ont exposées, ont préconisées.

Il est nécessaire de préciser ce que signifie cette appellation : Anarchiste, car une multitude de genres différents d'hommes sont communément classés sous cette dénomination.

Il existe des « anarchistes individualistes » qui réprouvent toute conception socialiste (communiste ou collectiviste), qui réclament la liberté de l'individu d'une façon quasi absolue, sans limitation d'aucune sorte.

Il existe des « anarchistes » qui s'intitulent tels par simple protestation contre l'organisation sociale actuelle, qui les lèse plus ou moins. Ils ignorent tout à fait ce qu'ils veulent; ils n'ont aucun idéal au moins tant soit peu dégagé des brumes de l'ignorance. Ce sont de simples révoltés. Il existe des individus qui se couvrent du titre d' « anarchistes » dans l'espérance de légitimer certains de leurs actes, de jeter un certain vernis altruistique sur maintes de leurs actions immorales par leur motif, leur perpétration, leur but. Ce sont de simples criminels qui n'ont, avec les adeptes des doctrines anarchistes socialistes, aucun rapport autre que le titre même.

Il existe enfin des individus, déchets sociaux, qui par défi à la société dont ils sont les victimes, dont ils sentent lourdement les lois, eux les outlaws, qui se parent de l'appellation anarchiste. Ils s'affirment tels sans savoir ce qu'est l'anarchie. Le cri vive l'Anarchie! semble résumer pour eux la haine de la société qui les emprisonne, les envoie au bagne. C'est le cri de toutes les revendications, de toutes les révoltes, de toutes les haines, de tous les défis. Il y a là affaire de mode, mais ces hommes ne sont point des anarchistes tels que nous les entendons.

En cette *Psychologie de l'Anarchiste-Socialiste*,

nous voulons étudier la mentalité philosophique spécifique des adeptes d'une certaine doctrine philosophique. Celle-ci est anarchiste-socialiste et fut élaborée par les Proudhon, les Reclus, les Parsons, les D. D. Lum, les Bakounine, les Kropotkine, les Most, les Spies, les Malatesta, les Merlino, etc. Certes il est des distinctions entre les théories par chacun préconisées mais elles se réfèrent aux détails seuls et ne sont nullement de principes. Les idéaux sont les mêmes; les lignes générales sont les mêmes, aussi nous pouvons dire qu'il existe une doctrine socialiste anarchiste. Au cours de cet ouvrage, le lecteur pourra le constater par des citations doctrinales empruntées à la littérature anarchiste-socialiste de diverses nationalités.

Il existe une doctrine socialiste-anarchiste, il est des adeptes de cette doctrine. Donc il existe une mentalité *philosophique* spécifique de ces adeptes. C'est cette mentalité que nous recherchons, voulant déterminer le type idéal psychique de l'anarchiste-socialiste. Le type moyen mental ainsi édifié ne permettra point la distinction d'un socialiste-anarchiste d'avec un autre socialiste-anarchiste, mais il différenciera — au point de vue psychique — le socialiste-anarchiste des autres hommes non adeptes de cette doctrine.

Nous recherchons une mentalité collective et en conséquence l'état cérébral complet de chaque individu pris en particulier ne nous importe point. Ce qui nous regarde, c'est la détermination des seuls caractères communs à tous ces adeptes d'un même corps de théories.

Le type psychique moyen ainsi établi sera, pour l'anarchiste-socialiste de même ordre qu'est pour le Chinois, le Finnois, le Scandinave, le Breton, l'Auvergnat, etc., le type moyen somatique ou psychique que dresse l'ethnologue ou le psychologue. Il sera de même ordre que le type moyen dressé par l'entomologue pour les diverses espèces de lépidoptères, de coléoptères.

Entre chaque individu chinois, scandinave, breton; entre chaque individu d'une espèce de lépidoptères, il existe de grandes différences. Les variations individuelles sont nombreuses, dues aux infinies circonstances des ambiances diverses. De même les variations individuelles sont très nombreuses chez les adeptes de la doctrine socialiste-anarchiste. Chacun d'eux en effet subit des influences de milieux différents; car, diversement, chaque individu réagit sur ces milieux et chaque milieu sur chaque individu.

Ces différenciations individuelles n'impliquent en rien la négation du type idéal moyen qui, au cours de cette étude, peu à peu s'édifie. Elles montrent seulement que la combinaison d'autres tendances mentales avec celles spécifiques des anarchistes-socialistes produit des mentalités diverses avec prépondérance de tel ou tel caractère ou groupe de caractères. Certaines caractéristiques de la cérébralité peuvent par des ambiances spéciales subir de telles déformations qu'à priori, pour un analyste superficiel l'existence de ces caractéristiques mentales est mise en doute, niée même.

La doctrine socialiste-anarchiste est enseignée en tous pays: elle trouve donc ses adeptes en toutes les nations. Internationale elle est dans son enseignement; donc la mentalité philosophique spécifique de ses adeptes se rencontre indépendamment de leurs nationalités. Ceux-ci se recrutent en France comme en Angleterre, en Ecosse comme en Espagne, en Italie comme en Irlande, en Belgique et en Allemagne, en Hollande et aux Etats-Unis, etc. Ces diversités d'origine nationale peuvent se signaler — et en effet se révèlent — par des variations entre les groupes nationaux d'anarchistes-socialistes. De même les multiples origines individuelles héréditaires se révèlent par des variations entre les individus. Mais toujours, un fonds commun de concepts existant, on trouve une communauté de quelques caractères mentaux, particuliers à la cérébralité déterminatrice des anarchistes-socialistes.

Non seulement les anarchistes-socialistes se recrutent dans les régions les plus diverses, sous les climais les plus différents, mais encore parmi les professions les plus dissemblables, savants, paysans, médecins, hommes de peine, journalistes, employés de magasin, professeurs, artisans, artistes, ouvriers, industriels, employés de bureau, rentiers, ingénieurs, avocats, littérateurs, fonctionnaires de tout ordre, officiers même fournissent leur contingent à l'Anarchie-socialiste. Leur nombre est assez grand, variable suivant les pays [1] et leur importance sociale autant que l'intérêt scientifique explique la recherche à laquelle nous nous sommes livrés.

Cette dissemblance dans les professions exercées par les socialistes-anarchistes montre que chacun d'eux possède avec tous un fonds commun de concepts indépendamment de toute profession. Il se peut et il est certain que celle-ci joue un rôle dans la production de la mentalité philosophique, mais ce rôle est relativement peu important. Elle n'influence l'individu qu'indirectement.

En somme, les anarchistes-socialistes — adeptes

1. En France ce nombre est de quelques dizaines de mille, de même qu'en Allemagne. En Angleterre, le nombre en est moins grand de même qu'en Belgique, Hollande. En Italie, l'Anarchisme-socialiste est la forme du socialisme le plus répandu. En Espagne, les socialistes non-anarchistes sont une minorité fort petite; là les socialistes-anarchistes se nomment *Anarchistes collectivistes*. Dans la république Argentine, l'Uruguay, les socialistes anarchistes sont les plus nombreux; aux Etats-Unis, par contre, leur nombre est petit.

d'une même doctrine — sont nés en les régions les plus diverses du globe ; ils sont issus des classes sociales les plus séparées ; ils sont instruits en des religions variées ; ils exercent les professions les plus différenciées. Malgré ces dissemblances de milieux climatériques, telluriques, familiaux, éducatifs, sociaux, professionnels, ces individus adeptes d'un même corps de théories présentent des qualités psychiques communes. Il ne nous paraît pas douteux que ces qualités ne soient dues à des dispositions organiques de l'encéphale produites par le développement — sous les conditions mésologiques — de prédispositions congénitales. Actuellement la science est impuissante à déceler ces caractères somatiques.

Encore que nous ignorions ces conditions somatiques de l'encéphale corrélatives de conditions psychiques, il nous est loisible de connaître celles-ci par l'observation. Il nous paraît certain que la constitution mentale anarchiste est déterminée par les ambiances climatériques, telluriques, familiales, professionnelles, sociales agissant sur des cerveaux prédisposés héréditairement. Ces conditions mésologiques, suivant leur genre et leur degré, suivant la disposition héréditaire des percipients, atrophient, hypertrophient ou développent moyennement certaines tendances manifestées par l'organe cérébral. Ainsi se fixent certaines tendances ; ainsi se détermine la mentalité philosophique spécifique de l'anarchiste-socialiste.

L'œuvre accomplie par toutes ces ambiances n'est point égale pour chacune d'elles. Elle varie évidemment suivant les individus qui les subissent, mais elle varie aussi suivant leur nature. Du fait que les anarchistes-socialistes se rencontrent sous les climats les plus dissemblables, exerçant les professions les plus variées, vivant dans des milieux mondains les plus divers, il semble que ces ambiances ont un rôle assez effacé dans la constitution mentale spécifique des disciples de Kropotkine, de Grave, de Malatesta, de Malato.

Il semble que si ces milieux ont une action minime, il en est autrement du milieu social, surtout des conditions économiques. Le développement des germes congénitaux se fait en somme principalement sous cette influence. Nous le constaterons expérimentalement.

Les causes génitrices de l'état d'esprit anarchiste-socialiste sont réellement innombrables et infimes. Les phénomènes sociaux lésant ou l'individu même ou les siens, ou ses amis ou les hommes en général se répètent sans discontinuité. Sans cesse alors ils affectent l'encéphale, le mettent en vibration dans des sens déterminés. Sans doute alors il s'engendre une structure spéciale, car certaines dispositions somatiques se développent normalement, d'autres s'atrophient ou s'hypertrophient. Nous ignorons cette structure, mais nous en connaissons les effets, manifestés par des qualités psychiques dont l'agrégat constitue la mentalité spéciale aux Anarchistes-socialistes.

L'observation révèle cette mentalité que nous édifions dans cette monographie scientifique au moyen d'analyses, de « confessions » dues à des anarchistes-socialistes.

Elles émanent d'anarchistes-socialistes de nationalité différente, de profession diverse, de classe sociale variée.

Il est des Anglais, des Ecossais, des Irlandais, des Français, des Allemands, des Hollandais, des Italiens, des Belges, des Espagnols, des Suisses, des Portugais, etc. Pays de montagnes et de plaines ; régions maritimes et de plateaux, climat humide, tempéré, chaud, sec, froid ont vu naître et vivre les anarchistes-socialistes questionnés.

Non moins dissemblables sont les milieux sociaux d'où sont issus ces hommes. Les uns viennent de la bourgeoisie riche, d'autres de la petite bourgeoisie, d'autres enfin du prolétariat urbain ou rural. Il y a des Catholiques, des Luthériens, des Calvinistes, des Quakers, des Anglicans, des méthodistes, des juifs, des athées. J'entends parler de la religion octroyée aux individus par leur famille, lors de leur naissance.

Les professions sont les plus variées : cocher ; instituteur ; architecte ; avocat ; employé de bureau ; ouvrier sellier ; horloger ; imprimeur ; scientiste ; littérateur ; comptable ; ouvrier cordonnier ; plombier ; peintre ; médecin ; sculpteur modeleur ; journaliste, ouvrier sabotier ; mécanicien ; étudiant en médecine ; commis-voyageur, ouvrier agricole, tailleur, etc. etc.

Les âges aussi diffèrent beaucoup, car ils varient de 19 à 50 ans ou plus. Il est à remarquer que plus des 6/7 des personnes qui ont répondu à l'enquête ont moins de 40 ans. Il semble qu'on peut déduire de là que le plus souvent les anarchistes-socialistes n'ont pas dépassé cet âge.

Les deux sexes furent par nous conviés à répondre à notre questionnaire. Nous n'eûmes que quelques réponses féminines (quatre). Deux proviennent d'une Irlandaise et d'une Ecossaise, une émane d'une Belge et la dernière d'une Juive russe. Toutefois on remarquera que la Juive russe vit en Angleterre depuis quelques ans, que la Belge est depuis longtemps en Amérique. Il résulte de là que ces femmes ont subi l'influence des mœurs nationales qui font qu'en Grande Bretagne et aux Etats-Unis la différenciation intellectuelle politique entre l'homme et la femme est moindre qu'en France, en Italie, en Espagne, en Belgique, etc.

Il semble donc que nous sommes autorisés à voir justement dans ces individus une représentation du monde anarchiste-socialiste [1]. Aussi nous sommes en droit de considérer la mentalité philosophique, que l'analyse de leurs confessions va nous révéler, comme spécifique de la mentalité socialiste anarchiste.

1. Toutes les confessions qui nous furent envoyées n'ont pas été utilisées par nous, cela aurait trop accru le nombre des citations et aurait rendu fastidieuse la lecture de cet ouvrage.

CHAPITRE II

DE L'ESPRIT DE RÉVOLTE.

> « La vérité est un bien commun, quiconque la possède la doit à ses frères. »
>
> BOSSUET.

En fait, l'esprit de révolte se trouve dans tous les encéphales humains, car il n'est qu'une modalité de la faculté de réaction que chaque individu possède. C'est cette propriété qui permet à l'homme de subsister dans des milieux si divers; c'est cette qualité qui permet à l'homme de modifier les milieux, de se les adapter.

La tendance à la révolte, en germe dans tous les cerveaux, subit les influences mésologiques et par suite elle se développe, s'atténue, s'atrophie ou même s'hypertrophie. Ses manifestations seront donc fréquentes, rares, intenses, nulles même. Certains individus chez lesquels cette propriété de réaction ou de révolte a été atténuée ou même a disparu, au lieu de s'adapter les milieux, s'adaptent eux-mêmes à ces milieux. Ils se plient, subissent les actions mésologiques et ne réagissent pour ainsi dire point. D'autres, sous ces influences, modérément réagissent. D'autres enfin avec peine les supportent et tentent à leur tour d'agir sur les ambiances afin de les harmoniser avec leurs naturelles tendances.

La propension à la révolte, dont le germe existe chez tous les êtres, se manifeste ainsi différemment parce que les conditions ambiantes ont agi différemment sur les individus diversement prédisposés.

Il semble que les milieux sociaux tendent intentionnellement à atténuer ou même à atrophier l'esprit de révolte inhérent à tout encéphale. En effet, enfant l'homme est soumis à l'éducation familiale qui cherche à inculquer les idées d'obéissance, de respect : les parents sont supérieurs aux enfants en connaissances, en raison, en intelligence, en tout; ils sont supérieurs par cette suffisante raison qu'ils sont « les parents ». Donc l'enfant doit les respecter, leur obéir sans réfléchir, sans discuter. Plus âgé l'enfant va à l'école ou au collège, ou au lycée, et l'enseignement de l'obéissance servile se continue. A la famille se joignent les professeurs; ils sont rares ceux qui cherchent chez l'enfant et l'adolescent à développer l'esprit d'examen, de critique. Homme, en certains pays on va à la caserne comme soldat et, là, tout concorde pour développer l'esprit d'obéissance, et atrophier l'esprit de révolte. La tendance à la révolte subit encore les influences des convenances mondaines, des mœurs, des règlements sociaux, des relations entre salariants et salariés. Peu à peu l'accoutumance à toutes ces règles inculque aux êtres un asservissement plus ou moins prononcé et l'esprit de révolte disparaît, étouffé par l'esprit d'obéissance.

Chez certains individus, les phénomènes familiaux, éducatifs, sociaux produisent un effet opposé. Au lieu d'atrophier l'esprit de révolte, ils l'exacerbent, l'exagérant quelquefois.

Il semble que le plus souvent toutes ces ambiances ne réussissent point à étouffer tout à fait la tendance à la révolte qui se développe un peu chez la généralité des hommes et chez un grand nombre atteint même un développement fort considérable.

Les anarchistes-socialistes appartiennent tous à cette dernière catégorie et toujours nous pûmes, dans leurs réponses confessionnelles, déceler l'esprit de révolte.

« Je lus Victor Hugo et je le déclare sincèrement, le poète eut sur mes idées une influence énorme... Victor Hugo me mit au cœur l'esprit de révolte. Il me montra un chemin que j'ai suivi... Mais dans la rude adversité le germe de la révolte que Victor Hugo avait semé en mon cœur s'était développé... » (S. 1. — *Employé de commerce, 31 ans, ancien ouvrier jardinier. — Français.*)

« Le premier acte se passa à la caserne. Là, l'esprit, les habitudes, les mœurs du militaire (de ce militaire professionnel surtout, si instructivement disséqué par M. Hamon et que j'ai eu l'occasion d'étudier presque dans son ménage), ainsi que sa façon de comprendre son rôle en vue du triste idéal qu'il se propose, révoltèrent immédiatement ma nature honnête... Aussi, sans plus aucun idéal, aucune foi, ayant en horreur la pauvreté d'imagination des socialistes, la sécheresse mal déguisée de leur cœur et l'aridité de leur programme, je n'étais plus qu'un révolté épris seulement dans la vie de la beauté de la vie et soutenu par l'unique passion de la transcrire en des œuvres d'art. » (B. 2. — *peintre, 28 ans. — Français.*)

« J'ai souffert la misère la plus grande ; je suis resté deux jours sans manger... Alors mon esprit de révolte se révéla en moi... » (D. 3. — *Ouvrier bijoutier, 24 ans. — Français.*)

« Le milieu familial bourgeois fut le générateur de mon esprit de révolte... » (ANDRÉ VEIDAUX. — *Employé, littérateur, trentaine d'années. — Français.*)

« J'ai toujours eu l'horreur du maître, tout ce qui m'était ordonné m'était odieux. Je trouvais une injonction abominable et je n'ai jamais pu volontairement me soumettre à ce qui m'était commandé. J'ai été durant de longues années de collège le modèle des indisciplinés non le mauvais gars qui guette les tours à faire, mais le rebelle qui ne veut pas obéir. » (BERNARD LAZARE. — *Littérateur et journaliste, 28 ans. — Français.*)

« Mon enfance se passa dans diverses institutions d'où je sortais toujours sur l'invitation de l'autorité, à la suite de révoltes sans cesse... » (PH. D. 4. — *Externe des hôpitaux, 24 ans. — Français.*)

« Je hais les lois, les Dieux, les patries, l'autorité, mais j'aime l'homme et j'adore la vie. » (A. RETTÉ. — *Littérateur, poète, 31 ans. — Français.*)

« Voici, pêle-mêle, les raisons qui m'ont amené à l'anarchie... 8° Révolte contre le droit que s'arrogent les uns de juger et de gouverner les autres (députés, sénateurs, etc..., justice, jury de peinture et autres)... » (I. 5. — *Peintre, 31 ans. — Français.*)

« Dès mon enfance j'étais choqué des injustices et je me souviens fort bien que je protestais. Frappé à l'École communale je me révoltais en me sauvant... » (Dr H. 6. — *Chirurgien des hôpitaux, 31 ans. — Français.*)

« Mon père était un novateur aimant à quitter les sentiers battus, très imbu de l'esprit d'examen, d'une très grande intelligence. Je fus élevé librement, au collège je ne travaillais que les sujets qui meplaisaient. Toutefois ma révolte contre le programme et les professeurs était purement passive... » (O. 7. — *Homme de sciences, 35 ans. — Français.*)

« J'ai l'absolue conviction qu'il faut être inconscient pour accepter l'existence telle que l'organisation actuelle l'a faite et que tout conscient doit choisir entre le suicide moral ou physique ou la révolte suivant le degré d'énergie qu'il a en lui... » (LUDOVIC MALQUIN. — *Littérateur, 30 ans. — Français.*)

« Il me tomba entre les mains un journal anarchiste, un des premiers publiés en France, je le lus avidement. Je vis comme dans un miroir la réflexion de mes propres pensées. Je fus donc empoigné, saisi par l'idée nouvelle qui alors était abhorrée par la grande masse; je devins donc un anarchiste plutôt par le cœur, par sentimentalisme que pour toute autre raison. Par la suite, vivant dans le monde des révoltés, j'ai appris et acquis de plus parfaites connaissances sur les idées pour lesquelles je suis prêt à faire tous les sacrifices.... » (T. D. M. 28. — *Rubannier, 36 ans. — Français.*)

Dans ces confessions de Français, la tendance à la révolte est nettement indiquée et elles émanent d'individus de classes sociales diverses. Dans les confessions suivantes dues à des Anglais, des Ecossais, des Irlandais, elle est non moins nettement visible.

« Je ne me souviens pas du temps où j'eus quelque respect pour quelque religion ou autorité... » (T. W. B. TURNER. — *Commis-voyageur, 25 ans. — Anglais.*)

« Etant moi-même arrêté pour une insulte à la famille royale... » (ERNEST YOUNG. — *Typographe, 21 ans. — Anglais.*)

« A l'âge de 15 ans, je travaillai pour un journal conservateur comme porteur, mais je fus renvoyé comme agitateur parce que j'avais fait partie d'une députation représentant 60 garçons qui réclamaient l'augmentation des salaires... » (F. W. 8. — *Cocher, 23 ans. — Anglais.*)

« Je fus amené au socialisme par des troubles de « sans-travail » qui arrivèrent en ma ville; avant cela je n'avais même pas entendu le nom de socialisme. Le meeting des sans-travail fut organisé par des socialistes qui furent emprisonnés pour leurs discours. Je fus curieux de savoir ce qui poussait des hommes à se sacrifier eux-mêmes, et alors j'étudiai leur doctrine... » (A. Bird. — *Cordonnier, 24 ans. — Anglais.*)

« Après, ayant passé par les divers mouvements politiques, *Indépendant labour* et socialiste d'état compris...... Je puis dire que j'ai été beaucoup impressionné par les discours des martyrs de Chicago dont les idées semblaient concorder complètement avec les miennes propres... » (D. K. C. M. 17. — *Mécanicien, 28 ans. — Ecossais.*)

« Je me révolte contre le présent système social, et plus je le pénètre, plus impatiente je deviens pour que l'ignorant ouvre les yeux et réclame ses droits... » (N. W. 19. — *Femme d'un ouvrier, 34 ans, ancienne domestique. — Ecossaise.*)

« J'avais une intense haine contre l'Eglise et les riches, sans savoir pourquoi... Plus tard, je vins à Edinburgh, je me souviens bien alors comment mon cœur bondit avec délices quand j'entendis pour la première fois un orateur socialiste... » (Georges Robertson. — *Menuisier, 34 ans. — Ecossais.*)

« Un peu mécontent de mon environnement, longtemps avant que je devins un anarchiste, j'avais en dégoût l'ordre social actuel, sans évidemment comprendre très bien ses maux. Avant moi, mon père avait été un rebelle... » (G. R. 22. — *Voyageur de commerce, 21 ans. — Irlandais. — Autrefois mécanicien.*)

« Pendant quelques ans, je m'efforçai d'étendre aux boutiques les *Factory Acts* (au cours de l'agitation je fus plusieurs fois arrêté et emprisonné)... Voici un fait. Il y a environ douze ans, lors du mouvement pour la fermeture des boutiques je fus poursuivi en police correctionnelle comme excitation à la révolte ; alors, je me défendis moi-même. D'ailleurs, le Président ayant ouï les témoins à charge et moi-même, arrêta l'affaire brusquement et me demanda s'il n'était pas plus agréable de rester tranquille que d'être tenu de comparaître en justice ; sur quoi je lui demandai la permission de lui poser une question. Ma question était : Qui aurait dû plutôt rester tranquille, de Moi ou de Ceux qui se sont parjurés devant la cour? J'ajoutai que je n'étais pas un criminel ; mais quelqu'un qui avait pris part à l'action publique dans un mouvement humanitaire pour la diminution des heures de travail des employés de magasin. Le magistrat alors me menaça de me poursuivre pour insulte à la cour. Je répondis que moi et ceux poursuivis avec moi étaient déterminés à ne pas se soumettre tranquillement à l'injustice. L'affaire fut immédiatement rayée... » (J. Tochatti. — *Marchand tailleur, 40 ans. — Ecossais.* — Grand-père paternel italien.)

« J'estime que le premier pas que je fis dans la voie des opinions précédentes (socialiste-anarchiste), c'est à l'époque — il y a dix ans — où étant sans travail et par suite souffrant beaucoup physiquement et moralement, je rencontrai un homme qui m'expliqua la « Social Democracy » qu'aussitôt j'acceptai... » (A. Z. 23. — *Dessinateur lithographe, 37 ans. — Anglais,* — né à London, de parents juifs.)

Les réponses qui précèdent proviennent non seulement d'individus de classes variées mais encore de sexe différent ; en toutes, par catégorique affirmation ou négation, se révèle nettement l'esprit de révolte. Il est non moins visible dans les extraits suivants dus à des Italiens et à des Espagnols.

« Ma mère était fervente chrétienne, mais quoique croyant à tous les dogmes catholiques, elle n'avait aucune sympathie pour les prêtres, qu'elle détestait surtout parce qu'ils étaient contre l'esprit révolutionnaire qui agitait alors l'Italie... C'était en 1870, en juillet, lorsque éclata la guerre entre la France et la Prusse. Je détestais cordialement la France, car Napoléon avait empêché les Garibaldiens d'entrer à Rome et je ne pouvais pas oublier Mentana. En même temps, je haïssais beaucoup le Pape (notez bien que j'étais toujours sincèrement religieux) et surtout le Cardinal Antonelli pour avoir fait décapiter Monti. Vous vous imaginez alors avec quel plaisir je lisais le bulletin de la guerre qui ne rapportait pour les Français que des défaites. Je n'étais pas le seul, pensant ainsi ; comme moi était presque tout le monde, surtout la jeunesse. Après Sedan, en Italie, à Livourne surtout, on commença à faire de grandes démonstrations aux cris : Vive Rome Capitale ! Vive l'Italie ! C'étaient des fêtes pour moi ; je me mêlais à la foule, je criais à pleins poumons; c'était une fièvre. Je n'allais même plus à la messe, je ne faisais plus mes prières, au grand scandale de ma mère. Toutes mes pensées n'avaient qu'un but, Rome, Rome. Aussi, je ne saurais vous dire la folie patriotique qui s'empara d'un gamin comme moi à la nouvelle, arrivée dans l'après-midi du 20 septembre, que les Italiens étaient entrés à Rome. Je me rappelle avoir emporté de la maison un drapeau et d'avoir, suivi par un tas de gamins de mon âge, couru par toute la ville en criant, ayant perdu ma casquette, sans ressentir même le besoin de manger. Et la nuit, quelle bagarre! Je découchai pour la première fois. A force de crier, ma voix était devenue rauque. Nous entremêlions les vivats de cris: Fuori i Lumi! Aux maisons qui s'obstinaient à ne pas illuminer, nous brisions les vitres à coups de pierre. Le lendemain, sans ressentir la fatigue, nous défonçâmes la porte d'une église et envahîmes le clocher où toute la journée nous sonnâmes les cloches! Le soir, en rentrant, j'eus une douche froide sous la forme d'une verte volée que me donna ma mère, au désespoir de ne pas savoir où j'étais depuis deux jours. Dans le mois de décembre, commencèrent secrètement des enrôlements de Garibaldiens pour accourir défendre la France. L'antipathie qu'on avait contre l'empire français, avait cédé la place, parmi la jeunesse italienne, à de la sympathie pour la nouvelle République... Avec deux compagnons d'école, mes intimes, nous complotâmes de nous échapper de chez nous, pour nous enrôler; j'étais le plus jeune, 14 ans; l'aîné avait 18 ans. Je paraissais plus âgé que je n'étais. Ayant à tous trois 150 fr. pris à nos parents, nous allâmes à Pise, de là à Turin, où nous nous présentâmes au bureau d'enrôlement. Pour m'accepter, on fit un tas de difficultés, enfin, on nous donna un billet pour nous rendre à Bardonnecchia. Là, au lieu des volontaires garibaldiens, nous trouvâmes des gendarmes qui nous arrêtèrent. De l'autorité, nous reçûmes de vives remontrances, nous fûmes renvoyés à Livourne où nous subîmes une nouvelle et forte remontrance de la part de la police... Dans les premiers mois de 1871, appelés par mon père, nous retournâmes, ma mère et moi, en Egypte. À nouveau, je fus envoyé à mon ancien collège de prêtres. Mon ardeur s'apaisa un peu, mais ma raison qui s'était éveillée se rebella de plus en plus fréquemment contre l'éducation religieuse que je recevais... » (A N. 16. — *Chimiste, comptable, 37 ans. — Italien.*)

« Mon père faisait partie de l'Internationale. Il fut même avec Matta, Vanni et d'autres, un des fondateurs de la fédération florentine. Tout enfant, j'ai vu les policiers bouleverser la maison pour faire des perquisitions. Et j'ai assisté, dans la salle du Palais de Justice, à Florence, au procès des bombes. Scarlatti et Vanini, qui, en se défendant, défendirent les idées de l'Internationale, me firent une grande impression. Je me rappelle encore Scarlatti levant le bras, étendant le doigt dans un acte de menace, emplissant la salle de sa forte voix. Je me souviens aussi quelle grande impression je reçus aux funérailles de Garibaldi quand on ne permit pas, parmi les autres drapeaux, la bannière rouge et noire de l'Internationale... Un voleur, qui fut arrêté et frappé par la foule, me révolta. Au milieu de la rue, je lui criai bravo, quand résistant il s'échappa. Mon père me conduisait avec lui aux réunions... » (A. Agresti. — *Graveur, 28 ans environ. — Italien.*)

« Enfin je suis anarchiste parce que d'une société où des millions d'hommes, de femmes, d'enfants et de vieillards sont condamnés aux plus iniques et atroces souffrances par l'égoïsme et le caprice d'une poignée de brigands et d'assassins qui profitent de la division parmi les hommes pour garder la boussole du sort de tous. Je lutte pour arriver à l'association de tous pour le bonheur et l'indépendance de tous... » (G. P. 20. — *Tailleur, 34 ans. — Italien.*)

« Ne pouvant supporter la discipline, je ne pus souffrir l'étude forcée de l'école ; je fus alors envoyé en une boutique qui eut pour moi l'immense avantage de me laisser libre... » (Z. B. 26. — *Peintre d'enseignes, 28 ans. — Italien.*)

« ... La loi, la propriété, le gouvernement, le mariage,... il faut les changer et non les détruire... Il faut révolutionner : faire tomber pour construire de nouveau... » (Joaquin Luis Olbès. — *Docteur ès-sciences, Pharmacien ; 35 ans. — Espagnol.*)

« En 1886, nous eûmes à Cuba la première grève générale et alors se manifesta en moi l'esprit de protestation et de rébellion... » (Agustin Sineriz. — *Ouvrier en tabac, 29 ans. — Espagnol.*)

« J'étais membre de l'Internationale des Travailleurs... » (Cecilio Fernandez Zamorano. — *Chapelier, 45 ans. — Espagnol.*)

« Je devins anarchiste à l'occasion du 1er mai 1891 quand les prolétaires du monde entier se déclarèrent en lutte ouverte contre la société actuelle qui nous a réduits à la condition d'esclaves... » (Mariano Lafarga. — *Ebéniste, 19 ans. — Espagnol.*)

« Quand la bourgeoisie assassina sept de nos compagnons à Jerez en 1885, je devins plus ardent dans la propagande parce que je fus révolté par l'injustice qu'on avait commise et par les persécutions dont nous fûmes victimes... Je me révolte contre l'ordre de choses existant, et je donnerai jusqu'à ma dernière goutte de sang pour le salut de l'humanité... » (Juan F. Lamela[1]. — *Journalier agricole, 30 ans. — Espagnol.*)

« De ce choc (entre les notions de justice et l'état social actuel) naît le révolté quelquefois intuitif et d'autres fois fils obéissant de la raison... La notion innée de justice accrue de la conviction que donne l'étude de la nature c'est ce qui me fit anarchiste... » (José Prat. — *Dessinateur, 28 ans. — Espagnol.*)

« Fils d'ouvrier, étant apprenti dans un atelier, l'oppression me répugnait et j'étais révolté par la tyrannie ; à cause de mon tempérament j'étais attiré par les idées révolutionnaires... » (Manuel Recober. — *Ebéniste, 34 ans. — Espagnol.*)

« Convaincu que tout gouvernement est oppression et tyrannie... je commettrais un crime si je l'appuyais... me croyant dans le devoir de les combattre tous et par conséquent de défendre leur antithèse, l'Anarchie... » (Palmiro. — *Tonnelier, 28 ans. — Espagnol.*)

« Je suis devenu anarchiste communiste à cause de

1. Son frère dit Zarzuela fut garrotté à Xerès comme anarchiste.

l'état de sujétion dans lequel je me trouve encore à présent... » (ROMULO FUSTIZ. — *Ouvrier en tabac, 35 ans. — Cubain.*)

« Mes quatre ans d'apprentissage terminés, je fus initié par mes parents dans les associations socialistes. Ainsi la première jeunesse qui d'ordinaire se passe dans des futilités nuisibles fut pour moi un apprentissage dans les associations ouvrières socialistes... » (GONCALVÈS VIANNA. — *Serrurier, 38 ans. — Portugais.*)

Chez les Allemands, les Juifs russes, les Slovènes et Bulgares, cette même caractéristique mentale se décèle avec force.

« Je restai un adhérent au parti social démocrate pendant environ cinq ans et dans la tourmente de la lutte politique, constamment en danger d'être poursuivi pour le crime de distribution de brochures, de membre de sociétés secrètes. (C'était l'époque de la loi anti-socialiste en Allemagne)... » (O. GUTZKOW. — *Lithographe, 29 ans. — Allemand.*)

« Je suis entré dans les rangs du mouvement ouvrier le 1er mai 1889 à Trieste (Autriche) dans la société *Confederazione Operaia*, j'ai lu pour la première fois le *Commonweal*[1] de Londres. J'aimais le ton du journal et bientôt je sentis le désir de m'associer avec les anarchistes. Au mois de septembre de la même année j'ai fondé avec

1. Journal révolutionnaire, socialiste en 1889, devenu plus tard socialiste-anarchiste, mort en 1894.

un Sozial Demokrat, en langue slovène, une feuille socialiste *Delawski List* (Feuille ouvrière)... Le 6 avril 1890 je suis arrivé à la Chaux de fonds (Suisse) et je suis aussitôt entré dans l'union des tailleurs. Je fus élu délégué pour l'organisation de la manifestation du 1er mai... » (A. Klemencic. — *Tailleur, 27 ans. — Slovène.*)

« Il suffira seulement de dire qu'à l'âge de 13 ans j'eus à subir une lutte très dure contre mes parents très religieux. Elle se termina, grâce à la tenacité de la jeunesse, par mon départ du *home* de mon enfance et je devins un combattant pour la vie... » (R. F. 24. — *Journaliste, 30 ans. — Juif russe.*)

« Je fus toujours un insoumis, je répondais toujours aux observations des professeurs et devant le plus terrible d'entre eux je ne tremblais guère et lui répondais vertement et avec insolence. Lorsqu'on me frappait, je frappais aussi, j'avais toujours un morceau de bois en ce but... Ils (Haeckel et Darwin) me plaisaient parce qu'ils démolissaient la religion qu'on nous enseignait à l'école ; j'aimais tout ce qui démolissait crânement quelque mensonge officiel... Révolté conscient maintenant, j'aime tout ce qui est révolté et tout ce qui n'est pas consacré officiellement... » (S. P. 29. — *Docteur en médecine, 27 ans. — Bulgare.*)

Encore ces extraits caractéristiques d'anarchistes belges et suisses.

« Je réfléchissais que moi, au contraire, courbé sous un labeur éreintant depuis le matin jusqu'au soir je gagnais à peine la moitié de mon nécessaire ; mon travail n'était destiné qu'à aller alimenter les caisses des accapareurs en leur procurant ainsi toutes les jouissances. Mon cœur se révoltait d'indignation et de haine... » (CHARLES HANSENNE. — *Tisserand*, *43 ans*. -- *Belge*.)

« Qu'un autre ou moi-même le subisse, tout commandement me choque et provoque chez moi un sentiment de révolte que bien souvent, malgré que cela m'expose à perdre mon gagne-pain je ne puis m'empêcher de manifester... Ainsi, à 9 ans, à la suite de plusieurs punitions que m'avait infligées le sous-maître (c'était un bonhomme qui était, à l'église du village, clerc-sacristain — organiste — chantre -- sonneur — fossoyeur et fabricant de cierges, l'hiver il donnait un coup de main au maître d'école ; son père était maître d'école, avant de mourir il avait voulu léguer sa place à son fils ; mais celui-ci, à ses débuts, avait attaché un jeune garçon à un arbre pour le punir ; lorsqu'on le détacha il était gelé et mourut quelques jours plus tard ; conséquence de justice... cassé !) pendant l'absence du maître et que j'avais refusé de faire. Un beau matin on m'enferma dans le cachot, un escalier contigu à la classe avec ces terribles mots « Deux heures de cachot ». J'y fis un tel potin que le maître vint pour me battre avec une baguette ; de me cramponner à la rampe et de ruer mes pieds sur lui je fus bientôt seul à nouveau. Je me mis à chanter des chansons qui n'étaient pas pour plaire au *quêteur* des dimanches qui donnait une leçon de catéchisme. Toute la classe était sens sur dessous, m'ont dit des camarades et pour pouvoir continuer *les cours* (?) on commua ma peine en une tranche de pain sec pour dîner, ce qui était pour moi une récompense car le maître devait me donner de son pain qui était dix fois meilleur sec que le mien beurré. Plus tard lors des fameuses grèves du Borinage du Centre et de Charleroi où Van der Smissen, le fameux général belge, retrempa ses honneurs dans le sang des mineurs, il ne me manqua que les moyens de me procurer un revolver et de me rendre sur les lieux pour tenter de lui trouer la peau. Je n'étais pas un anarchiste, me figurant qu'anarchiste et vagabond étaient synonymes, mais un révolté! La révolte s'est développée en moi au point qu'aujourd'hui je hais autant le lâche qui accepte passivement des ordres autoritaires que celui qui s'empare de l'autorité; et depuis très longtemps j'ai observé que quiconque sait être autoritaire sait aussi ramper... » (A. B. G. 21. — *Musicien, 29 ans. — Belge.*)

« A treize ans je quittai le village pour être servante chez un petit commerçant, je ne fus pas longtemps à connaître l'uniforme militaire; le ton écrasant d'autorité des sous-officiers à leurs subalternes, dès la première fois, a soulevé en moi un sentiment de révolte et je n'ai jamais pu comprendre que des hommes se laissent ainsi traiter... En outre lorsqu'il arrive à quelqu'un de vouloir m'influencer soit par sa force physique ou le poids de l'autorité dont il est investi, il n'y revient pas une seconde fois, car, bien que je sois calme d'apparence, toute ma révolte est manifestée par une attitude résolue et souvent par une réplique saillante. Lors de la guerre de 1870, j'avais peine à comprendre que tous ces soldats ne risquaient pas plutôt la mort en se révoltant que de courir au devant des baïonnettes des soldats ennemis, pour lesquels ils n'avaient aucune raison d'inimitié... (PH. LEFÈVRE. — *Cuisinière — 49 ans — Belge, femme.*)

« Un gamin de mon âge dont j'avais partagé les jeux au temps où j'allais encore à l'école, m'invita à prendre part à sa joie. Je pénétrais dans une place aux riches lambris... Je m'apprêtais à mettre sous la dent un pâté que m'avait spontanément offert mon petit camarade quand une dame... fit son entrée, roulant des yeux stupéfaits qui allaient de mon ami à moi et réciproquement. Ce moment de stupeur passé, la pimbêche interrogea son fils au sujet de ce « petit vagabond ». J'allais protester... lorsque madame appela un valet, qui me mit à la porte avec les égards dont sont capables les gens assujettis à un long servage. Je m'en allai la honte au front, mais la haine au cœur sans pouvoir m'expliquer la conduite de cette dame envers moi. A mesure que les années s'accumulèrent, le fiel dont on m'avait abreuvé ne fit que se développer... » (LIDÉE. — *Typographe, 40 ans. — Belge.*)

« ... Quand la haute clique veut bien reconnaître à un pauvre diable ce qu'elle appelle « du talent », elle considère qu'en retour « ce talent » lui appartient. Elle l'utilise, c'est son droit. Et celui qui se rebelle, celui qui ne veut pas être l'instrument servile des besognes quelconques, celui-là devient un danger pour elle, — elle le comprend — et tous les moyens lui sont bons pour l'abattre. Ce n'est pas nouveau, pardieu, — mais cela surprit la naïveté de mes 20 ans... Et je voulus lutter, pauvre imbécile que j'étais, lutter loyalement contre des adversaires aussi crapuleusement canailles ! Ce fut vite fait : la misère, la calomnie m'eurent bientôt affamé dans l'isolement.. Les froussards de la presse vendue pourront constater que la Suisse — « cette terre classique de la Liberté » comme ils disent, — travaille elle aussi à préparer le soulèvement universel qui nous ralliera au cri de VIVE L'ANARCHIE ! » (E. D. H. 25 — *Professeur 27 ans. — Suisse.*)

« ... Une jeunesse malheureuse et tourmentée sans parents et sans guide a fait de moi ce que je suis aujourd'hui ; un anarchiste dont le cœur déborde de haine et qui s'est souvent révolté à la seule vue d'un enfant en guenilles ou d'une iniquité commise envers un pauvre diable... » (A. NICOLET. — *Graveur, 45 ans. — Suisse.*)

Nous retrouvons encore la même tendance à la révolte dans l'unique réponse que nous reçûmes d'un Néerlandais.

« ... Dans ses belles œuvres, Multatuli traite aussi de la question sociale. Les idées de cet illustre écrivain m'inspirèrent beaucoup comme pour mille autres en notre pays. Elles développèrent en moi mon esprit de révolte, mon désir de modifier l'état social que je conçus injuste... » (J. METHOFER. — *Teneur de livres — 31 ans. — Néerlandais.*)

En toutes ces réponses, il s'agit de l'esprit de révolte, imprécis, général. L'individu réagit contre l'Autorité. Il lui résiste passivement ou activement et cela quelle qu'elle soit : familiale, professorale, sociale, patronale. Quelle que soit la nationalité dont font partie les individus, le même caractère psychique se montre avec plus ou moins d'acuité dans son intensivité.

Il existe des formes variées de cette propension à la révolte. Ainsi l'esprit d'examen, de critique, d'opposition, d'innovation en sont des modalités. En examinant, en critiquant l'individu se refuse à admettre les opinions toutes faites, les phénomènes tels qu'on les lui présente. Il se révolte contre les idées généralement admises, contre les dogmes religieux, moraux, scientifiques. En contredisant des théories données, en faisant opposition à des actes l'individu se révèle un révolté. Morphologiquement examen, critique, contradiction, opposition, sont identiques.

Dans les confessions, nous constatons aussi ces dérivés de la tendance à la révolte et cela encore quelle que soit la nationalité : France, Irlande, Ecosse, Allemagne, Espagne, etc.

« Mes plus lointains souvenirs d'enfance me font retrouver dans mes premières années un esprit de contradiction qui s'entêtait souvent mais qui, pourtant ne devint jamais ricaneur ni frondeur, et jamais ne se dessécha en une attitude immuable. Il me fit mépriser de très bonne heure ce panurgisme qui règne en maître dans les établissements de l'éducation actuelle... Contre tout cela j'ai dû me raidir en une tension perpétuelle et douloureuse pour protéger ma personne morale réduite à s'enfermer dans un orgueil blanc et froid où elle s'étouffait parfois. Dès les premiers heurts de ma conscience je me vis condamné au rôle de réfractaire pour toute ma vie d'adolescent, rôle contraire d'ailleurs à ma nature qui est d'expansion et de sympathie... » (MAURICE PUJO. — *Littérateur, vingtaine d'années. — Français.*)

« Mon père, industriel en Alsace, de religion protestante, m'habitua de bonne heure à la liberté de penser, car sous l'empire il professait hautement le « républicanisme » et ses paroles furent toujours hostiles à l'enrégimentement religieux. Je ne fus pas baptisé et ce ne fut que sur les instances de ma mère qu'il se rendit à me laisser faire ma première communion... » (P. 10. — *Architecte. — 32 ans. — Français.*)

« Mon père était carrossier, lui aussi un peu révolté... Je fus témoin, hélas! de bien des misères et surtout fort peu choyé (ma mère s'était remariée) .. A chaque instant des phénomènes divers frappaient mon imagination. Pourquoi y avait-il des riches? Pourquoi y avait-il des pauvres? Autant de réflexions qui troublaient mon repos... » (K. 11. — *Ouvrier sabotier, galochier, 33 ans. — Français.*)

« J'ai l'esprit éminemment critique et aussi l'esprit d'opposition; je cherche souvent à me démontrer que j'ai tort, en ayant telle ou telle idée... » (O. 7.)

« Au lycée, plus tard, j'aimais à critiquer les auteurs que je lisais; je ne pouvais m'astreindre à accepter les idées sans les discuter, même avec les professeurs pour lesquels d'ailleurs je n'eus jamais aucun respect... » (Dr H. 6.)

« ... Une fois entré dans la presse et résolu à ne point imiter mes confrères qui, pour la plupart, jugent avec un aplomb imperturbable des questions dont ils ne connaissent pas le premier mot, je me mis en devoir d'étudier les questions sociales pour pouvoir combattre, en toute connaissance de cause, les théories socialistes qui, *a priori*, m'étaient parfaitement antipathiques. Je commençai par étudier séparément, puis dans leurs rapports les unes avec les autres, chacune des réformes proposées dans le but d'améliorer comme dit la formule, le sort du plus grand nombre... » (Séverin L. — *Journaliste, auteur dramatique, 33 ans environ. — Français.*)

« Parce que je ne me contente pas d'accepter l'opinion courante sur quelque chose qui m'intéresse mais je tiens à examiner les faits par moi-même... » (H. 12. — *Institutrice, 45 ans environ. — Irlandaise, femme.*)

« Croyant que les méthodes scientifiques sont les seules vraies méthodes pour arriver à la vérité... Et l'Anarchie offrira l'avantage des expériences libres... » (Henry Campbell. — *Sellier, 41 ans. — Ecossais.*)

« Je pense que l'anarchie est la plus énergique opposition à cette absurdité.... » (William Reckie. — *Plombier, 34 ans. — Ecossais.*)

« ..... La tromperie de cette clique et l'ambition des individus (S. D. F.) [1] nous amenèrent presque à la discussion des principes anarchistes. Vers cette époque nous étions plongés dans les discours des anarchistes

1. *Social democratic Federation.*

de Chicago et leurs grandes paroles et leur conduite plus grande encore contrastaient avec les petites bassesses et le pitoyable égoïsme de beaucoup parmi les démocrates... (A. M. 27. — *Musicien, 36 ans. — Anglais.*)

« Ma conviction vient de ma foi dans les doctrines sociales et éthiques enseignées par Jésus, et de leur étude dans les quatre évangiles... » (J. C. Kenworthy. — *Journaliste, écrivain, pasteur honoraire de Brotherhood Church,* (Eglise de la Fraternité) *31 ans. — Anglais.*)

« Je suis un anarchiste communiste parce que après des années d'expérience dans le mouvement réformiste, je suis arrivé à cette conclusion finale que le communisme anarchique est la seule solution de la question dite du Travail... Mais après quelques ans d'expérience je découvris bientôt que les trades unions étaient une tromperie... Avec Albert Parsons je commençai à rechercher la vraie solution du problème du travail..... » (O. P. Smith. — *Cigarier, 35 ans. — Irlandais.*)

« L'attitude intolérante et arrogante des leaders du parti social démocrate en Allemagne après le vote de la loi anti-socialiste, m'ouvrit enfin les yeux et mon implicite croyance en l'honnêteté et l'ardeur de ces hommes reçut un grand choc... » (C. H. 13. — *Dessinateur architecte, 41 ans. — Allemand.*)

« Je devins un anarchiste par l'étude des principes et de ces questions difficiles... » (W. H. Ornum. — *Homme de lettres, 54 ans. — Américain.*)

« ..... J'ai vu d'atroces misères autour de moi... J'ai été placé aux premières loges pour juger les canailleries bourgeoises et j'ai été dix ans sans les condamner..... » (E. D. II. 25.)

« ..... J'observai autour de moi : J'ai vu des enfants déguenillés ramasser des légumes gâtés et les porter à leurs parents pour les cuire. J'ai vu des enfants en haillons que des gendarmes reconduisaient dans leurs communes parce que, sans papiers et sans parents, les pauvres petits mendiaient. J'ai vu des femmes brutalisées par des policiers. J'ai vu des femmes mendier, puis livrées aux gendarmes qui les traînaient en prison... J'ai vu venir au monde des enfants dont les parents n'avaient même pas un linge propre pour les recevoir. J'ai vu une fillette fureter dans une caisse à ordures espérant y trouver du pain parce que depuis deux jours il n'y en avait pas à la maison... (A. Nicolet.)

« L'étude des affaires économiques et sociales m'a convaincu que l'avenir est dans le prolétariat... (J. L. Olbès.)

« Ensuite, étant dejà un peu débarrassé des préjugés religieux et voyant que les journaux que je lisais m'éclairaient sur la question religieuse, tandis que les journaux bourgeois me la rendaient plus obscure, je comparais les deux tendances et je sus distinguer où était la vérité... Comme j'ai vu que c'est le caprice qui gouverne... Comme j'ai vu qu'on ne m'avait rien enseigné pour gagner ma vie, ni aider à me faire homme, et qu'on m'avait privé du droit de parler et écrire à ma façon, d'aller où je veux en me faisant porter le sac et un fusil que je dois décharger au commandement d'un autre sans savoir contre qui et pourquoi on m'impose une besogne si vile. Dans le même temps, j'ai vu que quand nous autres ouvriers réclamions quelque amélioration, on nous donne des coups et on nous emmène en prison, tandis que quand c'est le bourgeois qui réclame quelque chose contre le travailleur, il n'y a pas de police et de gendarme pour nous aider et pour suivre le bourgeois. De sorte que j'ai compris que le gouvernement ne sert que pour défendre cette bande de voleurs bourgeois..... Et si j'ai appris un peu à démêler la comédie politique cela a été à force de volonté... » (IGNACIO JAQUETTI. — *maçon, 33 ans. — Espagnol.*)

« Elevé avec la pauvre et routinière instruction que peut recevoir le fils de l'ouvrier dans cette immonde société... Je suivis le courant que malheureusement suit la jeunesse d'aujourd'hui en m'abandonnant à des amusements grotesques et sans substance, qui conduisent seulement à la corruption, mais heureusement bien vite je commençai à raisonner. Je dirigeai un coup d'œil investigateur sur la société actuelle et je la vis submergée sous le plus vil despotisme. Je vis qu'en elle..... Je vis qu'au lieu de... Je vis que... Cette société n'a pas sa raison d'être, sa logique est sur la pointe des baïonnettes, m'écriai-je alors! Et voyant clairement le mal, j'en cherchai le remède. J'étudiai les partis politiques les plus radicaux, et j'en déduisis qu'aucun d'eux n'est appelé à accomplir l'œuvre d'émancipation... J'étudiai le parti socialiste, partisan de l'Etat ouvrier et je me convainquis que quoiqu'il se propose d'importantes réformes sociales, son installation serait seulement un calmant pour les douleurs de l'humanité... » (J. E. MARTI. — *Typographe, 19 ans. — Espagnol.*)

« Je devins anarchiste quand je compris ce que j'ai

dit plus haut (nuisance du gouvernement et de la propriété privée.) Je le compris en réfléchissant sur ma situation d'esclave salarié. Je fus aussi poussé à la réflexion par un sentiment désintéressé de justice... » (E. Oller. — *Typographe, 26 ans. — Espagnol.*)

« Un jour je me rencontrai avec un homme qui me dit : Tout ce que propagent les républicains est une farce et une liberté très mal comprise ; pour s'en assurer, il suffit de regarder ce qui se passe dans toutes les républiques qui sont établies en Europe et en Amérique.... Je le fis et je compris qu'il avait raison...... J'en savais assez pour... voir et constater les injustices que développe l'actuelle organisation sociale...... » (Francisco Freiscas. — *Cordonnier, 21 ans. — Espagnol.*)

« Je lus une brochure intitulée *Conférencias socialistas* par Chivelnior ; l'auteur y démontre ce que sont l'Etat, le Capital, et la Religion et il se déclare anarchiste. Ce fut comme un rayon de lumière venant éclairer mon cerveau alors indifférent à la politique puisqu'il la considérait comme une farce. Voilà, me dis-je, ce que tu désires et par suite tu dois t'appeler anarchiste.... » (Jacintho Melich. — *Ferblantier, 31 ans. — Espagnol.*)

« Voyant l'inégalité qui existe dans la société et la misère dont sont victimes les travailleurs, je m'adonnai à l'étude de la question sociale... » (Libertario. — *Ouvrier ouateur, 19 ans. — Portugais.*)

« Depuis ce temps aussi j'ai commencé à ne plus obéir avec une aussi grande ferveur aux règles de ma religion. Tout en gardant encore la foi sincère dans un bon Dieu, de temps en temps des doutes sur sa bonté et sa justice s'élevaient dans ma pensée enfantine. Parfois je demandais à ma mère pourquoi autant de gens méchants qui n'obéissent point aux règles de notre religion sont riches et jouissent de la vie, tandis que nous qui prions toujours et qui tâchons de notre mieux à plaire au bon Dieu, nous avons à supporter tant de privations et tant de misère.... Ma mère me répondit qu'à cause de cela les riches iraient dans l'Enfer, tandis que nous nous irions au paradis. Pour le moment cette réponse me suffit, seulement dès cette époque, un premier doute dans l'omnipotence et la miséricorde de Dieu s'introduisit dans mon cœur..... J'ai trouvé bientôt par expérience personnelle que leur (des révolutionnaires) critique de la société actuelle était bien correcte et je me suis persuadée aussi peu à peu de la possibilité d'un changement... » (W. D. 30. — *Employée de bureau, 21 ans. — Juive russe. — Femme.*)

Ces citations sont absolument typiques. Elles décèlent bien chez leurs auteurs l'existence de ces modalités de la tendance à la révolte : esprit d'examen, ou de critique ou d'opposition.

Un autre mode qui dérive de cette propension est l'esprit d'innovation. L'individu qui innove en Art, en Sciences, en Lettres possède évidemment le caractère mental critique. Consciemment ou inconsciemment le novateur examine ce qui est, le critique. Alors il cherche ce qu'il estime le mieux et réalise ce qu'il a trouvé. Il y a là, sans nul doute, une forme de l'esprit de révolte. Nous la constatons seulement en deux confessions émanant de Français, confessions d'ailleurs où nous avions déjà trouvé les autres modalités de cette propension à la révolte.

« Je passai ma thèse de doctorat sur une opération chirurgicale que les professeurs déclaraient absurde et folle. Elle est devenue classique depuis... » (Dr H. 6.)

« Je m'escrimais dans les revues contre les écolâtres de tout acabit prétendant que l'artiste digne de ce nom devait traduire ses émotions selon un rythme individuel et non d'après les formes apprises. » (A. Retté.)

Donc, en les mentalités anarchistes-socialistes comme manifestation de tendance à la révolte, nous rencontrons encore l'esprit d'innovation. Cette modalité est surtout perceptible chez tous les savants, littérateurs, artistes qui sont anarchistes-socialistes. Ils ont une individualité puissante, car presque tous sortent des sentiers battus, sont des novateurs. Poètes, peintres, romanciers, sculpteurs, philosophes, etc., ils explorent des voies nouvelles, impatients de réaliser un idéal rêvé, de connaître une nouvelle vérité.

L'esprit d'innovation est moins aisément découvrable dans la masse des anarchistes-socialistes. Ceux-ci ne se révèlent au public par aucune œuvre; néanmoins cette tendance existe chez eux sous sa forme atténuée : amour du nouveau. Tout anarchiste proteste contre les actuelles formes sociales, en rêve une nouvelle qu'il juge meilleure, il est donc nécessairement philonéiste.

En somme, l'observation montre que dans la mentalité philosophique des anarchistes-socialistes se trouve ce caractère : Tendance à la révolte.

Ce résultat auquel la méthode positive nous conduit, est absolument confirmé par la raison. En effet, des hommes qui veulent faire table rase des actuelles organisations sociales sont fatalement doués d'une cérébration dont une des caractéristiques doit être la tendance à se révolter contre ce qui est. Donc logiquement, par le fait même qu'on est anarchiste-socialiste — c'est-à-dire qu'on rêve un certain idéal social conforme à certaines doctrines, — on est révolté, c'est-à-dire qu'on est imprégné d'esprit de révolte, et ce, naturellement, sous une ou plusieurs des formes variées qu'il peut revêtir.

D'ailleurs, l'étude des doctrines anarchistes-socialistes pouvait faire déduire rationnellement l'existence de cette caractéristique psychique. En effet, si la doctrine enseigne la révolte, invite à la manifester, il est rationnel que les adeptes de cette doctrine — c'est-à-dire des individus l'estimant juste, vraie, bonne — approuvent la révolte, la préconisent eux-mêmes, la manifestent aussi. Or, s'ils la manifestent, c'est qu'en leur encéphale existe cette tendance à la révolte; c'est que les ambiances l'ont développé vigoureusement.

La doctrine socialiste-anarchiste enseigne la révolte; on en jugera par ces citations que nous empruntons à des ouvrages publiés en beaucoup de langues diverses.

« Nous nous sommes révoltés et nous avons invité les autres à se révolter contre ceux qui s'arrogent le droit de traiter autrui comme ils ne voudraient nullement être traités eux-mêmes; contre ceux qui ne voudraient être ni trompés, ni exploités, ni brutalisés, ni prostitués, mais qui le font à l'égard des autres...... Jusqu'à présent l'humanité n'a jamais manqué de ces grands cœurs qui débordaient de tendresse, d'esprit ou de volonté, et qui employaient leur sentiment, leur intelligence ou leur force d'action au service de la race humaine sans rien lui demander en retour. Cette fécondité de l'esprit, de la sensibilité ou de la volonté prend toutes les formes possibles. C'est le chercheur passionné de la vérité qui, renonçant à tous les autres plaisirs de la vie, s'adonne avec passion à la recherche de ce qu'il croit être vrai et juste, *contrairement* aux affirmations des ignorants qui l'entourent.... C'est l'homme qui se révolte à la vue d'une iniquité sans se demander ce qui en résultera et alors que tous plient l'échine, démasque l'iniquité, frappe l'exploiteur, le petit tyran d'une usine ou le grand tyran d'un empire..... Nous sentons que nous n'avons pas poussé les principes égalitaires jusqu'au bout. Mais nous ne voulons pas faire de compromis avec ces conditions.

Nous nous révoltons contre elles. Elles nous pèsent. Elles nous rendent révolutionnaires. Nous ne nous accommodons pas de ce qui nous révolte. Nous répudions tout compromis, tout armistice même, et nous nous promettons de lutter à outrance avec ces conditions... Cette science (la morale) dira aux hommes :... Sois fort au contraire et une fois que tu auras vu une iniquité et que tu l'auras comprise — une iniquité dans la vie, un mensonge dans la science, ou une souffrance imposée par un autre, — révolte-toi contre l'iniquité, le mensonge et l'injustice. Lutte ! La lutte c'est la vie d'autant plus intense que la lutte sera plus vive. Et alors tu auras vécu, et pour quelques heures de cette vie tu ne donneras pas des années de végétation dans la pourriture du marais... » (PIERRE KROPOTKINE. — *La Morale Anarchiste.* — pp. 54-57-58-72-74. — Brochure in-18, Paris, 1891[1].)

« ... Et dans la société actuelle essayer de mettre des idées nouvelles en pratique, n'est-ce pas faire acte de révolte ?.. Heureusement, nous l'avons vu, qu'il n'y a qu'un pas des aspirations au besoin de les réaliser ; et ce pas bien des tempéraments sont enclins à le franchir ; d'autant plus que la théorie anarchiste étant essentiellement d'action, plus nombreux chez ses adeptes se trouvent ces tempéraments révolutionnaires. De là la multiplication des ces actes de révolte que déplorent les esprits timorés, mais qui selon nous ne sont autre chose

1. Cette brochure a été publiée en anglais : *Anarchist Morality* London 1891 — Brochure in-18. Le prix est 1 penny — celui de la brochure française est 0,10. Traduction allemande : *Anarchistische Moral.* Brochure in-8, Berlin.

que la preuve du progrès des idées.... Ce n'est pas en se résignant, ni en espérant que l'on change rien à sa situation, c'est en agissant; or la meilleure manière d'agir c'est de supprimer les obstacles qui entravent votre route..... La mise en pratique de nos idées exige des hommes conscients d'eux-mêmes et de leur force, sachant faire respecter leur liberté tout en ne se faisant pas les tyrans des autres, n'attendant rien de personne mais tout d'eux-mêmes, de leur initiative, de leur activité et de leur énergie; ces hommes ne se trouveront qu'en leur enseignant la révolte et non la résignation.... Mais nous sommes convaincus aussi que les idées bien comprises doivent multiplier dans leur marche ascendante les actes de révolte... » (JEAN GRAVE. — *La Société mourante et l'Anarchie*, — pp. 128-130, — 1 volume in-18, Paris, 1894, édition populaire [1].)

« Je voudrais bien avoir l'influence que vous me prêtez. J'irais de ville en ville semer la révolte et j'aurais bien vite fait de jeter par terre la société actuelle et de faire éclore l'Anarchie... » (Réponse du compagnon TENNEVIN, comptable, au Président des Assises de l'Isère.)

« Je n'ai pas à me disculper de ce que j'ai dit, de ce

1. Le prix en était de 1 fr. 25. Elle fut saisie et condamnée en France et en Belgique où elle s'imprimait. — L'édition à 3 fr. 50 parut à Paris en 1893 chez l'éditeur Stock. — Divers journaux de langue espagnole (Amérique du Sud, New-York, Floride, Barcelone, Madrid) et aussi en Portugal ont donné la traduction de longs extraits de ce livre. En Angleterre il y eut aussi quelques passages de publiés. Il vient de paraître une édition espagnole à Buénos-Ayres.

que j'ai fait : Que me reproche-t-on ? D'avoir excité à la révolte et d'avoir proclamé que les travailleurs avaient bien fait de piller. Mais je le redis encore : ils ont bien fait, ils ont bien agi dans tous les actes qui se sont accomplis le 1er Mai. » (Défense de PIERRE MARTIN, ouvrier tisseur aux Assises de l'Isère. — *Procès des anarchistes de Vienne*, — pp. 10, 49 — Saint-Etienne, 1890 — Brochure in-18)

« Ces monstres (bénéficiants de la forme sociale actuelle) ont toutes les jouissances et emploient les moyens les plus cruels pour conserver leur position, car nous leur avons mis entre les mains la force armée dont ils se servent contre nous. Aussi aucun moyen ne sera trop violent pour supprimer leurs privilèges et les faire rentrer dans le droit commun. Comment a-t-on aboli l'esclavage antique ? par les révoltes. Comment a-t-on supprimé le servage ? Encore par les révoltes. Comment fera-t-on disparaître le salariat qui est la dernière forme de l'esclavage ? toujours par la révolte. La révolte est une chose fatale, engendrée par l'oppression comme l'explosion d'une chaudière est engendrée par la trop grande pression. Cependant ce n'est ni par haine, ni par vengeance que nous nous révolterons, c'est par nécessité. La société actuelle ne nous reconnait aucun droit au bien-être. Malgré les apparences trompeuses des libertés politiques, elle fait de nous des êtres inférieurs et misérables. Donc nous sommes en état de légitime défense, nous accomplissons le plus sacré des devoirs en nous insurgeant contre elle. » (*Les Anarchistes et ce qu'ils veulent.* — p. 29 — Genève, 1892 — Brochure in-18 ; 0 fr. 10.)

« Le but de ce parti (socialiste-anarchiste) est de répandre par tous les moyens possibles, les principes du Socialisme anarchiste; de montrer qu'il ne faut pas espérer dans les concessions volontaires des propriétaires ou des gouvernements, ni dans les graduelles réformes constitutionnelles; de réveiller dans le peuple la conscience de ses droits et de développer en lui l'esprit de révolte; de le pousser à faire la révolution sociale, c'est-à-dire à détruire tout gouvernement et à mettre en commun toutes les richesses existantes... » (ERRICO MALATESTA. — *A Talk abont Anarchist Communism between two workers.* — p. 30. — London 1890 — brochure in-18. — 1 penny [1].)

« Il est essentiel de se rappeler, d'ailleurs, que ce plaisant temps (fin du XV et commencement du XVIe siècle), résulte principalement de l'esprit révolutionnaire des populations rurales, populations conduites par de nobles pionniers tels que John Ball, Jack Cade, Watt Tyler et autres. Le peuple n'obtint ce qu'il désirait qu'en refusant de se soumettre aux exactions de ces gouvernants... L'histoire nous enseigne qu'il n'y a pas de grand changement politique ou économique excepté par les moyens de Révolution. Aussi nous travaillons pour la révolution qui balaiera du monde l'injustice, la tyrannie... » (H. H. DUNCAN. — *A plea for Anarchist Communism.* — pp. 7, 15. — Aberdeen, 1893. — Brochure in-18. — One penny.)

1. Cette brochure a des éditions italienne (*Fra Contadini*), espagnole (*Entre Campesinos*), roumaine (*Intra Terani*). L'édition française (*Entre paysans*) et une édition espagnole de Buenos-Ayres sont quelque peu altérées dans leur texte.

«... Pourtant dans les bas-fonds sociaux les principes d'égalité, d'amour et de charité, prêché des centaines d'années par Bouddha, Confucius, Philon et par le réformateur Jésus, . ouvrirent de nouveaux horizons aux classes des déshérités, des opprimés, des esclaves. Les poètes, les philosophes, les gens de cœur et de sens disaient qu'il se préparait une grande révolution morale et religieuse. Ceux qui jouissaient... rirent d'abord. Bientôt ils cessèrent de rire et poursuivirent les affiliés à la nouvelle secte quand ils s'aperçurent de leur énorme accroissement... Au prix de milliers de martyrs la nouvelle foi s'éleva sur les ruines des cultes antiques, l'égalité morale devint un fait accompli... Au cours du dernier siècle, Voltaire percevant que... les antiques privilèges de la noblesse, du clergé, étaient irrévocablement condamnés par le progrès moral et social, dit : « Tout ce que je vois est la semence d'une révolution qui se verra inévitablement... » Encore alors rirent les riches... Et la révolution vint terrible, inattendue comme un tremblement de terre (1789)... L'idéal anarchique séduit chacun et s'épand avec une célérité si prodigieuse qu'en trente années il a fait plus de chemin que le christianisme en trois cents. Il y a des millions d'esclaves modernes, élevés à la dignité d'hommes qui au nom de la morale anarchiste se révoltent, tentant continuellement de briser leurs chaines... Les persécutions cruelles, les calomnies viles ne font que donner une impulsion plus grande à la cause qui entraîne vertigineusement l'humanité vers le drame final.... Innombrables sont les signes prouvant que l'heure fatale s'approche, aussi nous recommandons avec toute la force de la conviction à ceux qui ont le tempérament de révoltés et l'amour de la justice de se tenir prêts. . » (EDOARDO MILANO. — *Primo Passo all Anarchia.* — pp. 85, 86-88, 89 — Livorno, 1892 — Brochure in-18, — 20 centimes.)

« ... Il est non moins certain que la tendance sociale est constamment la même : se révolter contre l'autorité, la discuter, la limiter et enfin la supprimer... L'autorité est niée depuis que le premier homme s'est révolté contre elle, arrachant dans ses efforts successifs aujourd'hui un attribut, demain un élément, le jour suivant une fonction... L'idée anarchiste qui supporte cependant des oscillations et va chaque jour se concrétant et s'affirmant mieux en un principe, surgit comme un simple cri de protestation, de guerre, et est le drapeau non encore bien défini de la révolution... Des progrès rapides se sont réalisés pendant l'évolution des idées socialistes dans le court espace d'un demi-siècle, principalement depuis la dissolution de la fameuse internationale des travailleurs. Cette évolution est le produit du prolétariat militant qui, avec son esprit révolutionnaire, tend toujours à purifier et concréter ses idées... » (RICARDO MELLA. — *Anarquia.*)

« Ennemi des palliatifs, des moyens termes et des petites réformes, l'anarchie partant du principe que la fin justifie les moyens, se propose de revendiquer les droits du peuple par le mouvement insurrectionnel, la révolution sociale.... » (SERGIO DE COSMO. — *Anarquia.* — *Segundo certamen socialista,* — pp. 64-66, 67, 75. — Barcelone 1890, volume in-8°, 5 francs[1].)

1. Le travail de M. Ricardo Mella fut récompensé à un con-

Nous pourrions à volonté accroître ces citations si nous voulions puiser dans la masse de journaux anarchistes-socialistes qui furent publiés ou se publient actuellement en français, anglais, italien, espagnol, flamand, hollandais, portugais, allemand, etc. Mais à quoi bon ? Elles sont suffisamment typiques pour montrer d'une façon claire que les doctrinaires de l'Anarchie exaltent l'esprit de révolte sous ses modalités les plus variées.

Grave, Reclus, Malatesta, Kropotkine, Fielden, Parsons, Gumplowicz, Spies, Tolstoi, etc., proclament l'affranchissement de l'individu par lui-même, par suite ils enseignent la révolte, violente ou non, suivant leurs personnels tempéraments. Il est rationnel que les disciples de ces philosophes de l'anarchie-socialiste soient imprégnés d'esprit de révolte. Ils trouvent juste, bien, l'enseignement de la révolte parce qu'ils sont eux-mêmes affectés d'esprit de révolte.

D'ailleurs, la même tendance à la révolte qui est manifestement exprimée dans les œuvres des savants anarchistes-socialistes, se retrouve aussi vigoureusement exprimée dans les romans, les contes, les chroniques des littérateurs anarchistes-socialistes : Paul Adam, Mirbeau, Bernard Lazare, Eekhoud, etc., etc.

cours proposé par le groupe *Avant* de Barcelone. Le travail de M. Sergio de Cosmo a été publié en italien.

La semence de révolte est encore faite dans les œuvres des peintres, des dessinateurs socialistes-anarchistes. La collection du *Père Peinard*, par exemple, avec ses gravures dues à de grands artistes, en est une preuve irréfragable.

Donc, *a priori*, en le déduisant des doctrines anarchistes-socialistes, on pouvait affirmer que les adeptes de ces théories étaient affectés de l'esprit de révolte sous une ou plusieurs de ses modalités : esprit d'opposition, d'examen, de critique, d'innovation.

Méthodes rationnelle et positive conduisent donc au même résultat : présence de l'esprit de révolte dans la mentalité des adeptes de la doctrine anarchiste-socialiste. Ces deux méthodes se confirment ainsi l'une l'autre et permettent d'affirmer que la tendance à la révolte est toujours dans la cérébralité des anarchistes-socialistes; elle n'y est point seule mais associée avec d'autres tendances dont l'agrégat est spécifique de la mentalité philosophique des adeptes de la doctrine anarchiste-socialiste.

Il semble d'après les extraits confessionnels que nous avons relatés et d'après les extraits des doctrines que nous avons cités; il semble, dis-je, que la propension à la révolte est fort grande chez tous les anarchistes-socialistes. Elle atteint chez eux un développement supérieur à celui qu'on trouve chez la généralité des hommes. Cet esprit de révolte est fort accentué chez certains, bien plus que chez d'autres. Toutefois d'une façon générale, il semble que les manifestations de cet esprit de révolte sont plus puissantes, plus violentes même chez les Italiens et les Belges que chez les Anglais, les Ecossais, les Allemands. Les Français, les Irlandais paraissent tenir une place intermédiaire.

Quoi qu'il en soit de ces influences de nationalité, il est certain — nous l'avons prouvé par l'observation et le rationalisme — que la tendance à la révolte existe dans la mentalité spéciale aux anarchistes-socialistes. Nous pouvons donc dire :

Caractères constitutifs de la cérébralité socialiste-anarchiste : 1° *Esprit de Révolte.*

L'anarchiste-socialiste est un individu *révolté.*

CHAPITRE III

DE L'AMOUR DE LA LIBERTÉ.

« Par la vérité à la liberté,
par la liberté à la vérité. »
ULRICH DE HUTTEN.

L'anarchiste-socialiste, avons-nous démontré, dans les pages précédentes possède dans sa cérébralité la caractéristique psychique : esprit de révolte. Il est chez lui dans un état de développement plus grand qu'habituellement il ne se rencontre chez les autres hommes.

Ce caractère mental n'est pas, *à lui seul*, spécifique de la mentalité philosophique particulière aux anarchistes-socialistes. En effet, cette tendance à la révolte se retrouve chez grand nombre d'individus non anarchistes. Tous les anarchistes-socialistes sont des révoltés, mais tous les révoltés ne sont pas des anarchistes-socialistes. Ainsi dans le plan social et politique, tous les socialistes — les socialistes-anarchistes ne forment qu'une fraction socialiste — sont des révoltés. De même dans les plans religieux, scientifique, artistique, littéraire, tous les opposants aux idées et aux formes admises, tous les philonéistes, — le nouveau aimé pouvant être une réapparition de formes et d'idées anciennes, tombées en désuétude, — tous les innovateurs sont des révoltés.

On conçoit donc que l'esprit de révolte n'est point suffisant pour caractériser l'anarchiste-socialiste. C'est *une* des tendances de son état « essentiel », ce n'est pas *la* tendance unique de son état « d'âme. »

Nous devons alors rechercher un nouveau caractère psychique, commun à toute cette catégorie d'individus, qui adoptent les doctrines anarchistes-socialistes. Cette recherche se peut faire par la voie de l'observation ou par la voie du raisonnement. Nous y avons procédé par ces deux méthodes.

A la lecture des « confessions » qui nous furent adressées, la tendance à la révolte une fois trouvée, on constate que « l'amour de la liberté » se décèle avec une étrange vigueur. L'anarchiste-socialiste aime ardemment la Liberté, on en jugera par les extraits suivants :

« Ayant étudié les systèmes gouvernementaux, je ne vois

rien autre que la forme anarchiste, anti-autoritaire, pour établir l'harmonie universelle... Considérant que les souffrances, crimes de toutes sortes dont l'ensemble de la société est atteint sont le résultat de l'autorité... En un mot, je considère comme logique gouvernementale ces deux choses seules : Despotisme et gâchis... C'est parce que l'autorité et la propriété existent que des millions de travailleurs crèvent de faim et que la société est transformée en un immense champ de bataille où les hommes sont éternellement en lutte les uns contre les autres... » (T. D. M. 28.)

« L'autorité, sa valeur, sa raison d'être, voilà la chose que je n'ai jamais pu comprendre. Qu'un homme s'arrogeât le droit de dominer de quelque manière que ce soit sur ses semblables, c'était et c'est encore pour moi l'inconcevable et rien à mes yeux n'était et n'est aussi déshonorant que l'obéissance, c'est-à-dire l'annihilation partielle de l'individu, sa diminution, son affaiblissement. Vous me direz que j'obéis bien à des idées, non, car ces idées sont parties intégrantes de mon être et en leur obéissant je n'obéis qu'à moi-même... » (BERNARD LAZARE.)

« J'ai longtemps été autoritaire, mais en me scrutant soigneusement je remarquais que je l'étais pour les autres. Pour moi, je tenais essentiellement à être libre, à être moi. Cette constatation fut un premier coup de pioche dans mon autoritarisme qui bientôt s'effrita tout à fait, quand j'eus remarqué que tout détenteur de l'autorité fatalement en abusait. Alors, je devins partisan de la liberté, non seulement pour moi, mais encore pour les autres... » (O. 7).

« Je suis venu assez tard à la question sociale, mais si

je remonte à travers les étapes successives de ma vie, j'y vois se développer le même principe, je puis dire le même instinct de liberté que j'ai récemment porté sur le domaine social. Ainsi du point de vue esthétique, je passais au point de vue moral (au sens le plus général du mot), et mon effort fut de conserver dans cette vie morale, en l'adaptant à ses conditions propres, cette liberté absolue que j'avais trouvée dans le domaine esthétique. Mais la liberté morale ne fut pas pour moi une forme vide, comme on l'entend communément la faculté de faire ou de ne pas faire une chose. La liberté, à mon sens, est un principe vivant, l'essence même de la vie, l'activité pure que nous avons souvent à protéger contre nous-mêmes. L'intérêt particulier et l'intérêt général, le devoir même sont pour elles des limitations à des degrés divers, limitation ou si l'on veut, déterminations qui peuvent avoir leur justification relative mais qui ne doivent pas empêcher l'expression absolue, atteinte seulement dans l'amour... » (Maurice Pujo.)

« Mon caractère se distinguant par l'amour de la liberté... Je m'avouais que ma philosophie était libertaire... » (André Veidaux.)

« Donc, pourquoi suis-je anarchiste ? Parce que je considère l'anarchie comme l'idéal d'une humanité consciente d'elle-même... satisfaisant librement tous ses besoins, développant librement toutes ses facultés... Je conçois l'intégrale liberté pour chacun et pour tous. » (A. Retté.)

« ... Pourquoi suis-je encore anarchiste et le resterai-je ? Parce que le mal est corollaire d'autorité... que la société humaine évolue vers son affranchissement, que l'homme n'a droit que sur lui-même... » (P. 10.)

« ... Car ces maîtres que vous avez élus pour vous gouverner, c'est-à-dire (ô naïveté !) pour agiter des questions dont vous n'avez nul souci, formuler des principes erronés ou injustes et traiter d'affaires qui ne sont que les leurs, vivent, s'enrichissent et jouissent à vos dépens. Ils vous arment malgré vous contre un ennemi qu'eux seuls suscitent ou redoutent. Ils nomment au nom de la justice une magistrature qui vous condamnera quand vous aurez à vous plaindre d'eux ; au nom de la liberté, ils entretiennent à vos frais une seconde armée permanente, la police qui vous espionnera, vous emprisonnera, vous déportera et vous guillotinera au besoin sitôt qu'un geste de vous comme d'écarter trop les coudes, pourra les gêner dans l'exercice de leur despotisme. Ils ne cherchent en un mot que votre malheur pour leur bonheur à eux. Et comment pourrait-il en être autrement ? Par bêtise, vous leur avez presque donné ce droit en accumulant à vos risques et périls toute la force entre leurs mains : la fable du cheval qui prit un cavalier pour se venger du cerf... Non contents de jouir seuls du fruit de son travail, vous l'opprimez sous prétexte de l'empêcher de vous nuire. Mais ce sont les causes qui font naître et entretiennent ces mauvais instincts qu'il faudrait plutôt faire disparaître ; la domesticité, le salariat, la propriété, le capital, l'autorité, etc., » (B. 2.)

« L'autorité m'était déjà inconsciemment insupportable, et, tandis que mes professeurs se louaient de moi parce que je les écoutais et les comprenais, souvent les maîtres d'études vivaient avec moi sur le pied de guerre...

Imbu de grande haine pour l'autorité et son signe visible, l'or... » (PH. D. 4.)

« Raisons qui m'ont amené à l'anarchie... 2° haine de l'autorité... » (I. 5.)

« ... Mais après m'être entouré de tous les documents imaginables, je ne fus pas longtemps à reconnaître que la conception collectiviste, autant que j'en pus juger par la très vague exposition qui en a été faite par quelques théoriciens, serait le plus tyrannique, le plus rétrograde, le plus insupportable des régimes. L'état réglant en toute souveraineté la consommation, la production, le nombre d'heures de travail à effectuer par chacun, le genre de vie des hommes dépendrait de la volonté de tout-puissants fonctionnaires, — car l'Etat, être de raison, serait en fait représenté par une hiérarchie d'individus auxquels on devait la plus complète obéissance, attendu que, sans la plus étroite discipline, le fonctionnement d'une société pareille deviendrait impossible. Je compris enfin que l'Eden collectiviste serait un enfer, épris, comme je le suis, de justice, de liberté, d'art et de vie intellectuelle, et me résignant au mal actuel plutôt que d'accepter un remède mille fois pire, j'allais redevenir le plus bourgeoisant des bourgeois, lorsque... » (SÉVERIN L.)

« Je crois sincèrement et profondément qu'en une société délivrée du principe autorité et des mensonges sociaux qui ont nom Patrie, Propriété, Famille, etc... » (S. 1.)

« La patrie, l'ogresse vint me réclamer la dette du sang ; je partis pour cinq ans et au bout de quatorze mois j'étais sergent. C'est alors que commença la torture ; je fis connaissance avec la prison que je ne quittais presque plus. Je ne voulais pas faire de mal, on m'en faisait à moi. J'étais de plus écœuré, dégoûté. Tout ce qui représentait une autorité, un galon, une supériorité quelconque me faisait horreur... » (K. 11.)

« Au sortir du lycée Condorcet, l'esprit plein d'illusions troubles, je fis mon droit. Pendant mes trois années de licence, je vis clairement ce que la société attendait de moi : l'obéissance aveugle, le renoncement, les compromissions, les capitulations, enfin un véritable suicide moral. L'exemple de mes camarades se ruant à la servitude lucrative et honorante, rampant avec ardeur, se hâtant de les débarrasser de tout ce qui pouvait les gêner pour passer par les portes les plus étroites et les plus basses, m'inspira une horreur alors pleine de colère, aujourd'hui pleine de pitié. A leur différence, je ne sais pourquoi, je ne subissais l'attrait ni de l'argent ni des honneurs ni du pouvoir, le bonheur seul me paraissait désirable et le malheur à combattre. La joie de vivre ma vie sollicitait mes efforts destructifs, je fis et dis ce qui me semblait beau et bien et je sentis que cela était bon... A ce régime je ne tardai pas à passer pour toqué, je fus catalogué un de ceux qui n'arriveraient jamais à rien... » (L. Malquin.)

« Je ne pus m'arrêter à la doctrine collectiviste, j'avais trop horreur de la caserne. Vouloir donner à tous le nécessaire me semblait très bien, mais je doutais qu'il fût indispensable pour cela de supprimer la liberté individuelle. Si la satisfaction des besoins matériels est un pas fait vers la liberté (et le premier qu'il faut faire), ce n'est pourtant pas le but final... » (M. 14. — *Peintre, 40 ans environ. — Français.*)

« Appartenant par ma naissance au dernier échelon de la plèbe, j'occupe par des circonstances indépendantes de ma volonté une position indépendante que j'appellerais, pour préciser : la bourgeoisie ouvrière. Ma naissance peut expliquer mes sentiments libertaires, mais ma condition actuelle, si je ne considérais que mon intérêt personnel (passez-moi ce mot malpropre), devrait au contraire m'en éloigner d'autant plus qu'élevé avec la plupart des préjugés nécessaires à faire dévier ma rectitude de jugement, j'aurais dû et je devrais être un parfait égoïste, ne rêvant que grand seigneur et gros bourgeois, ma condition en dépendant... Les idées libertaires étant celles qui se rapprochent le plus de ce que je crois être le juste et le beau, je suis libertaire...» (A. 15. — *Sculpteur modeleur, 31 ans. — Français.*)

Ces extraits émanant de Français sont caractéristiques. Les uns comme O. 7, Maurice Pujo, A. Veidaux, A. Retté, Séverin L., M. 14, A. 15 affirment catégoriquement leur amour de la liberté, leur appétence de vivre libre. Non moins affirmatifs sont ceux qui déclarent haïr l'autorité comme Bernard Lazare, P. 10, B. 2, Ph. D. 4, S. 1, K. 11, L. Malquin, T. D, M. 28. Ils nient l'utilité et la justice de l'autorité, donc ils aiment profondément la liberté.

Chez les Anglais, Ecossais et Irlandais nous trouvons aussi exprimé ce même amour de la liberté sous ses deux formes positive et négative. De la première ont usé T. W. B. Turner, F. W. 8, H. 12, A. Bird, H. Campbell, G. Robertson, G. R. 22, Tochatti, O. P. Smith. De la seconde se sont servis E. Young, D. K. C. M. 17, N. W. 19, A. Z. 23, J. Kenworthy, A. M. 27.

« Je crois que le seul état d'une société rationnelle est celui où ne seraient reconnus ni Dieu, ni prêtre, ni roi; où toute loi et tout gouvernement seraient abolis; où les hommes, véritablement éclairés et libres, trouveraient le repos dans le port de la Liberté... » (T. W. B. Turner.)

« En outre, je pense que sous le communisme, le gouvernement serait inutile... » (E. Young.)

« ... Et voyant combien ces hommes étaient corrompus par la politique et voyant que la lutte du travail n'était pas une lutte politique, mais un combat pour la liberté économique et commençant à voir que les gouvernements sont nettement opposés à la liberté, je joignis le parti qui combat contre toute autorité basée sur la force et pour le libre accès au moyen de vivre, les anarchistes... » (F. W. 8.)

« Pourquoi je suis un anarchiste? Parce que j'étais toujours une amante de la liberté et une croyante dans la possibilité de réalisation de la Liberté dans la vie sociale... Parce que je n'ai aucun respect pour les personnes élues et n'aime pas les titres d'aucune sorte, même les plus simples adressés à moi-même... » (H. 12.)

« ... L'anarchisme communiste est la négation du gouvernement de l'homme par l'homme... Je suis un communiste, parce que le Communisme nous délivrera de l'esclavage économique. Je suis un anarchiste parce que le Communisme ou l'association libre comme celle dont j'ai parlé, rendrait inutile tout gouvernement... » (A. BIRD.)

« La science est, mais dans son enfance ; de même l'Anarchie n'est pas une finalité, mais est en plein accord avec l'évolution ; aussitôt que de nouvelles vérités seront découvertes, l'humanité les adoptera ; des erreurs peuvent être faites, mais aussitôt découvertes, elles seront écartées ; non comme aujourd'hui où les lois établies ont été basées sur l'erreur et sont maintenues de force pour l'esclavage de l'humanité, longtemps après que leur réelle nature est connue... De plus, les anarchistes ont reconnu que l'histoire réelle est une histoire de tendances et que ces tendances ont toujours été en la direction de quelque genre d'idéale justice ou en d'autres mots de Liberté (évidemment, je ne parle pas de l'indépendance des lois naturelles de l'Univers)... » (HENRY CAMPBELL.)

« Notre vie quotidienne me prouve enfin que le gouvernement est une complète erreur historique ; elle me prouve que l'Eglise et l'Etat ont plus fait pour arrêter le progrès et le développement de l'humanité, qu'il semblerait possible de croire, même sous l'horrible dénûment qui nous environne aujourd'hui ! De là, ma conviction que l'Anarchisme est le seul moyen par lequel le peuple peut espérer à être vraiment libre... moyen qui laissera vivre la vie des êtres humains et non sim-

5

plement prolonger une misérable espèce d'existence comme à présent... » (D. K. C. M. 17.)

« Je soutiens que toutes les fois qu'il y a pouvoir pour un être humain d'en gouverner d'autres, il y a rapetissement et compression des êtres gouvernés et démoralisation des gouvernants... » (N. W. 19.)

« La seule chose nécessaire alors pour obtenir la liberté, est d'abolir les monopoles. Quand cela sera fait, le gouvernement s'évanouira comme un rêve, sa fonction s'en sera allée. Je puis agréer avec les gouvernants que quelques socialistes appellent « délégués » pour administrer certaines choses pour nous; mais je ne puis m'accorder avec des délégués ayant armées de police et de soldats derrière eux. Le maçon est un délégué que nous employons à construire une maison pour nous, mais il n'a pas le pouvoir de nous la faire accepter sous peine de prison. L'anarchie est le seul système qui établisse la liberté grâce à laquelle nous pouvons vivre notre propre vie dans sa pleine extension... » (Georges Robertson.)

« Je suis un anarchiste parce que les principes de l'Anarchie me semblent les seuls qui assurent à la Société humaine Liberté et Fraternité... La raison et l'intelligence sont les principaux moyens qui permettent de vivre à une société, et le gouvernement n'a jamais montré qu'il possédait l'une ou l'autre des choses essentielles de la vie véritable. Ces forces naissent de l'intérêt commun, de la bonne volonté, du respect mutuel et de la tolérance. Le gouvernement qui est capable de gouverner est suffisamment fort pour assujettir ceux qu'il exploite. Le gouvernement est un parasite, il vit par violence. Je crois qu'avec l'accroissement des connaissances et le développement de ces forces qui aident la société, le peuple apprendra enfin qu'il peut s'organiser pour la production et la consommation selon ses besoins sans l'existence de ce qui s'appelle Gouvernement... » (G. R. 22.)

« Je m'appelle moi-même anarchiste parce que je n'aime pas être commandé par quelqu'un, pas plus que je n'ai le désir de commander. Il me semble que les besoins matériels de la majorité de l'humanité ne peuvent être satisfaits entièrement par l'exercice du commandement d'une part et la soumission à lui de l'autre... Mais je pense actuellement que le libre communisme en économie formerait le mieux les bases d'une nouvelle société... » (A. Z. 23.)

« Je ne m'appelle pas moi-même anarchiste, mais on m'appelle ainsi parce que je crois et j'enseigne selon mes forces, que tout gouvernement par force est barbare... et doit être remplacé par une organisation sociale d'espèce plus haute. — Coopération volontaire... » (J. C. Kenworthy.)

« D'ailleurs, les maux que Bakounine a montrés comme devant inévitablement résulter des principes de l'autorité commencèrent à fermenter dans la S. D. F. (Social Démocratic Fédération)... » (A. M. 27.)

« Comme étudiant de la nature humaine je sais que pour être heureux, les hommes doivent être libres. Sans liberté, il est impossible pour la plus haute et la meilleure part de notre nature de trouver expression et satisfaction..... Sans la liberté, les hommes sont incapables de développer la conscience et l'amour de la liberté qui leur sont instinctifs... » (J. Tochatti.)

« Je suis venu à cette finale conclusion que le communisme anarchique est la seule solution véritable de la soi-disant question du travail.... 3° parce que aucun autre état de société ne donnera à la race humaine cette liberté. Et la liberté c'est essentiel au bien-être et au progrès de l'humanité sans lesquels il ne peut y avoir aucun état social vrai et juste... » (O. P. Smith.)

L'amour de la liberté se décèle aussi dans les réponses que nous reçûmes d'Italiens, de Belges, de Néerlandais, d'Allemands, d'Espagnols, de Portugais, d'Américains, de Juifs russes, etc. Qu'il soit exprimé positivement par G. P. 20, Z. B. 26, A B G. 21, J. Méthofer, F. Freiscas, R. Fustiz, etc., ou négativement par A. Agresti, A. N. 16, Ph. Lelièvre, C. H. 13, O. Gutzkow, Zamorano, etc., il est toujours intense comme on peut le voir par les extraits suivants :

« ... Mais abolir la propriété sans abolir l'autorité serait s'arrêter à moitié chemin et nous savons que les révolutions faites à moitié sont perdues. L'autorité et la propriété sont causes et effets l'une de l'autre ; l'une ne peut être sans l'autre ; en elles se trouvent leur raison d'être et leur puissance. Pour vouloir l'abolition de la propriété, il est nécessaire d'abattre l'autorité et *vice versa*.... Dès la maison paternelle j'appris à aimer et à respecter la liberté... » (Z. B. 26.)

« Mais ce qui le plus contribua après la mort de mon père à former ma conviction, ce fut une haine sans bornes pour tout commandement, le mépris de tous ceux qui commandent... » (A. Agresti.)

« Arrivé près de la quarantaine, je sais que je ne pourrais toucher la terre promise, mais il est si beau le tableau de nouvelles générations rédimées de la misère et de l'esclavage que c'est une consolation que de combattre et même souffrir pour l'anarchie, la vraie anarchie, celle de l'amour... » (A. N. 16.)

« J'étais devenu anarchiste parce que l'anarchie, c'est la démolition de la pyramide, car c'est l'idéal où des hommes sans autorité les uns sur les autres vivront, ne formant pas un monument ensanglanté de hontes, de vices et souffrances, mais comme une seule famille heureuse, d'égaux et de libres... » (G. P. 20.)

« Je suis anarchiste parce que je suis un ennemi acharné de toute oppression, de toute autorité... Or chaque être étant devenu absolument libre, n'étant plus contraint par aucune loi à faire son *devoir*. — Il n'y a dans la nature *ni lois* (les lois naturelles n'étant que des choses observées qui se renouvellent selon des circonstances prévues ou non et que l'homme ne peut changer), *ni droits* (bien que l'on dise : droit à l'existence, droit à ci, droit à ça, etc. ; s'il n'y avait ni défenses ni obstacles contre nature il n'y aurait pas lieu de proclamer des droits, nul même n'y songerait), partant *ni devoirs*. Il y a Besoins!..., *Li-*

berté absolue, absence de toute autorité, en un mot anarchie... » (A. B. G. 21.)

« Je suis anarchiste-communiste parce que.... si toute autorité était abolie, le communisme s'établirait de lui-même.... Mon métier m'ayant fait passer dans toutes les classes de la société; je n'ai pu recueillir que plus de haine contre l'autorité... » (Ph. Lelièvre.)

« ... parce que je considère cette forme sociale (l'anarchie-communiste) comme seule capable d'amener une ère de vraie justice et de parfaite liberté. Parce que je crois que tant qu'il existera un individu ayant intérêt à pressurer ses semblables — ce qui se produira aussi bien sous un gouvernement socialiste-collectiviste que sous un gouvernement archi-bourgeois, les mêmes causes — l'autorité — produisant mêmes effets — l'exploitation de l'homme par l'homme — rien de durable ni d'efficace ne pourra être instauré... » (Lidée.)

« Je juge qu'il est opposé à la nature humaine que l'un règne sur l'autre, c'est pourquoi je suis *anarchiste*. Les progrès des sciences naturelles ont mis à néant l'hypothèse : Dieu. Alors la base de l'autorité était sapée.... Selon mon opinion, le communisme futur exclut même tout gouvernement parce que la moderne vie sociale si complexe impose la *liberté* comme première condition. Vouloir appliquer l'idée de l'Etat à cette société future serait un anachronisme. Il ne peut exister aucun gouvernement capable de connaître et de satisfaire tous les besoins de l'humanité... » (J. Methofer.)

« Quoi de plus noble que de songer qu'aucun être humain n'aurait le droit ou privilège de... commander...

ses compagnons, ce qui serait considéré comme immoral, inhumain et anti-social. Mais telles étant les tendances du gouvernement : loi et autorité sous une forme quelconque, je m'appelle moi-même un anarchiste... » (C. H. 13.)

« Alors je devins un anarchiste : c'est-à-dire un homme qui ne reconnaît ni autorité divine, ni autorité mondaine... » (O. GUTZKOW.)

« Je suis anarchiste communiste parce que je comprends, avec mes faibles moyens, que le régime communiste est le meilleur qui, ne poussant pas à de nouvelles luttes, soit pour une société libre et juste... Je compris que l'amant de la liberté, de la véritable liberté... doit être anarchiste parce que l'Anarchie... donne la liberté complète à tous les individus, en tenant compte que ma liberté finit où commence la liberté des autres, ceci est pour moi la véritable justice..... » (FRANCISCO FREISCAS.)

« Je suis anarchiste-communiste parce que... je désire... l'émancipation du genre humain... » (ROMULO FUSTIZ.)

« Je suis anarchiste communiste parce que je pense que c'est le système économico-social le plus en harmonie avec la liberté absolue... L'anarchie seule rejette l'autorité, la propriété et la religion qui sont les causes uniques produisant la désharmonie sociale... » (JACINTHO MELICH.)

« Le peuple a faim de justice, d'égalité, d'amour, de liberté... » (JOAQUIN LUIS OLBÈS.)

« L'étude historique et ma propre expérience m'ont démontré que tout gouvernement a été et sera attentatoire à la liberté et au progrès ; qu'il vit grâce à l'ignorance et à l'exploitation ; qu'il se soutient par la force des fusils, des canons et des baïonnettes... C'est seulement en l'anarchie que je vois garantie la liberté.... Convaincu que tout gouvernement est oppression et tyrannie, qu'il est injuste, antihumain, antinaturel et contre la raison, je commettrais un crime si je l'appuyais moralement et matériellement, me croyant le *devoir* de les combattre tous et par conséquent de défendre son antithèse l'Anarchie... » (PALMIRO.)

« La propriété individuelle, c'est la mère du gouvernement et de la loi. Ce sont les plus grands ennemis du peuple travailleur... » (C. FERNANDEZ ZAMORANO.)

« Je suis avant tout anarchiste .. Cela fait, j'eus de la peine à me rendre compte de la société de l'avenir qu'on me peignait sans gouvernement et sans bourgeois, mais comme j'ai vu que c'est le caprice qui gouverne et pas le talent... De sorte que j'ai compris que le gouvernement ne sert que pour défendre cette bande de voleurs, bourgeois, propriétaires, commerçants et exploiteurs de conscience, étant ce dit gouvernement également voleur et défenseur des voleurs... Il ne s'occupe que de me tenir dans l'ignorance et de me donner des coups... » (IGNACIO JAQUETTI.)

« Je suis anarchiste à cause de l'évidence que la complète liberté porte en elle-même... J'appris par les hommes de science qu'anarchie signifie : pas de gouvernement et émancipation humaine... » (JUAN F. LAMELA.)

« Je vis qu'en la société actuelle au lieu d'être tous libres et de n'être soumis à d'autres lois que celles de la nature, on était opprimé par des despotes oppresseurs, dominé par des lois tyranniques faites par les despotes et défendues par la force brutale... Oui, gouvernement, capital, religion, voilà les bases fondamentales de la société actuelle et les causes principales de son malêtre, vu que où il y a gouvernement il y a esclavage.... J'étudiai enfin l'Anarchie et je fus complètement convaincu que seulement par son triomphe, on peut obtenir la complète émancipation de la grande famille humaine qui tant de fois a répandu son sang pour l'obtenir et a toujours vu échouer ses efforts héroïques parce qu'elle a abattu une idole et mis à sa place une autre qui avec le temps est devenue aussi despote que la première. Oui je l'affirme, l'idée anarchiste, c'est la seule qui est appelée à émanciper les peuples du servage et de l'avachissement. N'importe ce que peuvent en dire les lumières de la science (?) bourgeoise vu qu'elle détruit tout autoritarisme... » (J. E. MARTI.)

« Je ne sais pas si je suis anarchiste communiste, mais je sais que je suis socialiste anti-autoritaire. Au fond c'est la même chose... Je suis socialiste anti-autoritaire parce que je pense que la société humaine est si mal organisée... qu'il faut une réforme sociale dans une direction opposée aux systèmes actuels, c'est-à-dire dans un sens opposé à l'autorité gouvernementale... L'autorité peut vivre seulement en divisant les hommes en classe et en privant de la liberté ceux qui devront obéir. L'homme à qui on a ôté la liberté cesse nécessairement d'être un élément utile à la collectivité, parce que s'il est soumis il sera un ignorant et conséquemment nuisible à lui-même et aux autres; s'il est conscient, il sera un révolté. De cela je déduis que l'autorité peut fonctionner seulement en violant les lois naturelles et par conséquent ses résultats doivent être funestes parce qu'on ne viole pas impunément les lois de la nature... » (E. OLLER.)

« Je ne suis pas un anarchiste communiste mais simplement socialiste anti-autoritaire croyant que pour le moment, c'est assez pour le révolutionnaire d'être simplement anarchiste, sans s'attacher dès aujourd'hui à un système économique déterminé qui regardant l'avenir est susceptible de variation... Pour compléter, pour harmoniser l'homme avec la nature jusqu'à présent en divorce avec elle, vient la sociologie qui démontre d'une manière irréfutable l'absurdité des lois humaines et de ses dérivés : la soumission et le respect pour lesquels elles ont été faites... » (JOSÉ PRAT).

« Anarchie signifie pour moi liberté politique, et communisme, liberté économique. Je suis anarchiste parce que l'Anarchie combat toute espèce de gouvernement d'autorité et de législation, parce que je comprends que là où il y a autorité chez quelques-uns, il y a humiliation et esclavage chez les autres... parce qu'en abolissant la propriété individuelle et le principe d'autorité, le communisme s'impose inévitablement... L'anarchie est la représentation vraie de la liberté, le libre développement des êtres dans leur fonction morale et intellectuelle sans autre loi et sans autre autorité que celle qu'imposent les lois naturelles auxquelles personne ne peut se soustraire. La liberté, fruit de l'anarchie, est celle qui peut exister dans une société cultivée sans vice et sans égoïsme... (MANUEL RECOBER.)

« Je suis anarchiste parce que je pense que l'état est par sa nature toujours oppresseur des classes ouvrières et que tant qu'existent lois et autorités, il doit y avoir des exploiteurs et des exploités... Je désire que ma signature soit le pseudonyme *Libertaire*... » (LIBERTARIO.)

« Je voyais dans la pratique des principes communistes anarchistes l'intégrale liberté individuelle et collective.... Je voulus donner à la propagande un sens plus libertaire (brochures, *Anathéma* et *Derrocada*) 1891)... une société anarchiste implique l'abolition de toute espèce d'autorité... » (GONCALVÈS VIANNA.)

« ... Et alors, quand je considère les moyens par lesquels ce principe de la propriété privée a été dirigé et est maintenu, je trouve que cela existe à l'aide des lois humaines renforcées par le gouvernement des hommes. Je trouve que, quelle que soit la forme de ces gouvernements, ils œuvrent tous de la même façon et avec le même résultat ; ils dépensent leur force entière, directement ou indirectement à protéger et perpétuer les artificiels « droit de propriété » qu'eux-mêmes ont érigé. Je trouve que les lois sont toujours les moyens par lesquels un homme ou plusieurs hommes sont capables d'opprimer d'autres hommes, — de les écraser dans la lutte pour l'existence. C'est pourquoi je suis anarchiste — pourquoi je désire détruire toute les formes de gouvernement de l'homme par l'homme... » (VAN ORNUM.)

« ... La plus forte influence qui agit sur moi fut faite par des livres *Que Faire* de Cherniskewsky et les *Let-*

tres historiques de Lavroff. Depuis ce temps je devins un combattant conscient pour la liberté... » (R. F. 24.)

« J'ai suivi le mouvement des ouvriers non seulement d'Angleterre mais aussi celui d'Allemagne et autant que j'en étais capable celui de France et d'autres pays. Et j'avais assez l'occasion de voir l'influence pernicieuse des chefs, des autorités sur le mouvement révolutionnaire international. J'ai observé aussi comme l'idée même d'autorité produit du mal au milieu de la grande masse qui en a déjà trop. J'ai suivi les grandes grèves telles que celles de Homestead, etc , et j'ai vu comment les ouvriers ont succombé surtout à cause de leur naïve confiance dans le gouvernement... Or, ayant vu tous les exemples de l'histoire et voyant que tous les gouvernements forment un obstacle au règne d'Egalité, Fraternité et Liberté, je suis contre tous les gouvernements même socialiste, contre toute autorité, c'est-à-dire anarchiste... » (W. D. 30.)

« Je suis anarchiste communiste parce que je me considère comme ayant les mêmes droits que n'importe qui... je considère nécessaire pour établir mon individualité autonome dans l'association volontaire... » (A. Klemencic.)

« ... Je n'ai pas besoin d'ajouter que je ne me suis débarrassé de mon fameux « rêve de gloire » et qu'il n'y a plus en moi qu'une soif immense de justice et de liberté pour tous ceux qui ont souffert et qui souffrent comme moi... » (E. D. H. 25.)

Donc quelle que soit la nationalité, l'âge ou le sexe

des anarchistes-socialistes, tous affichent un profond amour de la liberté. Ils ne désirent pas telle ou telle liberté, la liberté de la presse ou la liberté de réunion, la liberté religieuse ou telle autre, non ils désirent *la liberté*. D'aucuns même réclament la liberté absolue.

Cette appétence de la liberté est souvent imprécise, confuse dans l'esprit des individus, mais elle est réellement. Les anarchistes-socialistes veulent véritablement la liberté; ils le disent mais souventes fois cet ardent amour de la liberté est altéré par les autres tendances de leur mentalité. En leur affirmation de l'amour de la liberté, ce serait une erreur scientifique de voir de la phraséologie. Il y a là l'expression réelle d'une tendance psychique. Mais cette tendance est associée avec d'autres dans l'état « essentiel » des anarchistes-socialistes, aussi elle subit des déformations toujours; elle n'est jamais pure car elle n'est jamais seule. Quelquefois, chez certains individus d'une sensibilité exagérée, les déformations sont telles que leur amour de la liberté peut les conduire aux actes les plus imprégnés d'autorité.

Malgré ces altérations, ces déformations plus ou moins prononcées suivant les individus, l'amour de la liberté existe en fait chez tous les anarchistes-socialistes. Les extraits confessionnels qui précèdent l'ont prouvé. On eût pu le déduire *a priori* de la lecture des doctrines, ainsi que le montrent les extraits suivants :

« Nous reconnaissons la liberté pleine et entière de l'individu; nous voulons la plénitude de son existence, le développement libre de toutes ses facultés. Nous ne voulons rien lui opposer et nous retournons ainsi aux principes que Fourier opposait à la morale des religions lorsqu'il disait : laissez les hommes, entièrement libres, ne les mutilez pas, — les religions l'ont assez fait. Ne craignez même pas leurs passions, dans une société libre elles n'offriront aucun danger... » (P. KROPOTKINE, — *La Morale anarchiste*, p. 55.)

« Selon nous, anarchistes, comme selon tous les gens de cœur, l'humanité n'est pas faite pour être parquée en troupeau et vivre d'une vie bestiale et infamante, il lui faut la liberté complète pour développer ses forces et ses capacités... Avec le communisme libre, les hommes s'associent librement, selon leurs affinités, produisent librement selon leurs capacités et consomment librement selon leurs besoins. Cette liberté générale devient la base de la vie, les aptitudes se développent, les caractères s'améliorent par le bien-être et les hommes n'ayant plus devant eux cette terrible inquiétude du lendemain qui les ronge, sont heureux de travailler pour l'intérêt général dans la mesure de leurs moyens... Je conclus en disant que plus la liberté et l'aisance existeront et moins les crimes se produiront. Dans une société anarchiste, le rare criminel serait regardé comme un malade dont l'état nécessite des observations et des soins intelligents. » (*Les Anarchistes et ce qu'ils veulent*. — p. 15, 16, 26.)

« Que les uns cessent de contester à d'autres le droit à la vie, au bonheur, et la prostitution, l'assassinat disparaîtront car les hommes naissent tous également libres et bons. Ce sont les lois sociales qui les font mauvais et injustes, esclaves ou maîtres, spoliés ou spoliateurs, bourreaux ou victimes. Chaque homme est un être autonome, indépendant, c'est pourquoi l'indépendance de chacun doit être respectée. Toute atteinte à notre liberté naturelle, toute contrainte imposée est un crime qui appelle la révolte... « Fais ce que veux, » telle est l'unique loi que notre justice reconnaisse car elle proclame la liberté de chacun dans l'égalité de tous... Et il luira, il rayonnera le beau soleil de la liberté et l'humanité sera heureuse. » (*Déclaration de* G. Etiévant. — pp. 24, 25, 29. -- Paris 1893, brochure in-18, 0 fr. 10 [1].)

« Je vous dis, Guillaume, les vrais bandits, les gens sans honneur sont ceux qui vivent grâce à la prépotence, ceux qui se sont emparés de tout ce qui est sous le soleil et qui ont réduit le peuple à l'état d'un troupeau de moutons qui se laissent tranquillement tondre et écorcher. Et vous qui n'avez jamais sucé le sang de votre semblable, vous prendriez le parti de ces gens pour tomber sur nous? N'est-ce donc pas assez pour eux d'avoir le gouvernement pour les soutenir? Le gouvernement fait par les riches, au bénéfice des riches, est obligé d'être de leur côté; mais les travailleurs, nos propres frères doivent-ils se tourner contre nous parce que

1. Il s'agit des déclarations de M. G. Etiévant devant les assises de Seine-et-Oise en 1892. Cette brochure a été traduite et publiée en anglais dans le *Commonweal* en 1893. Traduction espagnole, *Déclaraciones de Etiévant*, 1893; traduction portugaise, *A Minha Defeza*, 1892.

nous réclamons pour eux pain et liberté?... La solidarité est la condition unique qui peut réaliser nos idéaux et qui apportera avec elle paix, prospérité et liberté universelle... » (ERRICO MALATESTA. — *A Talk about anarchist communism*..., pp. 23, 29.)

« L'anarchie proclame que dans la liberté de l'unité sociale gît la liberté de la société. Elle proclame que dans la liberté de la capitalisation de toutes les richesses acquises gît le progrès social et la mort de l'intérêt. Elle affirme que dans la liberté de posséder et d'utiliser le sol gît le bonheur humain et le progrès et la mort des loyers. Elle proclame que dans la liberté de la coopération, l'échange remplacera la gêne de la monnaie du commerce (*penny-Pinching*) et tuera les bénéfices. Elle proclame que l'ordre ne peut exister que où la liberté l'emporte et que le progrès conduit et jamais ne suit l'ordre. Elle proclame finalement que cette émancipation inaugurera la Liberté, l'Egalité, la Fraternité..... » (DYER D. LUM. — *On Anarchy*, extrait de *The Alarm*; reproduit dans *Anarchism* par A. R. PARSONS, p. 151, — Chicago 1887, volume in-8.)

« Anarchie, du grec *a* ou *an* (négation) et *arche* (le premier, le chef) ou *Archon* (un magistrat) signifie l'état de société dans laquelle il n'y a pas de gouvernement... Ce que désirent les anarchistes, c'est la permanente abolition de tout gouvernement... Liberté, comme a dit Proudhon, n'est pas la fille mais la mère de l'ordre... L'anarchie, étant la liberté universelle, exercerait sur les facultés humaines un effet, le contraire de cette paralysie générale produite par le socialisme d'Etat qui est universelle contrainte et réglementation... » (C. L. JAMES.

— *Anarchy* reproduit dans *Anarchism* par A. R. PARSONS, pp. 159, 162.)

« Une folle colère contre les tyrans et un vague désir de détruire et de tuer ne sont pas les caractéristiques de la philosophie connue sous le nom d'anarchie... La philosophie de l'anarchisme est incluse dans un mot « Liberté »... Nulle barrière au progrès humain, à la pensée, à l'investigation n'est établie par l'anarchisme; rien n'est si vrai et si certain que des futures découvertes ne puissent prouver être faux; aussi il y a une seule mais infaillible, inchangeable devise « Liberté ». Liberté de découvrir une vérité, liberté de se développer, de vivre naturellement et pleinement... » (A. R. PARSONS. — *The Philosophy of Anarchism* — reproduit dans *Anarchism*, p. 171.)

« Nous avons en outre dit... que pour nous la tendance du progrès semblait être l'anarchisme — c'est-à-dire une libre société sans rois ou classes — une société de souverains dans laquelle la liberté et l'égalité économique de tous fournirait un équilibre stable (comme fondation et condition de l'ordre naturel...) Je crois avec Buckle, Paine, Jefferson, Emerson et Spencer et beaucoup d'autres grands penseurs de ce siècle que l'état de castes et de classes — l'état où une classe domine et vit du travail d'une autre classe et appelle cela ordre, — oui, je crois que cette forme barbare d'organisation sociale avec ses pillages et ses meurtres légaux est condamnée à mourir et à faire place à une libre société, à l'association volontaire ou universelle fraternité, si vous préférez... » (AUGUST SPIES. — Plaidoirie devant la Cour.

— *The Chicago Martyrs*, p. 3. — Glascow, sans date, volume in-8, 0 fr. 60 [1].)

« Alors, de telles expressions comme abolition de l'état ou société sans Etat agréent parfaitement avec la conception que les anarchistes expriment de la destruction de toute institution politique basée sur l'autorité et de la constitution d'une libre et égalitaire société basée sur l'harmonie des intérêts et la volontaire contribution de tous pour la satisfaction des besoins sociaux... Les gouvernements oppriment l'humanité de deux façons, directement par force brutale, c'est-à-dire violence physique ou indirectement en la privant de moyens de subsistance et en la réduisant à l'impuissance... Les gouvernements peuvent aussi opprimer l'homme en agissant sur ses sentiments, et dans ce but s'est constituée l'Autorité religieuse... Par la libre association de tous, une organisation sociale surgirait du groupement spontané des hommes selon leurs besoins et sympathies, organisation allant de bas en haut, du simple au complexe, de la satisfaction des besoins les plus immédiats à celle des plus éloignés, et des intérêts généraux. Pour cela, cette organisation réclame les plus grands avantages et la plus grande liberté pour tous... Cette société d'*hommes libres*, cette société d'*amis* serait l'Anarchie... La liberté que nous désirons pour nous-même et les autres n'est pas la liberté absolue, abstraite, métaphysique, qui en en pratique peut seulement aboutir à l'oppression du

1. Des extraits des discours des condamnés de Chicago ont été publiés en français, en portugais, en allemand, sous forme de brochures. Il en existe une traduction espagnole dans *Segundo certamen socialista*.

faible. Mais nous demandons une liberté tangible, possible qui est la communion consciente des intérêts, c'est-à-dire la volontaire solidarité... Les anarchistes présentent une nouvelle méthode : la libre initiative de tous et le libre agrément, alors après l'abolition révolutionnaire de la propriété privée, chacun aura égal pouvoir de disposer de la richesse sociale. Cette méthode, n'admettant pas le rétablissement de la propriété privée, doit conduire, par les moyens de la libre association au triomphe complet des principes de la solidarité... Socialisme anarchique a pour base et nécessaire point de départ *Egalité des conditions*. Sa fin est la *Solidarité* et sa méthode *la Liberté*... » (Errico Malatesta. — *Anarchy*, — pp. 3, 7, 18, 26, 30, 31. — London. — Brochure in-8[1].)

« Le communisme anarchique, ultime expression du progrès moral, social, philosophique et scientifique, au gouvernement substitue la libre association... Dans les communes anarchistes seraient absolument abolis toute autorité, tout code, tout tribunal, car il n'est pas strictement nécessaire d'avoir un pouvoir autoritaire, une loi écrite pour garantir la société contre le petit nombre qui, dans le communisme anarchiste, serait prédisposé au délit... Dans un prochain avenir, grâce à la libre association, à la coopération et à la solidarité universelle, les hommes jouiront tous également des immenses bénéfices de la science appliquée à la mécanique, à l'industrie et à l'agriculture. *Une libre association sera dans l'Anarchie la manière d'être du groupe de la commune ;*

1. Publiée aussi en italien, *Anarchia*, en espagnol, *Anarquia*. Prix : o fr. 10, quelle que soit la langue.

une plus grande encore sera celle de la famille humaine... « Au lieu d'un million de lois, une seule suffit, a dit Proudhon, le père de l'Anarchie. Quelle est cette loi? *Ne faites pas aux autres ce que vous ne voulez pas qui vous soit fait et faites aux autres ce que vous voulez qui vous soit fait.* — Voilà la loi et les prophètes! Mais il est évident que ce n'est pas une loi ; c'est la formule élémentaire de la justice et la règle de toutes les transactions. La simplification législative nous conduit alors à l'idée de contrat, conséquemment à la négation de l'autorité. En fait, si la loi est unique, en elle se résolvent toutes les antinomies de la société; elle est consentie et voulue par tous et adéquate au contrat social. En la promulguant, vous proclamez la négation du gouvernement. » (E. MILANO. — *Primo Passo all' Anarchia* — pp. 17, 19, 30, 31, 43, 44.)

« Les citoyens de la « Nouvelle Utopie » vivent la vie de la liberté et, par elle, fut suffisante l'annulation de tous les pouvoirs ; s'y substitua la manifestation spontanée de toutes les initiatives, tant individuelles que de groupes... Si on demandait à quelque habitant de la « Nouvelle Utopie » quel est le régime social qui a produit tant de merveilles, il répondrait aussitôt : Celui de la liberté. « Nous vivons, dirait-il, en un tel milieu d'équité et de justice que plus est grand le degré de liberté dont nous jouissons, plus est grand et solide l'ordre dont nous jouissons... Nous ne comprenons pas l'utilité de ces réunions de représentants populaires ou privilégiés ni des institutions dénommées pouvoirs publics... Il nous paraît... que les gardiens de l'ordre étaient de véritables tyrans, des despotes infâmes... que les juges, les magistrats, les gouvernants, les gardiens de l'ordre, les propriétaires et les prêtres étaient les engrenages divers d'une même machine disposée pour détruire en les hommes toutes ses qualités les plus appréciables, la dignité, la souveraineté, la raison, le sentiment, la justice. Nous, nous vivons comme doivent vivre les hommes: La fonction du gouvernement est le propre de chacun et tous nous sommes complètement libres... Nous ne comprenons l'ordre et ne croyons qu'il ne peut exister sinon que comme résultante de la plus ample liberté... » — Le système social de la « Nouvelle Utopie » est d'une simplicité admirable. Ses deux principes fondamentaux sont la liberté et l'égalité... » (Ricardo Mella. — *La Nueva Utopia*. — Reproduit dans *Segundo certamen socialista*, — pp. 208, 212, 213.)

Les passages précédents que nous prîmes dans les brochures de propagande anarchiste-socialiste ou dans les livres de doctrine sont fort nets et ne laissent aucun doute sur l'idéal libertaire de l'Anarchie socialiste. Elle signifie en effet, d'après tous ceux qui en furent les protagonistes, une société sans gouvernement, sans autorité autre que celle de l'homme sur lui-même; une société libre.

Il est donc rationnel que les adeptes de ces doctrines soient imprégnées de l'amour de la liberté. Ils trouvent ces théories bonnes, justes; elles les satisfont; elles répondent à leurs désirs confus, secrets. Ils ont donc nécessairement dans leur cérébralité un amour plus ou moins intense pour la liberté. Ils ne peuvent pas ne pas le posséder; car, s'ils ne le possédaient pas, évidemment ils aimeraient l'autorité, ils la croiraient utile et nécessaire, et logiquement ils trouveraient fausses les critiques contre l'autorité, mauvaises les appétences de liberté.

De cela, il résulte que rationnellement les adeptes des doctrines de Merlino, de Carpenter, de Bakounine, de Most, de Sébastien Faure sont des individus possédant en leur mentalité l'amour de la liberté.

La méthode positive nous avait conduit à la même constatation. Ainsi nous pouvons affirmer l'existence chez les socialistes-anarchistes de cette nouvelle caractéristique psychique : l'amour de la liberté.

Evidemment étant combinées avec l'esprit de révolte et divers autres caractères spécifiques, ce caractère subit des altérations plus ou moins profondes qui pourraient faire nier son existence à un observateur superficiel. Les passions peuvent modifier et modifient réellement plus ou moins, suivant le tempérament individuel, suivant les milieux qui environnent l'individu, cette tendance libertaire dont l'existence est certaine dans les encéphales de tous les anarchistes-socialistes.

Donc, d'après notre analyse nous pouvons ainsi,

à ce moment, déterminer la constitution cérébrale des anarchistes socialistes.

1° *Esprit de révolte* ; 2° *Amour de la Liberté.*

L'anarchiste socialiste est un *révolté*, un *libertaire.*

CHAPITRE IV

DE L'AMOUR DU MOI OU INDIVIDUALISME.

« L'on veut prendre scandale de la vérité, mais il est plus utile de laisser naître le scandale que de taire la vérité. »
S. GRÉGOIRE LE GRAND.

L'anarchiste-socialiste, nous venons de le voir, possède le carractère psychique : Amour de la liberté. C'est-à-dire, que cet individu veut vivre libre, sans se soumettre, à aucune loi sociale, par la force imposée, à aucune autorité humaine, autre que la sienne propre. De cet amour pour la liberté, il résulte que le socialiste-anarchiste tient à ce que son être se développe librement sans les entraves que portent fatalement en elles les lois et l'autorité. Il tient à ce que l'individu soit affranchi de toutes les contraintes légales qui gênent son expansion, lèsent son Moi.

Cette volonté de vivre libre, sans les liens des lois

et de l'autorité, cet appétit de révolte, contre toutes les chaînes physiques ou morales qui enserrent l'homme impliquent nécessairement l'*Individualisme*. Ce caractère mental est le développement pur et simple de l'égoïsme ou amour du Moi, que tous les êtres possèdent plus ou moins, car il est une modalité de l'instinct de conservation.

Libertaire est le socialiste-anarchiste, donc il doit être *individualiste*. Il ne peut pas ne pas l'être, nous dit la raison. Le premier caractère psychique « amour de la liberté » exige la présence dans la cérébralité philosophique de cette deuxième caractéristique « individualisme. » Nous ne pouvons concevoir — Nous pensons que nul ne peut concevoir — un « Libertaire » qui ne soit pas « individualiste ». Ces deux qualités mentales, font plus que se compléter, elles se confondent sinon toujours au moins presque toujours. Quand un homme veut supprimer les lois, et nie tout pouvoir de l'homme sur l'homme, il est évident, qu'il veut aussi que l'individu soit son propre maître. L'individu est affranchi de tous préjugés, de toutes lisières, de toutes entraves. Il se développe librement, il se perfectionne librement. L'individu est roi, et nul autre individu, ne peut le contraindre à faire ce qui ne lui plaît pas de faire. C'est bien là de l'individualisme résultant fatalement du concept « Amour de la liberté » que l'observation nous a montré exister dans les mentalités anarchistes-socialistes.

Donc, la seule présence dans la cérébralité philosophique des adeptes des Most, des Malato, des Parsons, du caractère « Amour de la liberté » suffit pour que logiquement on en déduise la présence d'une autre caractéristique psychique : Individualisme ou Amour du moi.

Examinons si l'étude des doctrines socialistes-anarchistes permettra de déceler ce même caractère.

« En face du présent surchargé du passé, l'Anarchie, faite de la simple évidence nie l'autorité de l'homme sur l'homme, et affirme l'exclusive souveraineté du Moi sur le Moi. La volonté manifeste l'individualité... Effaçons nos lois, nous leur obéirons si elles restent nécessaires, nous n'en serons plus gênés si elles deviennent arbitraires. Toute loi, que chaque individu ne trouverait pas en lui, qui ne serait pas la pure déduction de son intégrale réalité, — d'ailleurs modalisée par le milieu ; — Toute autre loi que ses indications personnelles lui serait abusivement imposée. La révolte contre elle serait toujours permise, car la force peut toujours s'essayer contre la Force... L'homme ne fut jamais qu'une force — un faisceau aux multiples composantes ; — toutes ses nécessités sont incluses en son être ; elles sont l'immédiate déduction de la Force d'ailleurs modalisée ainsi qu'il apparaît évidemment dans le Moi. La morale éternelle se déduit donc sans sortir du Moi ; les survenances étrangères, les souvenirs ajoutés, sont l'élément provisoire que son éternité ne saurait accueillir. Le

Moi — l'être en le Moi — est le législateur absolument certain; l'Anarchie n'en veut pas accepter d'autres... La Société est au point de convergence des individus; elle se réalise d'elle-même, si chacun n'écoute que soi et reste inflexible aux sollicitations distrayantes du dehors. Ferme les yeux et tu verras ton semblable; agis ton bien propre, et le bien commun se trouvera résulter de ton action sagement intéressée; reste en toi-même et tu seras en tous; sois égoïste, tu seras charitable; sois individu et tu seras société... Les hommes courent au même but; qu'ils ne se détournent pas aux accidents du chemin, qu'ils déduisent franchement mais intégralement l'Etre qui les oblige, ils arriveront plus vite et ensemble. Agis ton seul être et tu agiras l'humanité; fais réellement pour toi..., tu feras pour tous. C'est la Charité qui a retardé le Monde..., la maladroite préoccupation du voisin!... » (Daniel Saurin. — *L'Ordre par l'Anarchie*, — pp. 5, 23, 30, 71, 72, — Paris 1893. — Brochure in-18.)

« L'individu libre, complètement libre dans tous ses modes d'activité, voilà ce que nous demandons tous... Niant la nécessité des hommes providentiels, faisant la guerre à l'Autorité et réclamant pour chaque individu le droit et le devoir de n'agir que sous sa propre impulsion, de ne subir aucune contrainte, ni aucune restriction à son économie, proclamant l'initiative individuelle comme base de tout progrès et de toute association vraiment libertaire, l'idée anarchiste ne peut plus se contenter de faire des croyants, elle doit viser surtout à faire des convaincus, sachant pourquoi ils croient, parce que les arguments qu'on leur a fournis, les ont frappés, et qu'ils les ont pesés, discutés, et se sont rendus compte par eux-mêmes de leur valeur... Le suffrage universel est un moyen d'étouffer l'initiative individuelle que nous proclamons, et que nous devons, bien au contraire, chercher à développer de toutes nos forces. C'est un instrument d'Autorité et nous poursuivons l'affranchissement intégral de l'individualité humaine; c'est un instrument de compression et nous cherchons à inspirer la révolte... Disant aux individus de ne pas se donner des maîtres, d'agir d'après leurs propres inspirations, de ne pas subir de compressions qui les forcent à faire ce qui leur semble mauvais, nous ne pouvons pas sous peine d'être illogiques, leur dire de se plier aux intrigues des coulisses d'un comité électoral... » (JEAN GRAVE. — *La Société Mourante et l'Anarchie*, — pp. 15, 31, 133.)

« Nous voulons nous substituer aux maîtres actuels, M. le Procureur? Comment pourrions-nous le faire, nous qui ne voulons conserver aucune forme de gouvernement; nous qui recommandons à nos amis de n'avoir confiance qu'en eux-mêmes individuellement; nous qui les engageons à ne voter pour personne, pas même pour nous, qui, tout comme les autres serions susceptibles de les trahir, s'ils étaient assez bêtes de nous porter malgré nous au pouvoir?... » *Défense de* TENNEVIN — *Procès des Anarchistes de Vienne.* — p. 38.)

« L'égalité des conditions qui n'est pas incompatible avec l'infinie diversité du caractère humain, nous la désirons ardemment, et nous la regardons comme indispensable, elle offre les seuls moyens qui permettent le développement de la vraie moralité publique. Un homme peut seulement être vraiment moral, quand il est son propre maître. Du moment qu'il a compris ce qui est équitable et bien, c'est à lui de diriger ses propres mouvements, de chercher dans la conscience les raisons de ses actions, et de s'y conformer simplement sans crainte de pénalité ou espoir de récompense..... » (Elisée Reclus. — *An Anarchist on Anarchy*, — p. 10, — brochure in-8. — London 1894, 0 fr. 10 [1].)

« Dans une société où a disparu la distinction, entre capitaliste et travailleur, il n'y a pas besoin de gouvernement ; ce serait un anachronisme, une nuisance. Des travailleurs libres exigent une organisation libre et celle-ci ne peut pas avoir d'autres bases que libre agrément et libre coopération, sans le sacrifice de l'autonomie de l'individu à l'Etat intervenant pour tout... » (Pierre Kropotkine. — *Anarchist Communism : its basis and principles*, — p. 8. — Brochure in-18. — London 1891, 0 fr. 20 [2].)

« ... Liberté pour se développer, pour vivre naturellement et pleinement...... L'Anarchisme enlève toutes les barrières qui empêchent le développement naturel de l'être humain. Il écarte des ressources naturelles de la terre toutes les restrictions artificielles de façon que le corps soit alimenté, et de l'universelle vérité tous les obstacles des préjugés et des superstitions, de façon que le cerveau puisse se développer harmonieusement.... » (A. R. Parsons. — L. C. — P. 171, — *Anarchism.*)

1. Cette brochure est une réimpression d'un article de la *Contemporary Review* paru en 1887.

2. Réimpression de deux articles de la *Nineteenth Century*, février et août 1887.

« Du reste, et c'est la principale raison de ne pas vouloir être commandé, il est besoin que les hommes cessent d'être un troupeau et s'habituent à penser et à avoir notion de sa propre dignité, et de sa propre force...... Pour éduquer le peuple à la liberté et à la gestion de ses intérêts, il est besoin de le laisser agir lui-même ; de lui faire sentir la responsabilité de ses actes dans le bien ou dans le mal qui en dérivent...... » (E. MALATESTA. — *Fra Contadini*, — p. 42. — Edition de 1891 revue par l'auteur.)

« Le communisme s'effectuera indubitablement parce que les hommes trouveront utile de le pratiquer, mais pour qu'il donne les fruits que nous attendons de lui, il est besoin de l'accomplir avec la plus grande liberté. Cafiero et Covelli ont écrit : « De chacun et à chacun selon sa volonté » ou en d'autres termes, « *Fais ce que veux* ». C'est la formule ultime du Communisme, au moyen de laquelle tous les individus indistinctement, peuvent obtenir la plus grande quantité de liberté imaginable possible. C'est la formule que, dans leur intérêt réciproque, les travailleurs trouveront bientôt convenable de pratiquer. *Fais ce que veux*. Seulement à cette condition chaque individu trouvera une existence complète, se développera dans les limites de sa nature, et goûtera avec une joie intense son propre Moi ». (EDOARDO MILANO. — L. C. — pp. 24, 25.)

« L'objet de ces écoles (dans la Nouvelle Utopie) n'est pas la formation de savants encyclopédiques, chose d'une part impossible étant donné le grand développement atteint par les sciences. Le plan d'enseignement n'a d'autre objet que de donner à tous les hommes les connaissances des principes généraux des arts, des industries, et des sciences parce que, de cette façon chacun peut librement manifester ses inclinations et se consacrer à la spécialité la plus en harmonie avec son tempérament, son caractère et ses affections. L'élève n'ignore pas ce qui peut l'intéresser, tous les ordres de connaissances lui sont communs, et ainsi il peut élire, en conscience, sa profession afin d'entrer dans le concert social comme membre utile à lui-même et à ses semblables... Les deux principes fondamentaux du système social de la nouvelle Utopie, sont la liberté et l'égalité. Par la première, l'homme use de ses dispositions naturelles, emploie son activité, applique ses forces sans empêchement... L'homme sent, pense et agit. C'est un fait d'évidence indiscutable. Tout obstacle mis à la libre manifestation de ses sentiments, à l'émission de ses pensées, à la réalisation et disposition de ses œuvres est un attentat contre la nature qui a voulu garantir à l'être humain ces trois modes de production individuelle et collective. Par la liberté inhérente à son individu, il dirige ses sentiments, publie et propage ses pensées, fait et distribue ses œuvres..... Il dispose quand et comme il lui plaît de ses sentiments, de ses pensées, et de ses œuvres, de toutes ses extériorisations individuelles... » (Ricardo Mella. — *La Nueva Utopia*, — pp. 208, 213, 218, — *Segundo Certamen Socialista*.)

Ces extraits doctrinaux suffisent amplement pour reconnaître que les théoriciens du socialisme anarchique enseignent l'amour du moi, l'individualisme.

Tout repose sur l'individu qui doit s'efforcer d'être bien *lui*, d'agir *proprio motu* sans maître; d'être fort et de déborder d'énergie comme dit Kropotkine; de n'avoir confiance qu'en lui; d'être affranchi de tout préjugé, entrave quelconque; d'être autonome, *de faire pour soi*, comme écrit Daniel Saurin. L'individu doit sans cesse se développer, se perfectionner. Plus l'homme se rapprochera de la perfection — au point de vue anarchiste — plus sera grande possibilité de réalisation de l'idéal anarchiste-socialiste; plus l'individu sera amélioré, plus la société — collection d'individus — pourra l'être. Donc l'individualisme fait partie de l'enseignement socialiste-anarchiste. On le trouve préconisé en France comme en Grande-Bretagne, en Italie comme en Espagne ou en Amérique. Toutefois on remarquera dans les extraits des Théories, par nous donnés, que cet individualisme est le plus prononcé dans les œuvres de théoriciens français. Il est là plus nettement affirmé.

Quoi qu'il en soit, l'anarchie-socialiste est propagatrice de l'individualisme et par suite ses adeptes doivent être des individualistes. Convaincus de la vérité des doctrines professées par les Spies, les Merlino, les Bakounine et les Reclus, ces disciples ne peuvent pas ne pas posséder en leur mentalité philosophique la caractéristique : amour du moi.

Si elles n'existaient pas en leur cérébration, ces individus estimeraient fausses, mauvaises les théories qui préconisent cet individualisme. Or ils les adoptent, donc ils les estiment justes, et alors en eux existe ce caractère psychique : individualisme.

Il résulte des pages précédentes que la méthode rationnelle nous conduit — par deux voies différentes — à l'affirmation de l'existence, dans la mentalité philosophique, spécifique, des anarchistes-socialistes, du caractère : Amour du moi, ou Individualisme. Recherchons si la méthode positive confirme ce résultat.

« J'appris à mieux me connaître, à me montrer plus fier de ma dignité d'homme.... Je compris que, bien plus que le socialisme, la société anarchiste, c'est-à-dire harmonique, était le seul idéal que puisse poursuivre l'individu détaché de tous préjugés, et intellectuellement affranchi... » (S. 1.)

« Etant gamin, je n'observais pas, mais je sentais dans mon cerveau simplice, et audacieusement logique, que la famille légale était une institution méchante abâtardissante des velléités d'initiative, comprimant l'indépendance des enfants, stigmatisant d'une oblitération indélébile leurs facultés d'originalité, donc, développant en eux l'obéissance absolue, la crainte, le respect illégitime, la dissimulation d'hypocrisie... L'évolution de la forme anarchique m'ayant taquiné, je fus un des premiers propagandistes, de l'Individualisme, heureux aboutissant et comme la seule raison d'être de l'anarchisme, malgré et contre les initiés absolutistes, qui s'attachent davantage à la lettre qu'à l'esprit, et qui sont abominablement scandalisés de constater des vues personnelles, chez les tempéraments originaux... » (A. VEIDAUX.)

« C'était elle (l'anarchie) qui répondait à mes aspirations de vérité, d'émancipation, je me donnai tout entier à elle... » (K. 11.)

« On s'accorde généralement à me trouver original en mes travaux... » (O. 7.)

« C'est par un développement, par une expansion progressive de mon Moi, prenant successivement conscience de ses obstacles, que j'y suis enfin arrivé..... Mais la vie morale se déploie dans le milieu social, et comment n'arriverait-elle pas à sentir la nécessité, pour que l'harmonie s'établisse entre elles, de donner à cette vie sociale le même principe de liberté, ainsi entendue qui est le sien?... Arrivé à ce point de vue de son expansion, le Moi s'aperçoit des limites qui lui sont imposées, par une société où la force matérielle, c'est-à-dire tous les moyens, tous les instruments de travail, d'action, de vie a été détournée de l'héritage commun, et accaparée par la faiblesse morale. Par tous ses instincts et en raison de la puissance même de sa nature, il tendra évidemment au renversement d'un ordre aussi illogique, et à l'avénement d'un état nouveau qui permette enfin la vie humaine, au sens intégral du mot. » (M. PUJO.)

« Tout ceci est très anodin assurément, mais j'estime que cette éducation première ne fut pas étrangère à la facilité avec laquelle, plus tard, j'étudiai, et compris tout ce qui tendait à mon affranchissement intellectuel... » (P. 10.)

« J'estime que chaque individu doit sans cesse s'efforcer de devenir meilleur moralement, et intellectuellement. C'est vous dire, monsieur, que je cherche toujours à étendre mes connaissances, à développer mon individualité, en un mot.... Toujours voulant me perfectionner et apprendre davantage, je fis un voyage dans les pays scandinaves. Changeant de milieu, mon horizon devait s'élargir, ma compréhension devait devenir plus grande.... » (Dr H. 6.)

« La société écrase l'homme sous le prétexte de le protéger. Elle use tous ses sens, et comprime toutes ses facultés alors qu'il n'existe que pour ouvrir les uns à tous les phénomènes du monde extérieur et développer les autres, par l'initiative personnelle. La difficulté de vivre rien que de la vie matérielle, étouffe ses aspirations, ne laisse aucune place à ses sentiments. Ce n'est plus un homme, c'est un rouage. Triste ironie ! son bonheur, est le but que vous lui avez fait entrevoir, et vous n'arrivez, qu'à l'annihilation de son être..... » (B. 2.)

« Je me mis alors à étudier. Je voulais augmenter mes connaissances, me développer.... Je lus..... » (D. 3.)

« Un ami, anarchiste dès longtemps, me fit remarquer que mes convictions individualistes en esthétique, atténuées déjà par ma croyance à l'aristocratie de l'art, ne pouvaient être complètes, que si je me donnais la peine d'acquérir une conception intégrale de la vie. En quelques phrases très simples, il m'expliqua l'anarchie... » (A. Retté.)

« Raisons qui m'ont amené à l'anarchie : 1° Besoin d'indépendance ;... 2° L'amour et le respect de mon art qui, lorsqu'il n'y aura plus les bas motifs (argent, décorations, récompenses, fausse gloire, riches mariages, etc.,) qui poussent tant de goujats à se dire artistes, ne sera tant exercé que par ceux qui ont la foi. » (I. 5.)

« Donc instinctivement, j'ai le tempérament anarchiste mais j'aurais pu justement me borner à cet égotisme répandu qui tend simplement à se délivrer soi-même des chaînes dont on est chargé, ou bien menacé. Qu'est-ce qui m'a détourné... » (Bernard Lazare.)

» Cette conception libertaire (communiste anarchiste) était enfin la solution cherchée, car tout en assurant le bien-être matériel des hommes par l'appropriation commune de tous les moyens de production, elle assurait aussi la satisfaction de tous les besoins de la vie intellectuelle, puisqu'en proclamant l'autonomie, sinon absolue, au moins aussi grande que possible de l'individu, elle permettait toutes les formes possibles de l'activité humaine... » (Séverin L.)

« Les artistes sont naturellement individualistes puisqu'ils ne peuvent exister qu'à la condition d'affirmer leur personnalité... » (M. 14.)

« La joie de vivre ma vie sollicitait mes efforts destructifs, je fis et dis ce qui me semblait beau et bien, et je sentis que cela était bon... » (L. Malquin.)

« Je suis opposé à l'absorption de l'individu par l'état, au sacrifice de la personne humaine à je ne sais quel droit social. Je ne puis un seul instant, accepter un seul état, fût-il communiste... Comme Lafontaine je dis : Notre ennemi, c'est toujours notre maître... » (T. D. M. 28.)

En ces extraits confessionnels émanant de Français, l'affirmation de l'individualisme est très nette et ne peut prêter à aucune confusion. Les réponses à nous adressées par les Anglais, les Irlandais, les Ecossais, sont dans leur ensemble moins nettes, en ce qui concerne le caractère « amour du moi ». Quelques-unes toutefois sont aussi catégoriques que celles des Français. La lecture des extraits suivants permettra de constater ces différences et ces similitudes.

« Je suis un anarchiste parce que j'ai besoin d'être libre, d'user de mes facultés, comme il me plait tant que je n'empiète pas sur la liberté des autres... » (G. ROBERTSON.)

« Parce que je crois qu'aucun autre état de société que le communisme anarchiste... ne peut exister dans l'intérêt de chaque individu, membre de cette société... » (D. K. C. M. 17.)

« Je suis une anarchiste parce que ayant fait, et faisant encore, ma part de travail dans ce monde, j'affirme mon droit à posséder des moyens plus nobles de vivre que ceux dont nous jouissons maintenant, moi et ma famille ; droit aux moyens et opportunités pour la plus haute culture physique, mentale et morale que le monde peut m'offrir... Le système présent pour mon mari, est l'abaissement de son individualité, et sa transformation en une machine à travailler toujours 57 et souvent 80 et 90 heures par semaine, quand son employeur le demande et cependant le salaire donne à peine le confort de la vie... » (N. W. 19.)

« Je suis un anarchiste, parce que je dénie le droit pour un gouvernement de limiter mes actions, par des lois ; croyant qu'il n'existe pas de limite à l'action individuelle, pourvu que ces actions ne tendent pas à empêcher, chez les autres, l'exercice de cette même liberté... » (T. W. B. TURNER).

« Je suis un anarchiste-communiste parce que le système donne à l'individu la plus grande quantité de liberté que je puis concevoir actuellement... » (A. BIRD.)

« Parce que je ne me contente pas d'accepter l'opinion courante sur quoi que ce soit qui m'intéresse, mais je suis poussé à examiner les choses par moi-même.... » (H. 12.)

« Ce fut une bonne fortune pour moi de partir dans la vie avec une éducation sécularisté. Mon père était un disciple de J. J. Holyoake, aussi j'eus dès mon enfance, l'avantage de lire et d'entendre discuter les principes du parti de la libre pensée. C'est une grande chose de commencer sa vie avec un esprit libre des dogmes de la théologie, et des brumes de la superstition, et cet avantage était mien... » (A. M. 27.)

« Je me qualifie anarchiste, parce que j'ai un grand dégoût pour toute coercion quelle qu'elle soit de mon semblable, sur moi-même... » (A. Z. 23.)

« Sans liberté, il est impossible pour la plus noble et la meilleure partie de notre nature, de trouver son expression et sa satisfaction. Le monopole du sol et du capital arrête tout développement de la race humaine, et je crois que le désir de l'indépendance est naturel à l'homme, et que tous veulent être libres d'agir indépendamment ou en groupe, comme les circonstances le demandent.... » (J. TOCHATTI.)

« Je crois qu'avec l'accroissement des connaissances et le développement des forces (raison et intelligence) qui font vivre la société, le peuple apprendra enfin qu'il peut organiser la production et l'administration selon ses besoins, sans cet organe nuisible dont le nom est gouvernement.... » (G. R. 22.)

On a pu le voir par les lignes précédentes, Anglais, Ecossais, ou Irlandais expriment moins catégoriquement leur individualisme. Souvent c'est sous une forme indirecte qu'il se décèle. Peut-être faut-il voir là l'influence des mœurs si individualistes, que point n'est besoin d'affirmer cet individualisme. Des êtres accoutumés à chercher toujours à développer leur individu et trouvant, selon eux dans la forme sociale actuelle un milieu apte plus ou moins à ce développement, n'ont pas le besoin d'appéter une société où ce développement aura lieu.

On ne pense point à désirer une chose qu'on a. En Grande Bretagne, la liberté légale est très grande, de par les coutumes l'individualisme est très répandu et les socialistes-anarchistes de cette région moins lésés par l'autorité, plus libres, plus eux-mêmes, n'éprouvent point le besoin de réagir en sens contraire, c'est-à-dire d'affirmer leur individualisme. Encore qu'il faille tenir compte de ces observations, on doit constater que cet individualisme existe et même à un si haut degré de développement, que certains, la majorité, notent ce sentiment, soit directement soit sous une forme indirecte. Ce même caractère « individualisme » se perçoit dans les confessions suivantes provenant de Belges, de Suisses, de Juifs russes, d'Américains, etc.

« Je me rendis à Verviers, l'un des centres les plus industriels de l'arrondissement pour commencer ma vie de forçat dans les bagnes appelés : fabriques; voilà dans quels milieux infects j'ai grandi, milieux pestilentiels qui tuent l'individu, avant son éclosion naturelle... » (CH. HANSENNE.)

« Je ne crois pas être devenu anarchiste. Aussi loin que je me souvienne, je ne me rappelle pas avoir jamais subi ou accepté l'autorité même de ceux qui censément en étaient investis... » (A. B. G. 21.)

« Je suis anarchiste communiste parce que mon indépendance de caractère m'a toujours fait souhaiter l'indépendance de chacun, j'entends, *indépendance absolue*... Cependant personnellement, j'eus peu à en souffrir (de l'autorité), peut-être à cause de mon indépendance de caractère et d'une grande mobilité d'activité... » (PH. LELIÈVRE.)

« Mon apprentissage terminé, je courus un peu le monde, et je fis la connaissance du monde internationaliste de l'époque. Nature impressionnable et assoiffée de justice, je vis que le nombre de ceux qui étaient victimes de la société était immense. J'en souffris et j'observai autour de moi... » (A. NICOLET.)

« ... Je n'avais et je ne conservais que l'amour de l'indépendance sans prendre la haine du maître..... » (E. D. H. 25.)

« Alors je devins un anarchiste : c'est-à-dire un homme... dont chaque action est déterminée par ses effets probables sur lui-même, et qui sacrifie une part de son indépendance. Comme cela est nécessaire en société, non par amour de cette société mais afin d'obtenir ces avantages qui sont le résultat de l'association, ces conforts qui sont inattingibles par des efforts isolés... » (O. GUTZKOW.)

« ... Je juge être opposé à la nature humaine que l'un règne sur l'autre. C'est pourquoi, je suis anarchiste... » (J. METHOFER.)

« C'est pourquoi je suis anarchiste -- pourquoi je désire détruire toute forme de gouvernement de l'humanité par l'homme. Toutefois pour faire cela, je ne veux point avancer plus vite que la masse du peuple ne puisse concevoir la vérité des propositions que j'ai établies. Si le Gouvernement pouvait être détruit aujourd'hui, il y en aurait un autre à sa place demain. C'est pourquoi, je tiens que le problème à résoudre est celui de l'intelligence contre l'ignorance. Et la solution réside dans l'appel à cette intelligence au lieu de la passion ou des préjugés... » (W. H. VAN ORNUM.)

« ... Je suis anarchiste communiste parce que je me considère les mêmes droits que n'importe qui que ce soit. J'ai pour but mon plein développement physique et psychique que je considère nécessaire pour établir mon individualité autonome dans l'association volontaire... » (A. KLEMENCIC.)

« Dès mon enfance, j'ai montré une grande tendance pour l'étude. C'était la plus grande ambition de ma vie, et bien des fois j'ai versé des larmes en réfléchissant que quelques-unes de mes amies fréquentaient l'école et apprenaient toutes sortes de choses, tandis que moi je ne savais rien... Depuis ce temps je me vouai aux études avec une soif extraordinaire, à la grande satisfaction de mes professeurs, et surtout à ma grande satisfaction... » (W. D. 30.)

« A l'âge de 13 ans, j'eus à supporter un vif assaut de mes parents très religieux, assaut qui se termina, grâce à la persistance de la jeunesse, par mon départ de la maison de mon enfance; et je devins un lutteur pour la vie. Ma querelle avec mes parents à cause de mon irréligion, m'avertit que je devais être versé dans toutes les sciences qui sont en horreur aux Juifs très religieux... A la même époque, j'apprenais par moi-même tout ce que je pouvais; j'étais un grand dévoreur de livres, et en deux ans il n'y eut pas un livre d'économie ou de politique que je ne lus... Les années passèrent, et je me préparais pour entrer à une université russe, j'avais alors vingt ans, et mon ambition était de me distinguer dans la science... » (R. F. 24.)

Après la lecture des extraits précédents, — bien que Ph. Lelièvre, O. Gutzkow, A. Klémencic, R. F. 24 soient très nets en leurs déclarations, — on constate que le désir d'individualisme est moins prononcé chez tous ces individus de Nationalité différentes que chez les Français. Chez les Juifs russes, soumis à de dures lois ou coutumes, le souci d'apprendre pour se libérer, s'individualiser, apparaît aisément chez W. D. 30 et R. F. 24, alors que chez les Américains (Van Ornum), les Hollandais (J. Methofer) qui jouissent d'une grande liberté, ce sentiment ne se révèle qu'indirectement lorsqu'on lit soigneusement leurs déclarations.

En étudiant les réponses des Italiens, on observe le même phénomène que chez les Français, c'est-à-dire une notation nette de la caractéristique « Individualisme. »

« Les esprits doivent avoir champ libre pour les études scientifiques et naturelles, pour se développer et progresser... » (Z. B. 26.)

« Mais ce qui contribua le plus... à former ma conviction fut une haine sans borne pour tout commandement... » (A. Agresti.)

« Quelques attaches me liaient encore, à la religion; cependant en moi croissait de plus en plus fort, le doute que j'avais été dupe de croyances trompeuses. Les idées patriotiques je ne sais comment étaient complètement assoupies. Continuellement je m'efforçais de savoir si je devais croire à ma raison qui n'était point d'accord du tout avec les croyances qui m'avaient été inoculées dès mon âge le plus tendre... Lorsque tourmenté toujours par mon état d'âme irrésolu, la pâque de 1873 s'approchant, j'eus l'idée d'aller en Palestine dans la terre sainte espérant que là sur le tombeau du Christ je pourrais retrouver ma tranquillité. De suite j'exécutai mon projet. Je partis d'Alexandrie et j'arrivai à Jérusalem où je logeais au couvent de Saint-Sauveur. Je suis resté en Palestine environ un mois. J'étais arrivé en bon chrétien, j'en suis parti tout à fait incrédule. La guérison de ma folie religieuse fut complète. En arrivant dans la Palestine je croyais trouver les lieux saints, pleins d'amour de Dieu, pleins de fraternité. Quelle déception! La simonie, les canailleries, les méchancetés, les plus grandes étaient à l'ordre du jour entre les prêtres des diverses sectes religieuses qui se démènent dans l'église du Saint-Sépulcre. On s'y bat continuellement; à coups de crosse de fusil, les soldats turcs séparent les combattants. Les pèlerins sont entassés les uns sur les autres, pêle-mêle, hommes et femmes. Les plus pauvres traités comme des chiens, à coups de bâton par leurs prêtres; les plus riches abrités dans les chambres des couvents. Quoique les prêtres catholiques aient fait vœu de chasteté, ils ont des relations avec les pèlerines en plein jour, sans se préoccuper du scandale. C'est un véritable lieu de débauche... C'est vrai, j'étais guéri de ma maladie religieuse, mais ma misanthropie s'augmenta... J'étais arrivé à l'âge de vingt ans et il fallait faire le service militaire. A grand regret je dus laisser ma fiancée et pour trois ans porter le sac. Etant militaire, ce que j'ai souffert dans les premiers temps, je ne saurais le dire. Je pleurais souvent de rage, me voyant, moi qui avais toujours été indépendant, réduit à l'état de machine. J'aurais certainement déserté, si, étant assez instruit, et connaissant la langue française, on ne m'avait pas placé dans un emploi à l'état-major. Alors je finis paisiblement mon temps... » (A. N. 16.)

« Les hommes, agissant tous pour leur propre bonheur individuel dans leur activité, se gênent les uns les autres, et tous sont malheureux, parce que tous trouvent des obstacles à la satisfaction de leurs besoins. Les hommes pour être heureux devraient être indépendants et pouvoir dans le libre développement de leur autonomie, réaliser leur bonheur. C'est en cherchant à réaliser mon indépendance que je suis devenu anarchiste... » (G. P. 20.)

Examinons enfin les Espagnols et les Portugais :

« Réglementer ma liberté, me dit-il, sous prétexte de la garantir, c'est attenter contre elle ; et mes droits à l'égal de ceux des autres individus sont imprescriptibles et irréglementables ; alors j'en savais assez pour avoir grand plaisir à lire les périodiques anarchistes... » (Francisco Freiscas.)

« Je suis anarchiste-communiste parce que je suis homme d'idées libres... » (Romulo Fustiz.)

« La première cause qui m'a fait anarchiste fut ma curiosité de lire les journaux, et quelques livres... Comme j'ai vu qu'on ne m'avait rien enseigné pour... aider à me faire homme, qu'on m'avait privé du droit de parler et d'écrire à ma façon, d'aller où je veux... Ils (les bourgeois) ne s'occupent que de me tenir dans l'ignorance, et de me donner des coups... » (IGNACIO JAQUETTI.)

« Je suis anarchiste-communiste donc, parce que le communisme anarchiste donne les moyens de satisfaire leurs besoins à tous les individus, et cela indépendamment de leur capacité de production ; par conséquent il laisse ouvert le chemin à la science, au progrès, à la civilisation... Je réfléchis sur les conditions misérables de mes compagnons d'atelier, de ma famille, et de moi-même... » (MARIANO LAFARGA.)

« ... J'appris par les hommes de science que anarchie signifie, pas de gouvernement, et émancipation humaine... » (JUAN F. LAMÉLA.)

« ... Je suis un être et, à cause de cela, moi étant vivant, j'ai un droit parfait à être, à vivre... » (JOAQUIN LUIS OLBÈS.)

« ... Je devins anarchiste quand je compris ce que j'ai dit plus haut (nuisance de l'Autorité) ; je le compris en réfléchissant sur ma situation d'esclave salarié... » (E. OLLER.)

« ... Le communisme libre tend à ce que tous satisfassent leurs besoins... Partisan de l'étude... J'y lus des journaux anarchistes, qui me plurent, je m'y abonnai, et me procurai des livres et brochures... » (PALMIRO.)

« ... Je devins anarchiste par cette étude continue quoique sans ordre à laquelle je fus conduit dès mon enfance par mon amour de la lecture... » (JOSÉ PRAT.)

« A cause de mon tempérament j'étais attiré par les idées révolutionnaires, je prenais goût à la politique et bien jeune encore, je fus républicain... Toujours disposé à progresser, j'eus les premières notions de l'Anarchie qui était propagée par d'autres camarades d'atelier... » (MANUEL RECOBER.)

« Je crois qu'étant un homme, je suis pour cette cause égal en tous mes droits et aussi en tous mes devoirs aux autres hommes... (CÉCILIO FERNANDEZ ZAMORANO.)

« ... Je désire que la signature soit le pseudonyme « Libertario. » (LIBERTARIO.)

Je voyais dans la pratique des principes communistes-anarchistes l'intégrale liberté individuelle... » (GONÇALVÈS VIANNA.)

Ces extraits, ainsi que ceux qui les précèdent décèlent le caractère mental: amour du moi, ou individualisme. Suivant chaque individu, suivant chaque nationalité, cette tendance est plus ou moins accentuée. Les socialistes-anarchistes, d'origine espagnole ou portugaise, ceux d'origine italienne, expriment leur individualisme, avec bien moins de rigueur que les anarchistes d'origine française. Tous, quelle que soit leur nationalité, sont libertaires mais l'individualisme, qui est la nécessaire conséquence de ce libertarisme, ne se révèle nettement que chez les Français et quelques individus d'autres nations.

Il faut certainement voir là une influence des mœurs, comme nous l'avons montré, mais cette influence des coutumes n'est pas la seule. Nous pensons en effet que, dans cette non affirmation de l'individualisme, l'influence professionnelle agit sur les individus. Les réponses émanant d'anarchistes-socialistes français proviennent d'individus en général plus intellectuels, que ceux d'origine espagnole, qui nous ont répondu. L'ouvrier manuel moins que le littérateur, l'artiste, le savant peut catégoriquement affirmer sa personnalité, montrer qu'il cultive son moi. Il peut le faire — en fait les socialistes-anarchistes le font — mais cela est perceptible, bien plus difficilement. Il faut analyser minutieusement ces réponses d'ouvriers, d'illettrés quasi qui écrivent incorrectement, tant l'orthographe que le style, qui se répètent sous des formes quelquefois presque identiques, pour voir que ces individus misérables, ayant le souci du pain quotidien, depuis leur enfance, ont eu la volonté, d'apprendre, d'étudier. En un ultérieur chapitre, nous montrerons par l'observation, cet appétit de connaître autant intense chez le peintre, le littérateur, le médecin, que chez le cordonnier, l'ouvrier agricole, la cuisinière, le maçon. Or cet appétit de savoir, signifie nettement, chez ceux qui le possèdent, un conscient ou inconscient désir de cultiver leur moi, de s'individualiser.

Chez l'intellectuel, possesseur d'une culture littéraire, artistique, scientifique, cette culture du moi est consciente, il l'exprime, nous l'avons vu; chez l'illettré, inhabitué à exprimer les nuances de ces pensées, cette culture est inconsciente et il ne l'exprime point. De là dérive l'influence de la profession — de la classe sociale, aussi par suite — sur l'expression de l'individualisme. La lecture des passages que nous tirâmes des confessions montre aussi combien amour de la liberté, et amour du moi, s'entremêlent, se confondent. Cette confusion est si intime, que là encore, les intellectuels quasi seuls, en exprimant leurs idées et leurs sentiments, différencient un peu cet amour de la liberté, de cet amour du moi. De cette confusion générale, on ne doit point s'étonner, puisque le seul caractère « amour de la liberté » nous a permis de déduire rationnellement l'existence du caractère, « amour du moi. » Le développement permanent de l'individu ne peut avoir lieu qu'avec la liberté qui constitue la vie, comme l'écrit M. Pujo.

Donc l'analyse des réponses qui furent faites à notre enquête prouve l'existence du caractère psychique « Amour du moi » chez les socialistes-anarchistes.

En résumé, méthodes rationnelle et positive mènent au même résultat: existence, dans la mentalité socialiste anarchiste, du caractère psychique : AMOUR DU MOI OU INDIVIDUALISME.

Caractères psychiques constitutifs de la mentalité anarchiste-socialiste : 1° *Esprit de Révolte* 2° *Amour de la liberté* ; 3° *Amour du moi*, ou *individualisme*.

Le socialiste-anarchiste est un individu *révolté*, *libertaire*, *individualiste*.

CHAPITRE V

DE L'ALTRUISME ET DE LA SENSIBILITÉ[1].

> « C'est un devoir, étroite obligation de quiconque a une pensée de la produire et mettre au jour pour le bien commun. »
>
> PAUL-LOUIS COURIER.

L'amour du Moi ou individualisme que notre analyse a montré en les cérébralités des socialistes-anarchistes n'est pas spécifique d'icelles. En effet ce caractère psychique se rencontre chez une multitude de gens qui ne sont rien moins qu'adeptes des doctrines professées par les Bakounine, les Malatesta, les Ricardo Mella, les Parsons et les Spies.

Cette caractéristique mentale est chez les anarchistes individualistes, suivant les doctrines de Tucker.

1. Un fragment de ce chapitre est paru dans *Rivista di Sociologia* et dans *The Torch*.

Jointe aux autres caractères déjà décelés — esprit de révolte, amour de la Liberté — elle se rencontre encore chez nombre de gens nullement anarchistes-socialistes. Les esthètes, souventes fois, présentent cet agrégat de caractères mentaux et pourtant ils ne sont point socialistes-anarchistes. Encore que d'aucuns s'affirment anarchistes tel M. Laurent Tailhade qui un jour évoquait l'heureux temps d'Anarchie, temps où la Plèbe baiserait la trace des pas des poètes [1] — ces esthètes ont le mépris de la masse. Comme autrefois le poète A. Retté, ils sont « volontairement ignorants de la vie quotidienne, prêchant la réclusion dans la Tour d'Ivoire, l'Art pour l'art, et le mépris de l'humanité ambiante ; bref la théorie du Poète-Roi, du Poète-Dieu, et autres Romantismes [2]. »

Donc, ces individus possédant l'agrégat des caractères psychiques, par notre analyse déterminés, ont pour le peuple un profond mépris. Ils le contemplent des sereines hauteurs où ils planent et où la vile multitude jamais ne pourra atteindre. Ils se croient et se disent supérieurs à la masse humaine. Ils sont libertaires... pour eux et autoritaires pour les autres.

La doctrine anarchique socialiste, au contraire, enseigne l'amour des humbles, des opprimés, des souf-

1. Conférence précédant la représentation de *l'Ennemi du Peuple* d'Ibsen, au théâtre de l'*Œuvre* en 1893.
2. Extrait de la réponse de M. A. Retté à notre questionnaire.

frants. Elle professe l'égalité des hommes, maintient que l'illustre savant est l'égal du paysan ignoré, que l'humble manouvrier équivaut le poète célèbre. Ils ne sont donc point adeptes de ces théories, ces esthètes méprisant l'humanité ambiante. Il résulte de là que l'agrégat des caractères mentaux prédéterminés est insuffisant pour spécifier la cérébralité philosophique des socialistes-anarchistes. Nous devons chercher un nouveau caractère qui se joigne aux premiers.

L'altruisme, avons-nous dit, est partie intégrante de l'enseignement anarchiste-socialiste qui érige en principe l'égalité des hommes, quelle que soit la différenciation existante dans leur valeur intellectuelle, morale, dans leur utilité sociale. Examinons si, dans les brochures de propagande, nous trouverons bien la preuve de cet enseignement altruistique.

« Ainsi, nous voyons qu'en observant les sociétés animales, on arrive à constater que ce principe : « Traite les autres comme tu aimerais à être traité par eux dans des circonstances analogues » se retrouve partout où il y a société.... Ce principe traduit par un seul mot solidarité...., est le principe même de l'égalité, le principe fondamental de l'anarchie. Et comment peut-on seulement arriver à se croire anarchiste sans le mettre en pratique... Nous disons : « Le bonheur de chacun est intimement lié au bonheur de tous ceux qui l'entourent. On peut avoir par hasard quelques années de bonheur relatif dans une société basée sur le malheur des autres;

mais ce bonheur est bâti sur le sable. Il ne peut pas durer; la moindre des choses suffit pour le briser; et il est misérablement petit en comparaison du bonheur possible dans une société d'égaux. Ainsi chaque fois que tu viseras le bien de tous tu agiras bien... » (P. KROPOTKINE. — pp. 38, 41, 68. — *Morale anarchiste*.)

«... Il arrive même quelquefois qu'on les fait travailler jusqu'à 18 heures. N'est-ce pas dépasser la limite, messieurs, que de tenir des petits êtres de 12 à 14 ans pendant d'aussi longues journées... L'hiver... ces petits gèlent de froid; l'été ils ont à souffrir de l'étouffement par manque d'air.... car dans certaines usines, aucune fenêtre ne s'ouvre jamais. Parfois il arrive que l'un d'eux harassé de fatigue a le malheur de se laisser prendre dans un accident... Il faut ajouter à toutes ces souffrances la façon brutale avec laquelle on les commande : insultes, injures, grossièretés sales.... Figurez-vous des mères de famille, des jeunes filles vêtues de haillons, imprégnés d'huile et duvetés de bourre de laine ou de coton... la figure ternie, souillée de corps gras, les mains pleines de teintures, courant comme des affolées autour de deux, de trois, et quelquefois même de quatre cardes... Pas une de ces femmes, pas un de ces enfants ne possède une physionomie qui respire la santé; toutes et tous ont le teint jauni, bistré qui caractérise l'anémie .. Que d'accidents malheureux il arrive à ces femmes... On rencontre bien souvent dans les rues de Vienne de ces pauvres infirmes... auxquelles il manque à l'une la main, à l'autre le bras... Dans l'espace de vingt ans, il y en a plus de deux cents estropiées... Ces femmes travaillaient sans aucune interruption, toujours galopant autour de ces infernales machines, dans le bruit, dans le fumier. Quand elles voulaient manger leur maigre repas, il fallait qu'elles l'étalassent sur un petit banc... plein de crasse, qu'elles prissent à la volée un morceau de pain...., Ce que je vous dis là je l'ai vu, je l'ai vécu quand j'étais enfant et que j'allais... manger à l'atelier vers ma mère qui fait encore ce dur métier... Eh bien! ce que l'on fait pour les chevaux, pour les bêtes on ne le faisait pas pour les braves femmes de la carde; on leur refusait l'heure nécessaire pour manger à midi. N'est-ce pas que c'était monstrueux? Nous devons déclarer que ces êtres qui sont exploités, qui sont abîmés, qui ont tant à souffrir pour gagner un morceau de pain méritent toutes nos sympathies et que ceux qui les exploitent, qui leur refusent le droit à l'existence et qui s'enrichissent de leur sueur n'ont à avoir que notre mépris.... » (*Défense de* Pierre Martin. — pp. 37, 50, 52. — *Procès des anarchistes de Vienne.*)

« Malheur à vous si la maladie vous terrasse, si jeune ou vieux vous êtes trop faible pour produire au gré des possédants. Malheur à vous si vous ne trouvez personne à qui prostituer votre cerveau, vos bras, votre corps, vous roulerez d'abîme en abîme; on vous fera un crime de vos haillons,... la société entière vous jettera l'anathème, et l'Autorité, intervenant la loi à la main, vous criera : Malheur aux sans gîte... malheur à qui n'a pas un grabat pour reposer ses membres endoloris, malheur à qui se permet d'avoir faim quand les autres ont trop mangé... malheur aux vagabonds, malheur aux vaincus! — Elle les frappera pour s'être permis de n'avoir rien, alors que les autres ont tout. — C'est justice, dit la loi : — Cela est un crime, répondrons-nous, cela ne doit pas être, cela doit cesser d'exister, car cela n'est pas juste...

C'est parce que nous ne voulons plus ni guerres, ni meurtres, ni prostitution, ni vices, ni crimes que nous luttons pour la liberté et la dignité humaines.... Nous serons heureux quoi qu'il nous arrive, car nous sommes certains... qu'un jour viendra où l'astre qui dore les moissons luira sur l'humanité sans armées, sans canons, sans frontières, sans prisons, sans magistrature, sans police, sans lois et sans dieux, libre enfin intellectuellement et physiquement, et que les hommes réconciliés avec la nature et avec eux-mêmes pourront dans l'universelle harmonie étancher leur soif de justice.... Alors chacun abritant son bonheur derrière le bonheur de tous, personne ne fera plus de mal car personne n'aura intérêt à faire le mal. L'homme libre dans l'humanité affranchie pourra marcher sans entraves de conquête en conquête, au profit de tous vers l'infini sans borne de l'intellectualité. L'énigme moderne : Liberté, Egalité, Fraternité posée par le sphinx de la Révolution étant résolue, ce sera l'anarchie... » (*Déclarations de* G. Etievant, pp. 16, 28, 29.)

« Les anarchistes... désirent abolir le présent système capitaliste qui subsiste grâce à la puissance des gouvernements et qui réclame les vies de milliers d'hommes, de femmes et d'enfants chaque année pour que les classes dirigeantes puissent jouir d'aisance et de luxe... Dans une société d'anarchistes-communistes, tous les hommes, débarrassés des étreintes du monopolisme, travaillent pour le bien de tous... Les avantages éducationnels, aujourd'hui monopolisés par un petit nombre, seront possédés par tous... Le communisme-anarchiste.... veut remplacer le gouvernement par des associations libres d'êtres raisonnants qui ont agréé de vivre ensemble pour l'aide et bénéfice mutuels et qui exploitent seulement la nature dans l'intérêt de tous.... » (H. H. DUNCAN. — pp. 7, 8, 10, 11, 12. — *A Plea for anarchist communism.*)

« Accompagnez-moi dans les quartiers de cette cité (Chicago) où vivent les créateurs de la richesse; venez avec moi chez les mineurs mi-mourants de faim de Hocking Valley; regardez les parias dans Monongahela Valley et dans d'autres districts miniers de cette contrée, ou passez le long des voies ferrées du grand citoyen et homme d'ordre et respectueux des lois Jay Gould; et alors dites-moi si dans cet ordre il est quelque principe moral à cause duquel on doit le conserver. Je dis que la conservation d'un tel ordre est criminel — est meurtrier. Cela signifie conservation d'une destruction systématique des femmes et des enfants dans les usines... Socialisme ne veut point dire destruction de société. Socialisme est une science constructive et non destructive. Pendant que le capitalisme exproprie les masses pour le bénéfice des classes privilégiées... le socialisme enseigne comment tous doivent posséder, que chaque homme doit travailler honnêtement pour sa propre vie et non pour l'amusement d'un respectable négociant ou quelque autre très respectable homme d'affaire ou banquier, comme il en est sur les bancs du jury, avec l'opinion préfixée que nous devons être pendus... Socialisme, en un mot, cherche à établir un système universel de coopération et à rendre accessibles à chacun des membres de la famille humaine les bienfaits de la civilisation.... Anarchie signifie paix et tranquillité pour tous.

Anarchie ou socialisme veut dire réorganisation de la société sur des principes scientifiques et abolition des causes qui produisent vices et crimes... Nous ne sommes pas assoiffés de sang. Nous ne sommes pas des bêtes. Nous ne serions pas socialistes si nous étions des bêtes. C'est à cause de notre sensibilité que nous sommes entrés dans ce mouvement pour l'émancipation des opprimés et des souffrants.... » (*Défense* d'AUGUSTE SPIES. pp. 6, 10, 12.)

« Nous luttons pour le communisme et l'Anarchie — Pourquoi ? Si nous gardions le silence, les pierres elles-mêmes le crieraient. Des meurtres étaient commis chaque jour, des enfants étaient martyrisés, des femmes travaillaient jusqu'à en mourir, des hommes étaient tués peu à peu et ces crimes n'étaient jamais punis par les lois.... Cet infernal état des affaires maintient l'ouvrier pauvre et ignorant, proie aisée pour l'exploitation. Je sais quelle vie est réservée aux ouvriers. J'ai été l'un d'eux. J'ai dormi dans leur galetas et vécu dans leur taudis. Je les ai vus travailler et mourir. J'ai travaillé, dans la même usine avec des filles qui se prostituaient parce qu'elles n'avaient pas assez de leurs salaires pour vivre. J'ai vu des femmes malades de surtravail... Des milliers de travailleurs à Chicago vivent dans des chambres insuffisamment protectrices des intempéries, sans ventilation, sans lumière. C'est là que vivent, en une chambre, deux, trois et quatre familles. Comment ces conditions influencent la santé et le moral de ces malheureux, il n'est pas besoin de le dire... Socialisme... signifie que le peuple possédera en commun sol et machinisme... » (*Défense de* MICHAEL SCHWAB. — pp. 13, 14.)

« Je dis... qu'un homme qui peut regarder de telles souffrances sans se sentir poussé à faire quelque chose pour changer ces conditions n'a dans son cœur que les sentiments d'un tigre affamé. A Chicago des enfants travaillent dès l'âge le plus tendre... et l'homme qui ne s'efforcera pas de changer cela n'est pas un homme... « (*Défense de* SAMUEL FIELDEN — p. 31. — Les trois citations précédentes extraites de *The Chicago Martyrs.*)

« SOLIDARITÉ, c'est-à-dire l'harmonie des intérêts et des sentiments, le partage de chacun dans les biens de tous et de tous dans les biens de chacun, est l'état seul dans lequel l'homme peut vivre sa propre nature et atteindre le plus haut développement et bonheur.... L'essentiel est celui-ci : qu'il se constitue une société dans laquelle l'exploitation et la domination de l'homme par l'homme seront impossibles. Que la société en d'autres mots, soit telle que les moyens d'existence et le développement du travail soient libres pour chacun, que tous soient aptes à coopérer, selon leurs désirs et leurs connaissances, dans l'organisation de la vie sociale. En une telle société tout sera nécessairement fait de manière à satisfaire le mieux possible aux besoins de tous, selon les connaissances et les possibilités du moment... Pour résoudre le problème social à l'avantage de tous, il y a seulement un moyen : chasser révolutionnairement le gouvernement ; exproprier les détenteurs de la richesse sociale ; mettre tout à la disposition de tous ; laisser toutes les forces, toutes les capacités, toutes les bonnes volontés existantes parmi les hommes agir pour pourvoir aux besoins de tous..... » (E. MALATESTA — pp. 24, 48, 58 — *L'Anarchia.* — brochure in-18 — Londres 1891.)

« Les socialistes communistes anarchistes disent : Abattus les présents gouvernements, abolie la propriété individuelle sera proclamée la propriété commune, la paternité et la solidarité universelles..... Les socialistes anarchistes se disent communistes parce qu'ils veulent que les produits du travail collectif de tous fassent partie de la propriété commune avec toute la terre, les maisons et les instruments du travail et soient distribués à chaque individu selon ses propres besoins sans qu'il soit tenu compte de la capacité, etc.... En un prochain avenir, grâce à la libre association, à la coopération et à la solidarité universelles, les hommes jouiront tous également des immenses bienfaits de la science appliquée à la mécanique, à l'industrie et à l'agriculture.... « (Edoardo Milano — pp. 18, 23, 30 — *Primo passo all' Anarchia.*)

« Nous demandons à vivre libres, à travailler les uns pour les autres, à nous entr'aider, à fraterniser dans un effort commun pour le bien universel... L'anarchie mettra fin à toutes les hécatombes aujourd'hui si communes.... Les luttes de nos jours cruelles et sanguinaires ne se répèteront point... » (R. Mella, — *Anarquia* — p. 71 — *Segundo certamen socialista.*)

Comme nous l'écrivions, la doctrine socialiste-anarchiste enseigne l'amour d'autrui, la solidarité qui en est la conséquence. Les extraits que nous donnâmes sont lumineux à ce point de vue et ne permettent point de douter de l'Altruisme professé par les doctrinaires de l'Anarchie socialiste. Quelle que soit la nation où ils vivent, le milieu professionnel dans lequel ils se trouvent, toujours ils affirment la grandeur et la nécessité de l'amour d'autrui.

Donc, l'Altruisme faisant partie intégrante de l'enseignement anarchiste-socialiste doit être une des caractéristiques mentales des disciples de cette doctrine. Il ne peut en être autrement, car alors ces socialistes-anarchistes n'adopteraient pas un des principes des théories sur lesquelles repose cette philosophie. Alors ces individus trouveraient mauvaises, injustes, non conformes à leurs tendances, ces doctrines qu'en réalité ils estiment justes, qui en fait ne sont que l'expression plus ou moins claire de leurs aspirations et de leurs tendances.

Nécessairement, le fait que les théoriciens du socialisme-anarchiste professent l'altruisme implique l'existence, chez leurs disciples, d'un caractère mental « amour d'autrui ». Nous ne pouvons concevoir qu'il en soit autrement, la raison s'y refuse.

Il résulte de là que rationnellement nous sommes amenés à affirmer que dans la cérébralité philosophique des disciples des Parsons, des Dyer D. Lum, des Malato, des Tolstoi, des Sébastien Faure, des Most existe le caractère : Altruisme.

Cette conclusion à laquelle nous conduit logiquement la raison est confirmée par l'analyse des réponses qu'on voulut bien nous faire.

Laissons parler les individus eux-mêmes :

« Les « pourquoi je suis anarchiste » sont d'abord la question, hélas ! terre à terre, du froid, de la faim, de la fatigue et de la désespérance de cette multitude de malheureux, enserrés par la condition abjecte dans laquelle ils se trouvent. Lorsque leur maigre salaire est régulier, elle est déjà épouvantable, mais combien plus atroce devient-elle, quand ce même salaire devient intermittent par suite des crises économiques de nos civilisations pourries. C'est parce que j'en ai vu de ces misérables venant chercher la peur au ventre, le morceau de pain représenté par un labeur monstrueux et blêmissant encore — si c'est possible — lorsque des exigences inattendues les forçaient dans une rare révolte à refuser le travail, sortant défaillants, le front moite, pouvant entendre le patron dire en riant : « Il n'a pas assez faim ; » ce *il*, on peut le mettre au pluriel, car derrière ces misérables il y avait les femmes et les enfants. Ces misères de tous métiers et de tous pays doivent être pour l'homme de cœur un de ces pourquoi.... » (A. 15.)

«.... Je dois avouer cependant que l'humanité prise en bloc, l'humanité des sociologues ne m'intéresse que par extension du particulier au général. Si je suis arrivé à me passionner très vite pour des idées que je soupèse encore parfois, c'est que les faits dont je suis témoin ou que les journaux rapportent frappent mon esprit et mon cœur plus que toutes les spéculations philosophiques. Exaspéré devant l'écrasement des faibles par l'injustice et l'iniquité des tout-puissants, je ne puis m'empêcher d'accorder ma sympathie aux uns et de charger de haine les autres. — Et l'on vous parle de moyens de bonté et de douceur! On nous reproche notre esprit révolutionnaire... » (B. 2.)

« Qu'est-ce qui m'a détourné de l'égotisme, c'est qu'à mesure que les années passaient, mon indiscipline devenait plus métaphysique si je puis dire. Je m'étais d'abord considéré comme seul en butte à des circonstances, à des volontés étrangères et néfastes; je continuai par considérer l'homme en général, et de mes propres sentiments j'ai induit les sentiments de ceux qui, plus ou moins perpétuellement ou à une minute de leur existence, sont esclaves et ce qui m'était apparu comme odieux à moi-même m'apparut odieux pour tous... » (Bernard Lazare.)

« Tout enfant, j'eus l'occasion de voir de très près les atrocités de la guerre. Encore maintenant je me souviens de l'horreur de ce spectacle. Je fus à la fois épouvanté et écœuré, ne comprenant pas pourquoi les hommes s'entretuaient ainsi.... Par suite de la mort de mon père, ma mère se trouva dans une gêne voisine de la misère, elle qui avait occupé auparavant une bonne situation bourgeoise. Alors, je me souviens fort bien que les personnes de notre connaissance cessèrent de nous voir, nous n'étions plus de leur monde. Ma mère étant tombée malade, fut à l'hôpital avec moi. Je me rappelle que des ouvriers seuls vinrent la voir, l'aider. C'est de ce jour-là que date mon amour pour les humbles, les pauvres... » (Dr H. 6.)

« Raisons qui m'ont conduit à l'Anarchie... 3° Souffrances des uns.....; 5° la bonté......, 6° l'horreur de la guerre, du sang répandu inutilement; 9° le besoin de sentir du bonheur autour de soi...... » (I. 5.)

« Ma conscience ne me reproche rien et aussi longtemps qu'autour de moi il y aura un malheureux par la faute de l'organisation, je serai l'ennemi de cette organisation.... » (K. 11.)

«.... Comme beaucoup, j'ai souffert de l'organisation sociale, j'ai vu que pour tous, elle était une source d'entrave à l'expansion individuelle, cela m'a amené à réfléchir et à désirer une autre conception sociale..... Je crois que l'artiste est un maître en qui se spécialise la culture du beau, non pas à son seul profit mais bien plus encore pour la jouissance de la collectivité à laquelle il communique des instincts esthétiques. Du moins je crois qu'il en sera ainsi dans la société communiste future... » (M. 14.)

«... Ma famille appartient à la bourgeoisie commerçante; j'ai toujours grâce à elle vécu sans privations. Je ne suis pas une victime privilégiée du régime social, donc c'est par moralité que je suis devenu anarchiste... » (L. Malquin.)

« Je n'ai jamais eu à subir la misère, mais j'ai traversé des périodes de gêne qui en approchaient. D'autre part j'ai l'imagination assez vive et une assez grande sensibilité. Il en est résulté que lorsque je vois un miséreux ou quand j'entends parler de souffrances physiques ou morales, je ressens une sensation très désagréable. Je souffre de la misère des autres parce que j'imagine leurs souffrances. J'en évite la vue parce que ma sensibilité surexcitée, jointe à mon impuissance pour supprimer de suite cette misère, me fait littéralement mal..... Déterministe convaincu, l'homme n'a pour moi aucune responsabilité; aussi j'essaie d'être sans haine pour autrui;

j'ai pour les prolétaires une profonde pitié et pour les riches une pitié aussi mais nuancée de mépris, quelquefois j'y mêle un peu, un tout petit peu de haine. Le raisonnement montre que je suis dans l'erreur en ayant cette haine, car nous devons être tout amour pour autrui, mais il faut aussi tenir compte des sentiments que nos ancêtres nous ont légués, que l'éducation, la société ont développés en nous... » (O. 7.)

« Pourquoi suis-je encore anarchiste et le resterai-je?... parce qu'en un mot la société communiste-anarchiste que nous rêvons et qui fatalement aboutira est la seule qui puisse donner le bonheur matériel à tous et satisfaire en même temps tous les besoins intellectuels... » (P. 10.)

« Je ne saurais dire s'il y eut connexion ou coïncidence, mais ma façon de comprendre la vie se modifia rapidement, vers cette époque, en ce sens que je conçus l'inutilité, la vanité plus encore la cruauté du luxe et du superflu, et la beauté d'une vie simple et pure... Imbu de grande admiration pour les doctrines de charité et d'universel amour... » (Ph. D. 4.)

«... L'intérêt particulier et l'intérêt général, le devoir même sont pour la liberté des limitations à des degrés divers, limitations ou si l'on veut déterminations qui peuvent avoir leur justification relative, mais qui ne doivent pas empêcher l'expansion absolue atteinte seulement dans l'amour.. Par tous ses instincts et en raison de la puissance même de sa nature, il (le Moi) tendra évidemment au renversement d'un ordre aussi illogique et à l'avénement d'un état nouveau qui permette enfin la vie humaine au sens intégral du mot... » (Maurice Pujo.)

« Peu après, je passai quelque temps à l'hôpital où je venais de subir une opération au pied. Je m'attachai à interroger tous les miséreux que je coudoyais dans cet enfer pire que celui du Dante... Ce fut effroyable... et je compris la solidarité... » (A. RETTÉ.)

« J'ai la certitude qu'en une société anarchique... l'individu se rendra de lui-même solidaire des autres individus par cela même qu'il n'y aura plus à compter que sur leur solidarité. Il refusera d'autant moins sa part de travail à l'œuvre commune qu'il jouira de la part de travail des autres. Il usera d'autant mieux de la liberté que cette liberté aura pour régulateur celle des individus dont il sera solidaire. Il ne voudra point faire ce qu'il ne voudra pas qui lui soit fait, et il donnera au développement des jouissances humaines une force d'autant plus active qu'il en profitera d'autant mieux. Les hommes ne naissent point méchants; ils ne le deviennent que par la faute et l'influence des milieux où ils vivent. Dans une société harmonique, les individus ne pourront qu'être bons.... » (S. I.)

« Cette conception libertaire (communiste-anarchiste) était enfin la solution cherchée, car tout en assurant le bien-être matériel des hommes par l'appropriation commune de tous les moyens de production, elle assurait aussi la satisfaction de tous les besoins de la vie intellectuelle...... » (SÉVERIN L.)

« L'idée libertaire avait pour moi un attrait majeur parce qu'elle incarnait le principe d'harmonie sociale dans la liberté, la justice, l'amour.... Et, bien que les misères de l'ambiance sociale m'aient peu inspiré directement, je suis trop persuadé qu'il était fatal que je devinsse libertaire, tôt ou tard, de par l'acuité des sensations douloureuses qu'eut sur mon jugement le spectacle romain de la putréfaction bourgeoise moderne..... » (A. VEIDAUX.)

« Je suis anarchiste, je ne sais si c'est par haine de toutes les misères que nous subissons ou si c'est plutôt par amour d'un idéal que je considère comme pratique.... Je considère que tout être humain a droit à sa part du capital social proportionnellement à ses propres besoins, qu'il a droit de consommer de tout à sa convenance sans autre limite que son appétit, les besoins de ses semblables et les impossibilités naturelles..... » (T. D. M. 28.)

Si l'on étudie attentivement tous ces extraits des confessions de Français, on perçoit un ardent amour de l'humanité, une grande pitié pour les humbles, les faibles, ceux que les anarchistes-socialistes appellent les spoliés, les exploités.

Ce même sentiment d'altruisme poind vigoureusement dans les réponses que nous reçûmes d'Anglais, d'Irlandais, d'Ecossais, d'Américains, d'Allemands, de Hollandais. Les quelques citations suivantes le prouvent.

« ...Il me semble que les besoins matériels de la majorité de l'humanité ne peuvent parvenir à être complètement satisfaits avec d'une part la coercion et d'autre part la soumission. Cela conduit plus ou moins à une complète atrophie de l'intellectualité et de la sentimentalité, ce qui me déplaît grandement et ce à quoi je tente de m'opposer... » (A. Z. 23.)

« Je suis un anarchiste-communiste parce que cette forme sociale donne... la plus grande quantité de bonheur... Communisme veut dire que la richesse et les moyens de la produire sont biens communs, que chacun produit selon sa capacité et reçoit selon ses besoins... Un très petit effort de la part de chacun nous permettrait d'avoir chaque chose qui tend à faire la vie heureuse... » (A. Bird.)

« Je suis communiste-anarchiste parce que je veux mettre fin à la misère, à la pauvreté, à la dégradation, à l'inégalité sociale que je vois autour de moi, partout... Quand ce temps viendra, ce sera l'ouverture des portes de la vie ; aussi l'humanité pourra entrer et commencer à vivre et le rêve du poète sera alors réalisé : L'homme pour l'homme, par tout le monde, sera un frère ; et le monde entier sera à l'humanité... Toutes les religions (autres que la religion de l'humanité qui est anarchie) sont basées sur... » (Henry Campbell.)

« Je crois qu'aucun état de société autre que celui de communisme anarchiste ne peut possiblement arriver... à une conclusion humaine... Notre vie quotidienne me prouve enfin... que l'Eglise et l'Etat retardent le progrès et le développement de l'humanité plus qu'il ne semblerait possible de le croire même sous l'horrible dénûment que nous voyons autour de nous, chaque jour. De là, ma croyance que l'anarchisme est le seul moyen... pour vivre la vie d'êtres humains et pour ne pas prolonger plus longtemps une misérable espèce d'existence comme celle d'à présent. Je crois que plutôt le peuple sera élevé à la connaissance des vérités de l'Anarchisme mieux ce sera pour tous et peut-être cela sauverait d'aucuns des ultérieurs résultats d'une révolution sanglante... » (D. K. C. M. 17.)

« J'étais attiré parce que l'orateur disait : la propriété privée des moyens de production est la cause de la pauvreté. Il prouva qu'aussi longtemps qu'une classe détiendra les moyens de production, nous les travailleurs nous serons forcés de nous adresser à cette classe et de lui demander du travail... » (F. W. 8.)

« Je suis un anarchiste parce que les principes de l'Anarchie me semblent les seuls qui assurent à la société humaine Liberté et Fraternité. Je crois que, quoique des siècles de lutte aient été et soient encore parmi les hommes, cela a toujours été causé par le désir d'acquérir un système de vie plus satisfaisant qui permettrait d'établir sur terre paix et bonne volonté... Par mon père je fus imbibé d'une forte sympathie pour tous ceux qui combattaient pour le bien-être du peuple... Je fus convaincu que la misère et la basse dégradation seraient surtout abolies si la société était établie sur les principes de la coopération... » (G. R. 22.)

« ... Par nature j'ai toujours sympathisé avec les opprimés et les asservis, et depuis mon enfance j'ai activement participé à différents mouvements pour l'allégement ou la guérison des souffrances humaines... » (H. 12.)

« Je crois et enseigne... que tout gouvernement par la force est le géniteur des maux provenant de la propriété monopolisée et de l'oppression de classe, et doit être remplacée par une organisation sociale d'un genre plus élevé, comme volontaire coopération basée sur l'égalité de tous et réglée par une mutuelle bonne volonté. .» (J. C. KENWORTHY.)

« Mes yeux furent ouverts aux nombreuses, cruelles et absurdes lois auxquelles les ouvriers de la Grande-Bretagne sont depuis longtemps soumis ; et pour leur complète émancipation je ne vois rien de plus court qu'une complète révolution du présent état de société et le communisme-anarchiste prenant sa place... Dans le communisme-anarchiste je vois les seules bases pour le développement de tout ce qui est noble et beau dans la nature humaine ; pour faire échapper les femmes du mariage sans amour et de la maternité obligatoire ; de mouler leur esprit sur celui de leur partner mâle et des lois dégradantes et des coutumes serviles auxquelles les femmes de toute classe sont assujetties depuis si longtemps à cause de leur ignorance... » (N. W. 19.)

« ... Il y a trop de misère et de pauvreté parmi les millions de travailleurs... » (WILLIAM RECKIE.)

« L'anarchisme alors est un idéal... ; une fois saisi par le peuple, il apportera réellement la fraternité de l'homme... » (GEORGES ROBERTSON.)

« Après des années d'expérience dans le mouvement de réforme, je suis arrivé à cette conclusion que l'Anarchie-communiste est la seule véritable solution de la question du travail... 2° Parce qu'elle est humanitaire et garantit au travailleur une vie sûre, inconnue à lui et à ses compagnons... Pendant plusieurs années j'étais imbu de l'idée que le trade unionisme guérirait tous les maux de notre système industriel... Ensuite, je suivis le socialisme d'Etat et pour un long temps j'imaginais que j'avais enfin trouvé là panacée pour tous les maux et les crimes du présent système de société... » (O. P. SMITH.)

« Je suis un anarchiste-commuiste parce que la société comme elle est à présent organisée dénie à la masse de l'humanité l'opportunité de vivre, au vrai sens du mot... Les hommes ont naturellement l'esprit grégaire (gregarious) et trouvent plaisir à agir en commun... » (J. TOCHATTI.)

« Chaque homme ou femme né dans ce monde a le droit de vivre. Aujourd'hui il est dénié ce droit par les voleurs landlords et par les brigands capitalistes. Le peuple est volé et pillé par les coquins royaux, les tyrans aristocratiques, les bandits ploutocrates, les prêtres imposteurs qui le poussent à supporter une armée entière d'assassins gouvernementaux sous forme de policiers et de soldats qui protègent un intérêt de classe... J'userais de la force pour aider à avancer le moment où aucun mortel ne se courberait aux pieds des vermisseaux, ses semblables, et ne demanderait la permission de travailler, où de plus hautes et de plus sublimes pensées inspireront les âmes des hommes, apportant dans leurs cœurs le règne de l'équité, de l'éclairement, et de la paix qui oblitéreront la haine et la lutte qui maintenant divise le monde. Telles sont brièvement mes raisons pour être un anarchiste... » (T. W. B. TURNER.)

« Je suis un anarchiste-communiste parce que je vois la condition des classes ouvrières qui est la continuelle pauvreté, parce qu'exploitée par la classe capitaliste... » (ERNEST YOUNG.)

« Par l'ignorance de ces faits et déductions; par l'élévation du principe de la propriété privée, l'avidité individuelle est stimulée, chaque homme est fait l'ennemi de tout autre homme; et la société humaine est transformée en une lutte dans laquelle les instincts les plus brutaux l'emportent sur les plus hauts, les meilleurs. De là viennent la destruction, la compétition dans les affaires, les déceptions, les fraudes, les duperies, chaque chose qui est basse et vile. De là viennent la pauvreté, le vice et le crime, toutes choses desquelles il résulte qu'une partie des membres de la société sont écrasés dans la lutte. De là vient ce fait que aussi grande que puisse être la production collective des richesses, il n'y a pas une augmentation considérable dans la jouissance de la collectivité humaine parce que cet accroissement des richesses augmente seulement des fortunes particulières. C'est parce que je vois que rien en dehors de la propriété commune des richesses, de leurs moyens de production et d'accumulation ne modifiera cette avidité de gain; n'expulsera la concurrence, l'excitation à frauder, la vileté et la brutalité des hommes; n'assurera la vie à chaque membre de la société; et ne préviendra l'accumulation des grandes fortunes particulières; aussi je suis un communiste.... J'estime que si la société était libérée de la tyrannie des lois, les fortunes particulières ne pourraient pas être perpétuées; une redistribution des richesses sur les bases d'une égalité pratique en résulterait immédiatement; étant libérée du stimulus direct à l'avidité, les intérêts communs de l'humanité conduiraient doucement les hommes au volontaire abandon de leurs fortunes privées et, dans cette voie, établiraient une universelle fraternité sur les bases du travail coopératif et d'une communauté complète d'intérêts... » (W. H. Van Ornum.)

« Je regarde le communisme-anarchiste comme le plus haut idéal que l'esprit puisse concevoir : le total du bonheur, du bien-être et de l'harmonie de l'humanité. Quoi de plus noble que de penser qu'aucun être humain n'aurait le droit ou le privilège de détruire, d'injurier, de commander ou d'exploiter ses semblables, cela étant considéré comme immoral, inhumain et anti-social... » (C. H. 13.)

« Le mouvement trade unioniste que je joignis à cette époque, promettait d'éliminer jusqu'à un certain point la misère économique pendant que le parti social démocrate, dont je devins aussi un membre actif, me semblait prêcher le vrai évangile du salut... » (O. Gutzkow.)

« Je suis anarchiste-communiste, parce que je considère la matière, dont se composent les richesses sociales, comme les fonds impartageables et inaliénables de *tous* les hommes... Tandis que les richesses sociales se concentrent toujours dans peu de mains, les masses s'appauvrissent de plus en plus. On ne produit pas dans notre société capitaliste pour satisfaire les besoins de tous mais seulement pour acquérir des profits. C'est seulement dans le communisme qu'on pourra produire de façon à créer l'aisance pour tous. Il faut que pour produire *pour* tous, tout soit *à* tous... » (J. Methofer.)

Ce même amour d'autrui, qui se révèle dans les réponses des socialistes-anarchistes d'Allemagne ou de Grande-Bretagne, se décèle encore dans les lignes suivantes dues à des Belges, à des Suisses, à des Espagnols, des Portugais, des Italiens, et enfin à des Slovènes, Bulgares et juifs russes.

« Je suis communiste parce que tout animal a besoin du concours d'autres pour son propre développement et celui de ses semblables; il n'y a que la communauté qui puisse assurer ce concours en supprimant l'antagonisme des intérêts individuels au bénéfice du ou des groupes d'anarchistes en communauté, et qui puisse aussi satisfaire à ce besoin de développement matériel et moral.... Quiconque empêche son semblable, volontairement bien entendu, par quelque moyen que ce soit, de satisfaire un besoin est un criminel. Or, dis-je, chaque individu étant devenu absolument libre, il n'y a que les groupements en commun où tous les individus sont solidaires les uns des autres, qui puissent répondre aux besoins de chacun.... *Besoins satisfaits* demandent solidarité ou concours mutuel, intérêts personnels abolis, en un mot communisme... » (A. B. G. 21.)

«.... Je regardais autour de moi et je constatais que la même misère existait chez mes frères de travail.... » (CHARLES HANSENNE.)

« Si toute autorité était abolie le communisme s'établirait de lui-même. Les capitalistes nous montrent aujourd'hui l'exemple du communisme en faisant concourir leurs capitaux en commun pour l'exploitation des prolétaires... La lecture de « Peau de chagrin » m'a suggéré l'idée d'un individu... souhaitant la destruction de tout état gouvernemental, qu'il n'y eût plus, pour toute gouverne, que la conciliation des peuples... » (PH. LELIÈVRE.)

« Parce que je trouve que c'est un crime de lèse-humanité que de prétendre que la ration qui nourrit un individu doit être la même que celle que l'on attribuera à une centaine d'individus, voire à des milliers d'individus, ce qui se présente dans notre soi-disant civilisation où tout n'est que féroce égoïsme. En effet, l'exploiteur s'enquiert-il du nombre de bouches que doit entretenir l'exploité? Non, il constate simplement la somme de travail produite au plus grand bien de ses intérêts personnels. De là cette dégénérescence, ce rabougrissement de l'espèce humaine, cette mortalité de plus en plus nombreuse que les journaux de l' « Ordre » constatent quotidiennement sans remonter aux causes. De là encore cette prostitution que l'on voit s'étalant cyniquement principalement dans les grands centres industriels. Je suis communiste-anarchiste parce que j'estime que tout est à tous et que rien individuellement n'appartient à personne, si ce n'est pour son usage personnel.... Dans une société basée sur la solidarité humaine, la manie de la possession ne trouverait pas à s'alimenter; chacun étant certain du lendemain je ne vois pas trop ce qui pourrait pousser les individus à collectionner pour les « leurs » sous forme d'or ou de papier, l'équivalent d'une somme de travail même pas effectuée, par ceux qui ont la prétention d'en être les détenteurs « légitimes ».... » (LIDÉE.)

« Parmi les institutions bourgeoises le plus en horreur, il en est une surtout qui est une honte pour elles et qui mérite d'être signalée parce que monstrueusement canaille et hypocrite elle livre à la cupidité de certains individus des enfants indigents, orphelins ou abandonnés qui sont exploités et indignement traités. *Les mises d'enfants* au marché d'esclaves blancs se font encore dans certains cantons de la Suisse et plus spécialement dans celui de Berne; elles se pratiquent presque partout ainsi : Les enfants tombés à la charge de leur commune sont livrés aux gens, — généralement des paysans — qui demandent la plus petite somme pour les « élever. » C'est ainsi que mes négriers purent se débarrasser de moi moyennant 36 fr. 50 par an, m'a-t-on dit. Ces dernières années, il a été constaté que certaines communes avaient pu se débarrasser de leurs pauvres moyennant 18 à 25 fr. par an et par enfant! Par ces chiffres on peut se faire une idée du sort qui est réservé aux malheureuses victimes que le hasard jette dans les bras de l'assistance officielle si en honneur chez les bourgeois suisses.... J'ai vu des jeunes filles livrées à la prostitution parce que leur travail ne leur procurait pas un gagne-pain suffisamment rémunérateur.... J'ai vu un vieillard entrer dans un magasin pour y implorer un secours, et le patron l'en expulser en lui criant : « Allez-vous-en, on ne mendie pas le soir. » Toutes ces choses ignobles, et bien d'autres encore, je les ai vues à la Chaux-de-Fonds et mon cœur a saigné.... Nature impressionnable.... je vis que le nombre de ceux qui étaient victimes de la société était immense. J'en souffris... » (A. NICOLET.)

« Ce m'est aujourd'hui un sujet d'étonnement profond de songer que j'aie pu voir souffrir et souffrir moi-même tant que cela sans avoir eu la haine immédiate du monde bourgeois, sans maudire et combattre la société crapuleuse qui nous opprime..... Mes yeux se sont enfin ouverts, la haine m'est enfin venue de tous les ouvriers du crime, — bourgeois ou socialistes — de tous ceux qui rivent à nos pieds le boulet de notre chiourme... » (E. D. H. 25.)

« Je compris que l'amant... de l'humanité doit être anarchiste parce que l'anarchie empêcherait tout homme de mourir de faim... » (FRANCISCO FREISCAS.)

« Je suis anarchiste-communiste parce que... je désire le bien-être du genre humain... » (ROMULO FUSTIZ.)

« Je suis ensuite communiste, mais pas d'une manière absolue, vu que le communisme me plaît beaucoup parce que je le crois très utile et parce qu'il veut les mêmes conditions en bien et en mal pour tous les êtres et je crois en outre que la perfection que nous cherchons dans la limite du possible, peut se trouver seulement dans le communisme. Mais vu les luttes qui existent entre les anarchistes à cause que les uns préfèrent le système communiste et d'autres le collectiviste, je déclare que je m'arrangerai de l'un ou l'autre système, pourvu qu'on puisse sortir du régime gouvernemental et bourgeois ; je ne suis pas égoïste. Enfin, comme jusqu'à présent il n'y a pas d'autre idée qui puisse délivrer le peuple de l'oppression politique, économique et de la conscience, et garantir à tous le droit à la vie, empêchant qu'on vole le travail des autres, et comme par cette idée seront abolies les frontières et les haines de race et la paix régnera dans l'univers; c'est pour cela que je suis devenu anarchiste... » (IGNACIO JAQUETTI.)

« Je suis anarchiste-communiste... parce que c'est le système qui mettra les hommes dans les meilleures conditions et satisfera le mieux tous les besoins de l'organisme humain... C'est lui qui fera disparaître le vol, qui a son origine dans la propriété privée, et le crime qui, quatre-vingt-dix fois sur cent, dérive de l'ignorance et de la misère; dans les autres cas, au lieu de criminels, il s'agit plutôt de malades que la société pousse à commettre des crimes... Je suis anarchiste-communiste donc parce que le communisme-anarchiste donne à tous les individus, indépendamment de leur capacité de production, les moyens de satisfaire à leurs besoins... » (MARIANO LAFARGA.)

« Je suis communiste parce que je crois que l'humanité sera, en anarchie, une seule famille de producteurs libres et égaux et que le communisme sera nécessaire pour les relations économiques... J'ai vu, sur les grandes routes, des familles entières, couvertes de haillons, obligées à manger toutes sortes de viandes pourries et d'herbes mauvaises pour ne pas mourir de faim. Et à peu de distance de cette misère, il y avait des abondantes richesses peut-être produites par ces mêmes malheureux qui maintenant, ne pouvant plus travailler, se trouvaient entourés par des enfants et des femmes que la faim et l'eau sale des ruisseaux tuaient lentement... » (JUAN F. LAMELA.)

« ... Je vis qu'au lieu que tous les hommes soient également riches et forment une seule classe de producteurs et de consommateurs, on était divisé en riches et pauvres, exploiteurs et exploités, bourreaux et victimes... Oui, gouvernement, capital, religion, voilà les bases fondamentales de la société actuelle et les causes principales de son malêtre vu que... où il y a capital monopolisé il y a inégalité de classe, et conséquemment exploitation de l'homme par l'homme... L'idée anarchiste, c'est la seule qui soit appelée à émanciper les peuples du servage et de l'avachissement... vu qu'elle... abolit la propriété... établissant la véritable égalité, justice, fraternité, entre les hommes... Tous pour un, un pour tous, voilà le principe de ce beau et juste idéal qui est inspiré par la science et défendu par la raison... » (J. E. MARTI.)

« Je suis anarchiste-communiste parce que... dans une société basée sur le communisme-anarchiste, tous les êtres humains pourront satisfaire avec une complète liberté tous leurs besoins... » (JACINTHO MELICH.)

« Tout cela (égalité, amour, liberté), ne peut pas exister dans le monde avec des gouvernements qui ont pour drapeau l'égoïsme, le *Moi*. Il faut chercher la bonté dans la bonté même. Le remède aux maux sociaux existe dans le répartissement des biens à tous... La dynamite n'est pas, ne peut jamais être l'anarchie. L'anarchie, c'est la fraternité, l'amour... » (JOAQUIN LUIS OLBÈS.)

« Je suis socialiste anti-autoritaire, parce que je pense que la société humaine est si mal organisée et que les effets de cette organisation sont si nuisibles pour tous... L'homme à qui on a ôté la liberté cesse nécessairement d'être un élément utile à la collectivité.. La propriété individuelle, en créant des intérêts antagonistes, viole une autre loi de la nature, celle de la solidarité morale et matérielle entre les êtres de la même espèce. L'insolidarité fratricide produira toujours la souffrance et l'extinction de l'espèce... » (F. OLLER.)

« ... Seulement en l'anarchie je vois garanties... et la fraternité; elle est seule en harmonie avec la nature... Le communisme libre tend à ce que tous satisfassent à leurs besoins; mais aussi que tous apportent à la société leurs produits. L'humanité étant fondue en une seule famille, personne n'essaiera d'exploiter, puisqu'il ne trouvera pas de jouissance à posséder plus qu'il n'a besoin. Tous produiront et consommeront librement, en harmonie avec leurs forces et leurs besoins. Il en résultera le contraire d'aujourd'hui où ceux qui produisent à l'excès ne consomment pas assez; et ceux qui ne produisent rien consomment à l'excès, ce qui est cause d'anémie, de tuberculose, de scrofule, fléaux des classes productrices. Dans le communisme libre, la nature humaine se remettra au physique et au moral. Le progrès atteindra son plus haut apogée, le bien-être de tous sera un fait... » (PALMIRO.)

« Je suis anarchiste parce que je crois que l'anarchie est la fidèle interprétation scientifique, morale et juste des lois universelles... les seules qui doivent harmoniser les relations entre les individus et des individus avec la société... J'acceptais ce que ma raison me disait être bon sans être jamais inspiré par le dépit ou par la haine... » (JOSÉ PRAT.)

« Je suis anarchiste... parce que toute société qui veut

satisfaire à tous en rompant avec les institutions actuelles devra être communiste-anarchiste... L'anarchie, c'est l'idée saine et noble, produit de la science... que des milliers de savants et d'écrivains ont élaboré siècle par siècle au profit de toute l'humanité... La liberté, fruit de l'Anarchie, est celle qui peut exister dans une société... qui a pour base la solidarité... Le communisme-anarchiste représente le bien-être pour tous, le droit à la vie, l'appui mutuel, le travail agréable, l'égalité des moyens. Le communisme résout le grand problème social qui agite l'humanité. Heureux le jour où le communisme fera disparaître l'exploitation de l'homme par la faim... » (MANUEL RECOPER.)

« Je suis anarchiste-communiste parce que je crois logique que chacun contribue à la reproduction suivant ses moyens et consomme suivant ses besoins, pour obtenir ainsi le meilleur perfectionnement de la nature... » (AGUSTIN SINERIZ.)

« Je suis devenu anarchiste parce que je suis convaincu qu'il faut changer le gouvernement d'une personne par le gouvernement de tous... » (CECILIO FERNANDEZ ZAMORANO.)

« Je suis communiste parce que j'entends que les produits appartiennent à toute l'humanité et non à une classe de privilégiés... » (LIBERTARIO.)

«... Je les concevais (principes du communisme-anarchiste) comme le symbole de l'égalité. Ces deux objectifs (liberté, égalité) sont ceux vers lesquels s'achemi-nent les sociétés humaines pour réaliser le bonheur sur la terre... » (GONCALVÈS VIANNA.)

« Enfant je souffrais pour ceux qui sont opprimés et souffrent... » (A. AGRESTI.)

« Je pense qu'on ne peut pas devenir anarchiste ni même socialiste tout à coup, mais que tous ceux qui le sont avaient développé en eux-mêmes les sentiments égalitaires qui sont la base de l'idée anarchiste, sentiments qui, je crois, germent dans les cœurs de la grande majorité des êtres humains... Ils s'épanchent en des voies diverses telles que charité, bienfaisance et surtout foi en n'importe quelle religion. Quoique entourées d'une masse de superstitions et exploitées des hommes qui en font le monopole, les religions trouvent toujours de nombreuses masses adhérentes parce que celles-ci y trouvent toujours un espoir de *bonheur* et de justice... Très charitable, ma mère faisait autant de bien qu'elle pouvait et toujours elle avait à se récrier contre les riches qui n'aidaient pas les pauvres... Mes sentiments religieux et patriotiques sommeillaient, je n'avais plus l'occasion de les surexciter. Seulement en plus grande mesure se développait en moi une tendance égalitaire et rien ne me blessait plus que de voir les riches qui ne faisaient rien être si orgueilleux avec les pauvres. J'eus souvent à me disputer avec des Européens qui se plaisaient à maltraiter des indigènes simplement parce qu'ils étaient arabes. J'aimais mieux être en compagnie des pauvres gens que de fréquenter celle des jeunes gens de mon âge et de ma condition qui me semblaient très frivoles.... Cependant même étant militaire, mes idées humanitaires s'étaient réveillées de plus en plus... Que de solidarité entre nous internationalistes, anarchistes, communistes, car déjà on s'appelait ainsi ; les autres socialistes étaient à peu près inconnus en Italie à cette époque. Un compagnon arrivait avec une lettre, on ne l'avait jamais vu, on n'avait jamais entendu parler de lui ; il était riche ou pauvre, bien ou mal habillé, instruit ou ignorant, peu importe, c'était un compagnon, un frère ; un fils bien-aimé n'aurait pas pu être reçu mieux que lui. On se confiait les choses les plus intimes, on s'aimait. On ne rêvait alors qu'à la Révolution sociale. Il semblait qu'elle devait venir d'un jour à l'autre ; on ne s'inquiétait de rien. Il allait venir l'âge d'or où rien ne manquerait à personne, où tout le monde serait bon, où tout le monde s'aimerait... J'étais rempli de ma nouvelle religion, la vraie religion du cœur, celle que je cherchais depuis mon enfance. Et je la retrouvais si belle, si humaine, que j'en étais enchanté... Mon caractère n'a jamais été mauvais ; vif et emporté, capable d'arriver à de fâcheux excès sur le moment, j'ignore ce que c'est que d'avoir de la rancune. Je me rappelle que, tout enfant, en écoutant les récits des miracles, des exploits des missionnaires chez les sauvages, des martyrs de la Chine et du Japon, il me prenait une folle envie de les imiter. Je m'en voulais de n'être qu'un faible enfant, de ne pas pouvoir comme eux donner ma vie pour sauver des âmes de la perdition éternelle... En lisant ces poésies pleines de mélancolie et d'amour, je pleurais comme un enfant .. » (A. N. 16.)

« Mais pourquoi cette lutte ? me demandai-je. — Ma conscience me répondit : Parce que toi-même, petit ambitieux, tu veux devenir plus que les autres. Arrête ta lutte, laisse la pyramide, invite encore les autres à quitter leur place de guerre du « Chacun pour soi » et apporte tes efforts à ceux qui voudront créer un milieu d'égaux travaillant au bien-être commun des hommes... L'anarchie c'est l'idéal où les hommes... animés des sentiments de la plus sincère fraternité vivront indépendants dans la solidarité de leurs efforts dirigés vers le bien-être de tous et vers le développement physique et moral de l'humanité... » (G. P. 20.)

« ... Il est besoin d'abolir la propriété individuelle. A leur place s'établira..... la propriété collective de la production et des moyens de production... » (Z. B. 26.)

« ... Je suis communiste parce que j'aime à joindre mes efforts avec ceux des autres individus pour mieux lutter contre les intempéries des climats et autres cruautés de mon environnement. Je suis convaincu de la nécessité de m'associer parce que je préfère vivre en bon ami avec tout le monde au lieu de haine et de disputes. Je préfère l'amour universel au lieu des coups de poing universels sous la forme de la concurrence industrielle. Je suis communiste enfin parce que j'aime à partager le bonheur du fruit de mon travail et mes recherches, et échanger mes produits avec des autres groupes ou individus..... » (A. Klémencic.)

« Je suis anarchiste parce que l'anarchie satisfait pleinement... ce que j'appellerais mon esprit de sacrifice... La *Russie souterraine* de Stepniak me fit rêver au temps où je tuerais le tzar et mourrais pendu pour avoir voulu émanciper un peuple que je ne connaissais même pas... » (S. P. 29.)

« Ma pénurie du moment me fit bientôt oublier mes hautes ambitions et je fus obligé de travailler pour vivre. J'appris un métier. Travaillant dur, dans les usines, avec grand intérêt j'appris à connaître un monde nouveau... » (R. F. 24.)

« Dans cette capitale (London) où on a le contraste hideux existant entre les riches et les indigents, tous les jours devant les yeux, le hasard m'a porté justement dans le milieu révolutionnaire... Voyant que tous les gouvernements forment un obstacle au règne d'égalité, de fraternité.... je suis contre tous les Gouvernements... » (W. D. 30.)

Etudiez tous ces extraits, quelle que soit la nationalité des individus qui répondirent et toujours, en résumé, apparaît net, clair un amour pour les faibles, les pauvres, les humbles, une appétence de fraternité universelle, en un mot, un sentiment d'amour pour autrui.

Issus de classe aisée ou riche, sans avoir par eux-mêmes subi les affres de la misère, ils ressentent les douleurs d'autrui ; ils participent réellement à ces souffrances. A la lettre, ils réalisent la parole du Christ qui dans la description du Jugement dernier a dit : « Je vous dis en vérité, tant que vous ne l'avez pas fait à un de ces plus petits, vous ne me l'avez pas fait non plus. » (Evangile, selon S. Mathieu, xxv, 45.)

Issus de classe pauvre, ayant été sans pain, sans logis, sans vêtures comme le montrent les confessions topiques de S. 1, A. 15, K. 11, A. Nicolet, etc., ils souffrent de leur misère personnelle et ces souffrances s'accroissent de celles que subissent les autres hommes.

Soit qu'ils les voient, les lisent ou qu'ils les ouïssent, ces douleurs d'autrui douloureusement retentissent en leurs encéphales, aggravant leurs propres douleurs. A ce sujet sont typiques quelques déclarations, notamment celles de Retté, A. 15, K. 11, Veidaux, O. 7, Ph. Lelièvre, A. B. G. 21, A. N. 16, etc.

Il se décèle ainsi en ces cérébralités anarchistes-socialistes une grande sensibilité morale. L'adepte du socialisme-anarchiste est un sensitif développé et par suite un être éminemment sensible. Cette sensibilité, étant jointe à l'esprit de révolte, s'exacerbe toujours parce que l'individu constate son impuissance à modifier, *immédiatement*, ce qu'il qualifie de « mal social ».

Dans cette exaspération de la sensibilité se passent d'intéressants phénomènes d'auto-suggestion. L'individu, étant donné son caractère mental « amour d'autrui », souffre des souffrances des autres ; alors se développe peu à peu dans son encéphale, sa faculté de sentir et à son tour cette sensibilité accroît « l'amour d'autrui ».

L'individu ainsi sensitif est, comme ultérieurement nous le démontrerons, un combatif, il est, nous l'avons vu, un révolté.

De l'amour pour autrui découle pour l'individu

l'idée de modifier le sort, l'état d'autrui. De la tendance à la révolte résulte le désir de se révolter, l'appétence vers une modification de ce qui est, qu'il estime être mal. Du caractère combattivité ressort pour son possesseur la tendance à agir son désir, c'est-à-dire à modifier le « mal », à propager ce qu'il juge être « bon ».

Or, l'individu perçoit vite son impuissance à modifier immédiatement ou même rapidement l'état qu'il a conçu comme mauvais. Cette perception agit sur la sensibilité de l'individu. Il sent les souffrances personnelles et d'autrui ; il sent qu'il ne peut pas les soulager et il veut leur disparition ; il sent que les moyens dont il use pour l'amélioration du « mal » ne donnent aucun résultat — au moins appréciable. Ces sensations diverses peu à peu s'exaspèrent et provoquent l'exacerbation de la fonction cérébrale « sensibilité ».

A son tour cette sensibilité exagérée entretient tous les phénomènes mentaux précédents. L'exacerbation de la faculté de sentir continue alors pour, chez certains, aboutir à l'acte violent quand la raison n'intervient pas comme frein : pour se résoudre chez d'autres en une misanthropie profonde quand la raison a refréné l'acte violent, mais n'a pu prouver à l'individu l'utilité, la puissance de ses efforts pour modifier ce qu'il appelle le « mal ».

La sensibilité très développée est un caractère constant chez les anarchistes-socialistes qui éprouvent pour la vie une sorte de culte, qui s'efforcent de ne point faire souffrir autrui, autrui fût-il un animal même d'ordre inférieur. Quelques anarchistes communistes sont d'ailleurs végétariens.

La caractéristique mentale « sensibilité » se pouvait prévoir par le simple examen analytique de la doctrine socialiste-anarchiste. Elle en est en effet tout imprégnée. On en peut juger en relisant les reproductions de ces doctrines que nous donnons en cet ouvrage, en se rappelant que Spies note cette sensibilité [1].

On remarquera que les caractères psychiques sensibilité et altruisme ne se différencient pas d'intensité suivant les nationalités. Ils présentent à peu près partout le même développement que le possesseur soit né et ait vécu en Angleterre ou en Espagne, en Ecosse ou en Italie, en France ou aux Etats-Unis... Alors que l'amour de la liberté, l'amour du Moi se décelaient avec un développement inégal suivant les nations, suivant les professions mêmes, l'amour d'autrui et la sensibilité — qui en est à la fois la cause et l'effet — se montrent également développés quelle que soit l'o-

1. Dans *The Anarchist Péril*, p. 275 on lit un extrait d'un livre de propagande de M. H. B. Brewster, *The theories of Anarchy and of law*, dans lequel cette sensibilité et cet altruisme sont notés, ce qui est confirmatif de ce qu'a écrit M. Hamon, dit M. R. Derechef, auteur du chapitre (p. 276).

rigine nationale et professionnelle des disciples de la doctrine socialiste anarchiste. La seule différenciation que l'on peut constater et qui existe relativement à l'intensité de ces caractéristiques psychiques est purement individuelle ; encore notons que toujours ces caractères mentaux sont épanouis, exagérés même et bien souvent exacerbés.

L'esprit de révolte, nous l'avons vu, est lui aussi développé indépendamment de la nationalité, car les différences constatées et par nous notées sont réellement fort minimes. Donc les tendances psychiques les plus prononcées chez le socialiste-anarchiste sont jusqu'ici : esprit de révolte, altruisme et sensibilité.

Ces deux derniers caractères, nous sommes certain de leur existence en la mentalité philosophique des disciples des Reclus, des Kropotkine et des Malatesta, car méthodes positive et rationnelle nous ont conduit à cette constatation.

Caractères constitutifs de la mentalité philosophique, spécifique des socialistes-anarchistes : 1° *Esprit de révolte ;* 2° *Amour de la Liberté;* 3° *amour du Moi* ou *Individualisme ;* 4° *Amour d'Autrui* ou *Altruisme* 5° *Sensibilité.*

Le socialiste-anarchiste est un individu *révolté, libertaire, individualiste, altruiste, sensitif, sensible.*

CHAPITRE VI

DU SENTIMENT DE JUSTICE.

> « Laissez dire, laissez-vous blâmer, condamner, emprisonner ; laissez-vous pendre mais publiez votre pensée. »
>
> PAUL-LOUIS COURIER.

L'homme ne conçoit pas l'inconcevable : la Justice absolue ; mais il possède en sa mentalité un sentiment de justice. Si loin remonte ce dernier qu'il semble inné, alors que, réellement, il s'est formé peu à peu sous les efforts successifs de milliers d'années. L'instinct de conservation, ou amour du moi, la sociabilité ont généré chez les humains la tendance à comparer autrui à soi et cette comparaison a engendré le sentiment de justice.

Au cours des millénaires passés, sous les influences éducatives des religions et des philosophies, des climats et des mœurs, ce sentiment de justice insensiblement a cru. De plus en plus la notion de justice s'affina, de plus en plus s'éleva l'idéal de justice par chaque individu forgé. Plus s'accroissait le cercle des connaissances, plus s'effaçait le vague de la notion de justice. De cela l'humanité est encore bien loin d'avoir un idéal précis, une vue nette, encore que maintenant sa conception de la justice soit moins confuse qu'aux temps lointains où elle balbutiait ses premiers mots. Toujours elle tend vers la conception et la *réalisation* de l'absolue justice et sans doute jamais elle n'atteindra cette cime élevée.

Donc, le sentiment de justice chez tous les humains existe, mais il est à des degrés divers de développement. Cela se perçoit aisément. En effet d'aucuns, en la considération des phénomènes sociaux, introduisent la notion de justice, tandis que d'autres ne le font point, montrant ainsi l'absence — apparente — du sentiment de justice disparu sous la croissance atrophiante d'autres caractères psychiques.

Le phénomène social concorde avec l'idéal de justice imaginé, alors il agrée à l'individu et, par lui, est déclaré *juste*. Le phénomène social discorde avec cet idéal de justice, alors il choque l'être humain qui l'affirme *injuste*.

Plus en la cérébralité de l'homme sont développés l'amour du Moi et l'Amour d'autrui ; plus l'homme jouit d'une exquise sensibilité, plus il se trouve poussé à comparer le sort des uns et des autres. Plus l'homme observe, plus les phénomènes sociaux lui apparaissent chocs permanents de sa sensibilité aiguë, lésions de l'idéal de justice par lui conçu.

Prolétaires et propriétaires, riches et pauvres sont rapprochés et comparés. Les différenciations sociales, les similitudes physiques et physiologiques sont perçues et accrues sous l'influence de l'exacerbation de l'altruisme et de la sensibilité. Ces phénomènes sociaux comparés blessent l'idéal de justice de l'être ou s'accordent avec, suivant la nature des phénomènes et le concept individuel du percipient. Plus celui-ci est sensible, altruiste, observateur, plus le sentiment de justice est grand — tout en restant souvent très vague.

Le socialiste-anarchiste est un révolté, c'est-à-dire qu'il possède la tendance à l'examen et à la critique ; il est un individualiste et un altruiste, il a donc tendance à comparer son sort à celui des autres, le destin des « malheureux, des pauvres » à celui des « heureux, des riches ». Il est sensible, donc il souffre des souffrances d'autrui et son altruisme tend à lui faire haïr ceux qui font souffrir les autres. Chez les socialistes-anarchistes, tous ces caractères psychiques sont exaspérés ou tout au moins à un degré de croissance plus grand que de coutume chez les humains.

De l'existence dans la cérébralité philosophique des anarchistes-socialistes, des caractères prédéterminés et de la démonstration précédente, il résulte que nous pouvons rationnellement dire : Dans la mentalité du socialiste-anarchiste existe, hyperexcité souvent, très développé toujours — plus que chez la moyenne des hommes — la caractéristique « sentiment de justice. »

Cette conclusion à laquelle nous conduit la méthode rationnelle est confirmée par l'analyse des réponses que nous sollicitâmes.

« La compulsion des annales anciennes m'a appris que de tous les innombrables systèmes de gouvernement essayés à travers les âges, il n'en est aucun qui n'ait été une source de désordre et d'abus, une entrave à la marche du progrès, un obstacle à la liberté et une négation de la justice... Je suis communiste parce que je considère qu'il n'y a que deux sortes de richesses et que ni l'une ni l'autre ne peuvent être légitimement appropriées : richesses naturelles; produits du travail humain. Qui donc pourrait raisonnablement revendiquer pour lui, pour son usage personnel, à l'exclusion des autres, les richesses naturelles, la terre par exemple? Est-ce que ces trésors gratuits ne nous appartiennent point à tous au même titre? Est-ce que chacun de nous n'y a pas un droit égal comme à l'air que nous respirons? Quant aux produits du travail humain fait des labeurs accumulés des générations passées et contemporaines, ne sont-ils pas collectifs dans leurs origines, ce qui entraîne nécessairement une destination sociale... » (T. D. M. 28.)

« L'idée libertaire avait pour moi un attrait majeur, parce qu'elle incarnait le principe d'harmonie sociale dans la liberté, la *justice*, l'amour... J'avais en outre l'*horreur des injustices* et je blasphémais quelquefois le pouvoir absolu des parents... « Mon caractère se distinguait dès lors au milieu de la brume éducative, par sa loyauté plutôt brutale, par l'*amour de la justice*... Pourquoi y avait-il des prodigues et des affamés, des insolemment riches et des sordidement misérables? L'hypocrisie était mon cauchemar... » (ANDRÉ VEIDAUX.)

« Dès mon enfance, j'étais choqué par les injustices.. Un jour un juge de paix arrête un paysan la nuit, chez lui avec violence, sous motif qu'il a insulté un magistrat. Enfant j'avais assisté à la scène, j'étais certain que le paysan n'avait nullement injurié le magistrat. Je fus appelé comme témoin devant le tribunal et dans son réquisitoire le ministère public dit que *j'avais menti impudemment.* Cela me révolta, je ne pus concevoir une telle injustice, et cela m'impressionna tant que depuis cette époque j'ai eu le mépris de la magistrature, mépris qui ne fut que confirmé par tout ce que je vis... » (Dr H. 6.)

« Pourquoi des enfants si chaudement vêtus et si choyés, tandis que d'autres, si misérables et paraissant si canailles? Pourquoi le riche était-il si arrogant? Pourquoi les patrons si durs? Pourquoi enfin cet antagonisme, cette guerre âpre, constante, que l'on trouve partout? Comment se fait-il que ceux qui travaillent le plus et aux métiers les plus pénibles et les plus dégradants soient les plus méprisables et les plus méprisés? Pourquoi tant d'humiliations pour avoir un peu d'un travail écrasant?... » (K. 11.)

« Un médecin que je connus, ancien condamné de la Commune et un professeur, ancien élève de l'école d'Athènes, par leurs conversations m'apprirent à aimer le socialisme : oh! un socialisme fort vague mais qui satisfaisait mon imprécis désir de justice... » (O. 7.)

« J'appris à ne considérer ma situation d'exploité, non plus comme le résultat d'une loi naturelle contre laquelle on ne peut que se résigner, mais comme la conséquence d'une organisation sociale où les forts asservissent les faibles, où la justice n'existe point... » (S. 1.)

« Pourquoi suis-je anarchiste et le resterai-je?... parce que les besoins physiques sont identiques pour tous les hommes, parce qu'il est inique de concevoir l'exploitation de l'homme par l'homme... » (P. 10.)

« Si j'interroge alors mes sentiments, ma rectitude de jugement me répond : « Tu dois renier dans cette nature tout ce qui est *injuste*, cruel et bête : tu dois au contraire t'efforcer d'aimer le plus que tu peux ce qui, au point de vue de notre pauvre humanité, doit être pour toi, le beau et le juste... » Ces idées libertaires étant celles qui se rapprochent le plus de ce que je crois être le *juste* et le beau, je suis libertaire sous la seule restriction que si une idée *plus juste* et plus belle venait dans le génie humain j'irais vers elle comme je suis venu vers l'anarchie... » (A. 15.)

« Là j'ai constaté et j'ai haï de toutes mes forces d'enfant cette loi d'imitation qui rend mauvais et hideux de stupidité, de bassesse et de cruauté ces petits êtres, par le seul fait qu'ils s'y trouvent réunis et que chacun y règle sa conduite sur celle des autres. Là j'ai vu aussi le malencontreux avilissement des faibles devant les forts, la dépravation morale imposée par le milieu, et les éducateurs souriant à ce milieu, se joignant à lui parfois pour accabler celui qui refusait de s'y soumettre ou bien le laissant sans d'autre défense matérielle et morale que la répression pure et simple du dérisoire « piquet » et de pitoyables « consignes »... » (MAURICE PUJO.)

« ... Je désirais et vis apparaître avec joie des livres dans le genre de ceux de MM. Descaves, Darien, etc. et je suis sûr qu'ils furent regardés par bien d'autres autant que par moi-même comme le commencement d'une œuvre de justice impatiemment attendue... » (B. 2.)

« Depuis, mon cher ami, j'ai vécu, j'ai vu autour de moi souffrir des misérables; j'ai connu la lutte atroce du capital et du prolétariat, j'ai touché du doigt les mille injustices sociales et comme nous tous je me suis demandé s'il en serait toujours ainsi. J'ai cru que non... Ce sont ces convictions lentement et abstraitement élaborées qui m'ont rendu anarchiste, beaucoup plus que le spectacle des ordures quotidiennes, bien que ce spectacle ait contribué à me persuader de l'excellence de mes opinions. » (BERNARD LAZARE.)

« ... J'estimais injustes les souffrances que je supportais... J'étais honnête, je ne demandais qu'à travailler et je faillis mourir de faim! Un jour je ramassai dans le ruisseau un reste de rata qu'un vieux qui l'avait reçu à la porte de la caserne avait jeté après en avoir mangé : tout cela me choquait, m'exaspérait. Ce n'était pas juste, cela ne devait pas être comme cela. Alors... » (D. 3.)

« Je considère l'anarchie comme l'idéal d'une humanité... guidée non plus par des sensations ou par des sentiments mais par des idées, ayant pour devise de solidarité : « Fais à autrui ce que tu voudrais qu'on te fît à toi-même. » — Vivant enfin selon la loi de nature, la seule que nous puissions intellectuellement reconnaître. » (A. RETTÉ.)

« Une fois pénétré dans l'impossibilité de rien changer à ce qui est, du moment que l'on posait en principe la conservation du système basé sur la propriété individuelle, et reconnaissant d'autre part que les déshérités étaient dans leur droit en refusant de vivre plus longtemps leur vie presque exclusivement animale, je fus amené peu à peu à me résigner au communisme autoritaire, qui a pris le nom de collectivisme... » (SEVERIN L.)

« Raisons qui m'ont conduit à l'anarchie... 3° souffrances des uns; 4° canailleries des autres;... 10° Les lois physiologiques (droits de l'estomac, de la cervelle, des yeux, etc. » (I. 5.)

« Le communisme anarchiste est la négation du gouvernement de... l'exploitation de l'homme par l'homme... Pourquoi y a-t-il autant de dénûments et de misère partout? Parce que notre présent système de production est établi pour que quelques-uns seulement deviennent riches. D'autre part, le communisme signifie au lieu de production pour bénéfice, production pour usage et consommation; ce qui peut être en quantité suffisante pour tous, personne ne se le dispute. La terre peut nous fournir suffisamment d'aliments et de matières premières ; les ouvriers textiles et non textiles peuvent suffire aux besoins de tous... » (A. Bird.)

« En outre les anarchistes ont reconnu que l'histoire réelle est l'histoire des tendances et que ces tendances ont toujours été dans la direction de quelque espèce d'idéale justice... De plus, nous croyons qu'il n'y aura ni repos, ni contentement tant que le dernier vestige de privilège de quelque sorte que ce soit n'aura pas été banni de la face de cette terre... » (Henry Campbell.)

« Parce que je crois qu'aucun état de société autre que celui du communisme anarchiste ne peut arriver à une... juste et humaine conclusion... De là ma croyance que l'anarchisme est le seul moyen par lequel le peuple puisse espérer... et le juste moyen par lequel... » (D. K. C. M. 17.)

« J'attribue tous les maux dont souffre la société à la guerre d'intérêts qui provient de l'ignorance de l'homme et qui a fait devenir une classe la proie d'une autre qui l'exploite et la domine par conséquent. Après avoir réfléchi sur cette matière pendant quelque temps, je suis arrivé à cette conclusion que le gouvernement tel qu'il peut exister n'est pas une institution qui travaille pour le bien du peuple, mais le moyen par lequel les gouvernants ou la classe de laquelle ils font partie maintiennent leurs particuliers intérêts contre ceux pour lesquels ils font leurs lois... » (G. R. 22.)

« Il y a trop de misère et de pauvreté chez les millions de travailleurs. Trop de luxe et d'indolence dans les classes aristocratiques et capitalistes... » (William Reckie.)

« Aucun gouvernement n'a le droit de monopoliser toute la terre et la matière première quand même ce serait pour le peuple entier sauf un. Le peuple entier a droit à ce qu'il faut user, mais l'homme seul a le même droit sur ce dont il peut se servir... » (Georges Robertson.)

« La liberté est si essentielle au bien-être et au progrès de l'humanité que sans elle aucun véritable et juste état de société ne peut exister..... Je suis un anarchiste-communiste et je continuerai..... à agiter..... pour cette cause que je crois être la seule cause de l'humanité, la cause de la vérité et de la justice.. . » (O. P. Smith.)

«... Parce que j'ai toute ma vie souffert socialement d'un accident de naissance à cause des superstitions et de la bigoterie qui règne dans les contrées chrétiennes — et aussi j'ai souffert vivement de la malheurense inégalité des sexes et aussi de la fausse moralité.... » (H. 12.)

« 4° La société est pourrie. Les filles des travailleurs sont poussées par les affres de la faim à vendre leur vertu à l'homme riche qui leur accorde un peu de l'or qu'il a dérobé à leur père. Les fils corrompus par des scélérats licencieux sont amenés aux vices contre nature. Nos prisons sont remplies avec de soi-disant criminels que les injustices sociales ont faits. Les workhouses sont remplis de débris humains qui lentement se meurent. Ceux qui créent les richesses meurent de besoin et périssent dans le ruisseau de misère sociale en face de nos églises où des cafards reçoivent mille livres par an pour chanter : « Bienheureux sont les pauvres » et pour civiliser les païens avec des bouteilles de rhum. Le mariage est seulement la prostitution légalisée. Le parlement est un nid de pirates, composés de capitalistes voleurs, trompeurs des ouvriers.... » (T. W. B. TURNER.)

« Je suis le fils d'un ouvrier élevé dans l'idée de la crainte de Dieu et à l'âge de dix ans je fus forcé pour vivre de travailler dans une poterie pour la magnifique somme de 5 schellings la semaine. Je connus la lutte que ma famille soutint pour maintenir le loup à la porte. Souvent en voyant ma mère payer le loyer avec l'argent dont nous avions tant besoin pour la nourriture, je commençai à réfléchir qu'un tel état de choses était injuste, celui dans lequel la classe qui produit toute la richesse est obligée de vivre toujours dans la misère.... » (F. W. 8.)

«... Tout gouvernement doit être remplacé par une organisation sociale... basée sur l'égalité de tous.... » (J. C. KENWORTHY.)

«.... J'affirme mon droit à posséder des moyens plus nobles de vivre,... ; mon droit aux moyens et opportunités pour la plus haute culture physique, mentale et morale.... Seulement dans l'anarchisme je puis voir la fin des distinctions de classe... » (N. W. 19.)

«... Alors la production étant une fonction sociale, la jouissance doit l'être aussi parce qu'elle est la nécessaire corrélation de la production.... Je trouve que, quelle que soit la forme des gouvernements tous.... dépensent leurs forces à protéger et perpétuer les « artificiels droits de propriété » qu'eux-mêmes ont érigés. Je trouve que si la société était libérée de la tyrannie des lois... une redistribution de la richesse sur la base d'une égalité pratique en résulterait immédiatement... » (W. H. VAN ORNUM.)

« Je regarde l'Anarchisme comme.... le total du bonheur, du bien-être et de l'harmonie de l'humanité. Quoi de plus noble que de penser qu'aucun être humain n'aurait le droit ou privilège de tuer.... ou d'exploiter ses semblables.... » (C. H. 13.)

« Elles (Les œuvres de Multatuli) développèrent en moi mon désir de modifier l'état social que je conçus injuste. Et voilà.... » (J. METHOFER.)

«... Je n'ai pas besoin d'ajouter que je me suis débarrassé de mon fameux « rêve de gloire » et qu'il n'y a plus en moi qu'une soif immense de justice et de liberté pour tous ceux qui ont souffert et qui souffrent comme moi... » (E. D. H. 25.)

« Nature impressionnable et assoiffée de justice, je vis que le nombre de ceux qui étaient victimes de la société était immense.... » (A. NICOLET.)

« Né de parents pauvres, je fus placé de bonne heure chez des bourgeois immensément riches de la ville de Spa. Dans cette maison où le gaspillage le plus éhonté ne connaissait pas de bornes, mon service consistait à faire les corvées à l'intérieur et j'étais à même de constater tous les jours la succulence des mets destinés à ces êtres inutiles et improductifs. Mais n'ayant pas encore l'âge de la réflexion, je regardais cet état d'iniquités d'un air indifférent... » (CHARLES HANSENNE.)

« Je considère cette forme sociale (communiste anarchiste) comme seule capable d'amener une ère de vraie justice et de parfaite liberté... La propriété n'est et ne peut être que le vol, vol astucieux ou vol avec violence, mais vol quand même..... La propriété ne saurait être justifiée. A l'encontre de la prescription « légale », la prescription humaine n'existe pas. Ce n'est pas le nombre écoulé d'années qui rend légitime la possession du produit d'un vol.... Mes idées anarchistes trouvent leur germe dans l'inégalité des conditions sociales... » (LIDÉE.)

« Le régime communiste est le meilleur pour.... une société... et juste comme celle désirée par tous ceux qui souffrent du mal-être et des injustices de cette société corrompue et aussi par d'autres quoique ne souffrant pas autant que nous les déshérités. » (FRANCISCO FREISCAS.)

« Moi, aimant à approcher d'une minute le règne de la justice dans le monde, je réponds aux demandes de M. Hamon... » (IGNACIO JAQUETTI.)

« Je crois que c'est le communisme anarchiste qui en finira avec l'exploitation de l'homme par l'homme et avec toutes les injustices et les infamies sociales, et établira la fraternité universelle..... Quand je connus les idées communistes-anarchistes, je les comparai avec les autres systèmes, je les analysai, et je fus convaincu qu'elles constituent la solution la plus juste de la question sociale... » (MARIANO LAFARGA.)

« Je trouvai injuste que nous devions être si malheureux tandis que d'autres gaspillaient en orgies ce qui manquait à nous pour pouvoir vivre... Quand la bourgeoisie assassina sept de nos compagnons à Jerez en 1885, je devins plus ardent dans la propagande parce que je fus révolté par l'injustice qu'on avait commise et par les persécutions dont nous fûmes victimes... » (JUAN F. LAMELA.)

«... 1° Parce que je suis complètement convaincu que le communisme anarchiste est le système économique le plus juste et le plus rationnel vu qu'il est celui qui se conforme le plus aux lois sublimes et irrévocables de la nature. 2° Elevé avec la pauvre et routinière instruction que peut recevoir le fils de l'ouvrier dans cette immonde société basée sur le privilège, germe de la plus raffinée injustice... » (J. E. MARTI.)

« Le peuple a faim de justice, d'égalité, d'amour, de liberté... » (JOAQUIN LUIS OLBÈS.)

« Je fus aussi poussé à la réflexion par un sentiment désintéressé de justice qui est naturel à l'homme et qui fut blessé par l'injustice présente, sentiment qui s'exalte par les obstacles qu'il rencontre... » (E. OLLER.)

« Je suis anarchiste parce que je suis fermement convaincu que l'Anarchie est ce qu'on connaît de plus juste... C'est seulement en elle que je vois garanties... la justice, la vérité... » (PALMIRO.)

« Je suis anarchiste parce que je crois que l'anarchie est la fidèle interprétation scientifique, morale et juste des lois universelles qui régissent aussi bien les mondes que les êtres.... Les notions de justice que l'homme porte en soi sont ouvertement en contradiction avec la manière d'être actuelle, comparée avec les affirmations qui résultent de l'étude scientifique de la nature..... La notion innée de justice.... Parcourant quelque chose de ce qui a été écrit, je m'assimilai ce que... je trouvais conforme aux notions de justice qui sont innées dans l'homme et qui peuvent être anéanties ou défigurées seulement par une fausse éducation, un milieu malsain ou un conventionnalisme intéressé... » (JOSE PRAT.)

« Je ne peux pas reconnaître une société comme juste et légitime si elle n'est pas basée sur le communisme dans lequel l'intérêt de chacun c'est l'intérêt de tous, dans lequel chacun produit ce qu'il peut et consomme ce qui lui faut.... Grâce aux moyens produits par l'instruction, la locomotion et la navigation, le sol étant patrimoine commun, l'amour et les plaisirs seront aussi communs et une société ainsi constituée sera juste et humaine... » (MANUEL RECOBER.)

« Comme aucun homme ne vint sur la terre avec privilège sur les autres hommes, je ne crois pas juste qu'aucun d'entre eux rende les autres responsables des erreurs de la nature qui ne concède pas à tous les individus les mêmes facultés pour produire ni les mêmes besoins pour subsister... » (AGUSTIN SINERIZ.)

« Je crois qu'étant moi, un homme, je suis pour telle cause égal en tous mes droits et même mes devoirs aux autres hommes.... » (CECILIO FERNANDEZ ZAMORANO.)

« L'homme aujourd'hui se figure que pour être indépendant il doit être plus élevé que les autres et les efforts de chaque individu étant dirigés vers ce but, il arrive que la société humaine présente l'aspect d'une énorme pyramide très agitée dont le corps est formé par des hommes en lutte féroce entre eux pour arriver au sommet. Toutes les têtes sont tournées vers le sommet; les yeux fixes sans se soucier si les pieds écrasent à droite ou à gauche. Même la peur d'être écrasé rend l'escalade sanglante et sauvage. Ainsi nous assistons à des combats terribles où les consciences qui n'ont pas la force ou le courage d'écraser sont obligées de supporter tout le poids qui pèse sur elles. Venu au milieu d'une société pareille, j'avais appris un métier pour vivre et me débattant de mon mieux j'étais parvenu à être petit patron. Ma place dans la pyramide était parmi les plus basses et le poids qui m'écrasait était trop lourd pour que je pusse monter plus haut. Tout de même poussé par mes intérêts, sans perdre mon courage, je continuai à faire des efforts pour monter. Mais voulant reprendre haleine et choisir un soutien autour de moi, je fus surpris de voir la foule innombrable qui se battait pour aller rejoindre une seule place. La réflexion me fit trouver ridicule et aveugle une lutte si acharnée parmi des êtres que la nature a faits égaux... » (G. P. 20.)

« Arrivé près de la quarantaine, je sais que je ne pourrais toucher la terre promise, mais il est si beau le tableau de nouvelles générations rédimées de la misère et de l'esclavage que c'est une consolation que de combattre et même souffrir pour l'anarchie, la vraie anarchie, celle de l'amour... » (A. N. 16.)

« Les différences entre les classes doivent disparaître, doivent disparaître les différences sociales entre sexe et sexe. Doivent disparaître le dominé et le dominateur, le prolétaire et le bourgeois pour faire place à un seul type humain, l'homme travailleur... » (Z. B. 26.)

« Voyant l'inégalité qui existe dans la société et la misère dont sont victimes les travailleurs, je m'adonnai à l'étude de la question sociale et je finis par comprendre que le socialisme-anarchiste mettra fin à ces injustices... » (Libertario.)

« Je suis anarchiste-communiste parce que je me considère les mêmes droits comme n'importe qui que ce soit.... » (A. Klémencic.)

« A cette époque survinrent les bombes d'Haymarket à Chicago et le procès si célèbre.... Quand cet horrible meurtre (pendaison des anarchistes de Chicago) eut été exécuté, je jurai dans mon cœur de défendre la cause de ces hommes assassinés... » (R. F. 24.)

«... Tout en gardant encore la foi sincère dans un bon Dieu, de temps en temps des doutes sur sa bonté et sa justice s'élevaient dans ma pensée enfantine.... » (W. D. 30.)

Une attentive lecture de ces extraits confessionnels montre bien l'existence, dans la cérébralité philosophique de l'anarchiste socialiste du caractère « sentiment de justice. » On remarquera que la nationalité n'influence point l'expression de ce sentiment de justice, aussi prononcé chez l'Anglais que chez l'Espagnol, chez le Français que chez l'Italien, chez le Suisse que chez le Juif russe. La profession non plus n'agit point sur ce sentiment pour l'exagérer ou l'atrophier, car bien diverses sont les professions de tous ces individus. D'autre part on observera que ce caractère psychique n'est pas aussi développé que l'altruisme et l'esprit de révolte. Chez certains, le sentiment de justice est resté presque à l'état d'embryon, dans un état de développement moindre et alors l'individu ne perçoit pas que les phénomènes sociaux blessent son idéal de justice. Le même individu a conscience — il perçoit — que ces mêmes phénomènes lèsent son sentiment d'amour pour autrui, mais il n'en a pas conscience pour son sentiment de justice, moins développé. Aussi il ne note pas cette lésion. Aussi nous pouvons déduire de là que, dans la mentalité philosophique du socialiste-anarchiste, le sentiment de justice existe bien toujours, mais il est quelquefois dans un état si embryonnaire qu'il faut un examen attentif pour le déceler.

Nous avons vu que rationnellement, par suite des précédents caractères psychiques, s'induisait l'existence du caractère mental « sentiment de justice. » Nous avons vu que de l'observation se déduisait l'existence du même caractère. L'analyse des doctrines professées révèle de même que leurs adeptes doivent posséder cette même caractéristique psychique. En effet ces théories, qui figurent en des publications de toutes langues, font appel au sentiment de justice, parlent au nom d'un certain idéal de justice, critiquent comme injustes certains phénomènes sociaux; elles tendent donc à faire croître en les encéphales humains le sentiment de justice, et à donner aux individus une notion de plus en plus élevée — selon leurs auteurs — de la justice.

Les fragments suivants que nous empruntons à des publications de propagande montreront qu'il en est bien ainsi.

« Le droit au bien-être, voilà ce que les anarchistes réclament. C'est pour l'assurer à tous les êtres humains qu'ils prêchent l'abolition de la propriété, de l'autorité et de toutes les institutions actuelles, qui sont injustes parce qu'elles ne servent qu'à maintenir la majorité laborieuse sous le joug d'une minorité férocement égoïste... Dans la société communiste-anarchiste, toute injustice sociale devra disparaître, par conséquent nous reconnaîtrons la supériorité des individus les plus développés, mais nous ne leur en ferons aucun mérite, car ce serait illogique et inutile.... La commune anarchique donnera à chacun selon ses besoins et recevra de chacun selon ses moyens. C'est la manière d'agir la plus juste et la plus naturelle.... » (*Les Anarchistes et ce qu'ils veulent.* p. 10, 19, 21.)

«.... Par nos poumons nous avons le droit de respirer, par notre estomac nous avons le droit de manger, par notre cerveau nous avons le droit de penser, par notre langue nous avons le droit de parler, par nos oreilles nous avons le droit d'entendre, par nos yeux nous avons le droit de voir, par nos jambes nous avons le droit d'aller et de venir. Et nous avons droit à tout cela parce que par notre être nous avons le droit de vivre.... parce que tout cela constitue la vie. Ce sont là les vrais droits de l'homme! Nul besoin de les décréter; ils existent comme existe le soleil. Ils ne sont écrits dans aucune constitution, dans aucune loi, mais ils sont inscrits en caractères ineffaçables dans le grand livre de la nature et imprescriptibles.... Par le fait de notre naissance nous devenons copropriétaires de l'univers entier et nous avons le droit à tout ce qui est, à tout ce qui a été et à tout ce qui sera. Chacun de nous acquiert par sa naissance droit à tout, sans autres limites que celles que la nature elle-même lui a posées, c'est-à-dire la limite de ses facultés d'assimilation.... Mais tant que vous n'aurez pas fait en sorte que nous puissions, nous les *hors-parts*, les parias, vivre sans nous assimiler constamment des éléments que nous prenons dans le grand tout, nous aurons droit comme vous à ce grand tout et à chacune de ses parties, car nous sommes nés comme vous, nous sommes semblables à vous, nous avons des organes et des besoins comme vous, et nous avons droit à la vie et au bonheur comme vous.... Mais le triomphe de la philosophie naturelle est assuré, car elle est supérieure à toute théorie philosophique, à toute autre conception morale, *parce qu'elle ne revendique aucun droit pour les uns qu'elle ne revendique également pour les autres, et qu'étant absolue égalité*, elle porte en elle-même l'absolue justice. » (*Déclaration* d'ETIÉVANT, p. 18, 19, 20, 24.)

« Nous partons de ce principe que chacun doit travailler et que chacun doit avoir autant de bien-être qu'il est possible. Un homme ne peut vivre dans ce monde sans travailler ; s'il ne travaille pas lui-même, il doit vivre sur le travail des autres, ce qui est injuste et nuisible. Mais évidemment vous comprenez que lorsque je dis : tous doivent travailler, je veux dire : tous ceux qui le peuvent. Les invalides et les vieillards doivent être à la charge de la société parce que les sentiments humains nous interdisent de laisser souffrir quelqu'un.., Mais les choses de première nécessité (pain, logement, eau, etc ,) doivent être assurées à chacun sans s'occuper de la quantité de travail qu'il fasse. Quelle que soit l'organisation adoptée, l'héritage cesserait d'exister parce qu'il n'est pas juste qu'un naisse riche et qu'un autre naisse pour être affamé et pour peiner. Même, si nous admettons que chacun est absolument maître de ce qu'il produit et puisse faire des économies, ces économies, lors de la mort du propriétaire, doivent retourner à la communauté. Les enfants doivent être élevés et instruits aux frais de tous, de façon à leur procurer le plus grand développement et la meilleure instruction qu'il est possible. Sans cela il ne peut y avoir ni justice ni égalité, le principe du droit de chacun aux instruments de travail serait violé; il ne suffit pas de donner aux hommes la terre et les machines si on ne les met pas aussi dans la condition d'en faire le meilleur usage possible.... En ce qui regarde la vérité et la justice, le nombre n'a rien à faire. Un peut être en droit contre cent, contre cent mille, contre tout le monde.... Ainsi les principes d'égalité et de justice sur lesquels la société doit être basée ne seront pas violés... » (E. MALATESTA, — *A Talk about anarchist communism*..... pp. 7, 8, 28.)

« L'ouvrier réclame sa part dans les richesses qu'il produit... ; il réclame non seulement quelque bien-être additionnel mais encore ses pleins droits dans les jouissances élevées de la science et de l'art. Ces réclamations... commencent maintenant à être faites par une minorité quotidiennement croissante parmi les travailleurs de l'usine ou de la terre; conformes à nos sentiments de justice, elles trouvent appui dans une minorité quotidiennement croissante même parmi les classes privilégiées... Enfin, l'injustice de notre répartition des richesses exerce le plus déplorable effet sur notre moralité... Nous concluons : Les moyens de production et de satisfaction de tous les besoins de la société ayant été créés par les efforts communs de tous doivent être à la disposition de tous. L'appropriation particulière des choses nécessaires à la production n'est ni juste ni bonne... La commune possession des choses nécessaires à la production implique la jouissance commune des fruits de la production commune ; et nous considérons qu'une organisation équitable de la société peut seulement être établie quand le salariat aura été abandonné, quand chacun, contribuant pour le bien-être commun au plein développement de ses capacités, jouira aussi du commun capital social pour la plus possible complète satisfaction de ses besoins... » (P. Kropotkine. — pp. 5, 18, 20, 21. — *Anarchist-communism...*)

« Une morale tout à fait neuve va se développant dans les bas-fonds sociaux ; morale toute d'amour et de justice par laquelle des millions de déshérités se donnant la main au-dessus des frontières se proclament frères... Au nom de la loi morale naturelle, maintenant est commencée la lutte décisive qui doit irrévocablement mettre fin à toute loi, à toute apparence de tyrannie, d'égoïsme ; lutte furieuse... qui prépare une ère nouvelle de paix et de justice. Le jour que le despotisme, le privilège, la corruption, la basse envie.. que des milliers d'années accumulées de pouvoirs civils et religieux ont produits, n'auront plus de raison d'être, ils disparaîtront ; — la loi morale naturelle... vivifiée par le très pur rayon de la vraie justice donnera des fruits que le penseur lui-même ne peut prévoir... » (Edoardo Milano. — pp. 46, 47. — *Primo Passo all'Anarchia.*)

« L'anarchie veut que le monde soit fondé sur les solides bases de la justice et non autrement... Si les hommes se sont accoutumés au despotisme et à la misère, comment ne pourraient-ils pas s'habituer à l'amour, à l'égalité et à la justice ?... » (SERGIO DE COSMO. — *Anarchia.* — pp. 75, 76. — publié dans *Segundo Certamen socialista.*)

Les extraits précédents ne laissent prise à aucun doute. Ils prouvent que les théoriciens du socialisme anarchique parlent au nom d'un idéal de justice et par suite tendent à développer — chez ceux qui les suivent, qui acceptent leurs doctrines — le même idéal de justice et à faire croître le sentiment de justice en germe dans la mentalité de tout être humain.

Il résulte de toute cette démonstration : dans la mentalité philosophique du socialiste-anarchiste, l'existence des caractères : altruisme, sensibilité, individualisme prédétermine l'existence de la caractéristique psychique : sentiment de justice;

L'analyse des doctrines décèle chez leurs adeptes la présence de ce même caractère;

L'analyse des réponses confessionnelles prouve chez leurs auteurs la présence de ce même caractère.

Donc méthodes rationnelle (par deux voies différentes) et positive arrivent à cette même fin : existence dans la mentalité philosophique du socialiste-anarchiste de ce caractère : sentiment de justice, qui vient se joindre à ceux prédéterminés pour spécifier l'état essentiel de l'anarchiste-socialiste.

A ce point de notre analyse, nous avons comme caractères psychiques de la mentalité spécifique de l'anarchiste-socialiste : 1° *Esprit de révolte*; 2° *Amour de la liberté;* 3° *Amour du Moi* ou Individualisme ; 4° *Amour d'autrui* ou Altruisme ; 5° *Sensibilité ;* 6° *Sentiment de justice.*

Le socialiste-anarchiste est un individu *révolté, libertaire, individualiste, altruiste, sensitif* et *sensible, assoiffé de justice..*

CHAPITRE VII

DU SENS DE LA LOGIQUE

« Nous croyons qu'une vérité n'a de valeur que quand on y est arrivé par soi-même, quand on voit tout l'ordre d'idées auquel elle se rattache. »

E. RENAN.

Littré définit ainsi la logique : raisonnement enchaîné, suite dans les idées. Le sens de la logique est donc la faculté d'enchaîner un raisonnement, d'avoir de la suite dans les idées ; — nous ne faisons aucune hypothèse sur la justesse ou l'inexactitude du point de départ du raisonnement.

Le socialiste-anarchiste possède-t-il le sens de la logique ? Ce caractère psychique vient-il s'adjoindre à ceux que nous avons trouvés formant la mentalité philosophique des adeptes des Reclus, des Bakounine, des Malatesta, des D. Lum ?

Si on lit attentivement les livres de doctrine et de propagande socialiste anarchiste, on remarque combien souvent leurs auteurs emploient les mots : logique, logiquement. Il semblerait qu'ils veulent développer chez leurs lecteurs le sens de la logique si peu fréquent. Ils ne veulent point, au nom d'une entité quelconque, obliger à croire ; ils veulent convaincre et amener chaque individu à voir par lui-même la vérité qu'ils enseignent. Ces théoriciens s'efforcent d'être logiques, de faire appel à la logique de leurs lecteurs, de parler au nom de la logique.

A l'appui de cette opinion, nous donnons comme preuves les extraits suivants des livres et brochures socialistes-anarchistes :

« ... Pour que l'initiative de l'individu puisse s'adapter librement à l'action d'autres individus, il faut qu'elle soit consciente, raisonnée, basée sur la logique de l'ordre naturel des faits ; ... ce n'est donc qu'une discussion serrée, logique et précise des idées, qui peut ouvrir le cerveau de ceux qui les adoptent et les amener à réfléchir par eux-mêmes. De là notre manière de procéder qui fait que, lorsque nous prenons une idée, au lieu de chercher à en tirer un feu d'artifices de phrases à effet, nous la prenons et la retournons sous toutes les faces, la disséquons jusque dans ses derniers atomes, afin d'en tirer toute la somme d'argumentation possible... Nous ne reviendrons donc pas sur ce que nous avons dit sur sa formation (de la propriété) ; mais si les travailleurs étaient logiques au lieu d'aller se battre pour défendre la patrie... des autres, ils commenceraient par se débarrasser de ceux qui les commandent, les exploitent ; ils inviteraient tous les travailleurs quelle que soit leur nationalité, à en faire autant et s'uniraient tous ensemble pour produire et consommer à leur aise... Cette conduite (des anarchistes en temps de guerre) dépendra des circonstances, de l'état des esprits et d'une foule de choses qu'il ne nous est pas possible de prévoir, nous ne voulons traiter la question qu'au point de vue logique et la logique nous répond que les guerres n'étant entreprises qu'au profit de nos exploiteurs, nous n'avons pas à y prendre part... Notre idéal est de faire de la besogne moins grandiose, moins brillante, mais plus durable. Loin de nous borner à prendre les individus par le sentiment, nous cherchons à les prendre surtout par la logique et la raison... Au lieu de chercher des « croyants » nous voulons faire des « convaincus » ... » (Jean Grave, — *La Société Mourante et l'Anarchie.* — pp. 32, 138, 140, 293, 294.)

« Dans la paix très prochaine de la nature vaincue, les hommes divers referont l'unique humanité. En attendant, l'alliance est facile ; les difficultés sont déjà moins pressantes, les hommes, si rien ne les sépare, peuvent se voir et s'aimer. En face de l'ennemi commun, ils peuvent s'appuyer mutuellement et aussi organiser la lutte. Ajoutons qu'ils le doivent ! La société est un devoir logique. Elle est un des moyens d'expansion que l'intelligence impose à la volonté. C'est toujours la Raison — le Moi définitif, — qui ordonne ; la loi est toujours en nous, l'expression simplement sincère de notre Être...

L'instinct a seulement confirmé la Raison ; la société actuelle fut la très imparfaite réalisation des impérieuses déductions que peut maintenant apercevoir une logique éclairée... L'anarchie admet la société si elle est rationnelle... Or, l'expérience la plus constante, et aussi les conclusions certaines de la mécanique affirment la considérable plus-value des forces combinées. L'addition des efforts est une véritable multiplication... Ainsi la société est obligatoire... Elle est logique, donc morale. Elle devrait être voulue si elle ne devançait pas la volonté ; elle serait un devoir si elle n'était déjà un besoin... » (DANIEL SAURIN. — pp. 69, 70, 71. — *L'Ordre par l'Anarchie.*)

« Une chose est certaine c'est que le parti dont les principes sont basés sur les faits historiques et dont les idéaux ont une base scientifique est le seul qui peut réussir à réaliser ces principes et ces idéaux. Dans cette intention, j'espère réussir à montrer que le communisme-anarchiste est en accordance avec le développement historique, qu'il renferme la philosophie du XIXe siècle et fournit une base scientifique au progrès continu... La loi n'est pas un nécessaire élément de la société humaine. La nature sociable de l'homme, l'action de la population sur les moyens de subsistance poussent les hommes à s'associer pour la satisfaction de l'appétence instinctive de la compagnie de leurs semblables ; ils deviennent ainsi capables de soumettre les forces de la nature et de s'en aider pour la production suffisante à la satisfaction des besoins de la race. De plus, la loi, par une abstraite théorie du bien et du mal, traite l'homme s'il vivait isolé, comme si les forces de l'hérédité, de l'éducation, de l'environnement social, etc. n'avaient pas une part dans la genèse de ses actions... La société n'existe pas à cause de, mais en dépit de la loi, dont la tendance est trop souvent contraire à la naturelle association dont elle pervertit et minimise les bienfaits... » (H. H. Duncan. — pp. 4, 11, 12. — *A plea for Anarchist-Communism.*)

« Nous avons dit en outre que le salariat comme spécifique forme du développement social, ferait place, de par la nécessité de la logique à des formes plus hautes de civilisation .. Certainement je n'ai pas dit (dans le meeting de Haymarket) que nous proposions « d'inaugurer la révolution sociale. » Et laissez-moi dire ici : « Les Révolutions ne font pas plus que les tremblements de terre et les cyclones. Les révolutions sont les effets de certaines causes et conditions. Depuis plus de dix ans, je me suis livré à l'étude spéciale de la philosophie sociale et je n'ai pu avoir dit un tel non-sens... J'ai dit dans *The Alarm* du 9 janvier 1886 que « Le socialisme est simplement un résumé des phénomènes de la vie sociale du passé et d'aujourd'hui, résumé d'après leurs causes fondamentales et leur logique connexion l'un avec l'autre... Cette socialisation des moyens de production, du sol, etc., n'est pas seulement quelque chose de désirable, mais c'est encore une impérative nécessité. Dans toute l'histoire nous trouvons que quand quelque chose est devenue une nécessité, le prochain progrès réalise cette nécessité par suite d'un besoin logique... » (A. Spies. — Défense devant la cour. — pp. 3, 4, 8, 9.)

« Selon notre vocabulaire, anarchie est l'état de société dans lequel l'unique gouvernement est la raison ; dans lequel tous les humains font le bien pour cette simple raison que c'est le bien, et haïssent le mal parce que c'est le mal... L'anarchie est un rêve, pour le moment seulement. Il sera réalisé. La raison croît en dépit des obstacles. » (MICHAEL SCHWAB. — Défense devant la cour. — p. 15. — *The Chicago Martyrs.*)

Il nous serait loisible de faire d'autres citations mais tant longues que mieux vaut ne point le faire. Le curieux, qui personnellement voudrait se convaincre que les doctrines socialistes anarchistes sont imprégnées du sens de la logique, lira ces brochures de propagande.

Qu'il parcoure, fût-ce même rapidement la plaquette de Daniel Saurin : l'*Ordre par l'anarchie* ; ces deux petits chefs-d'œuvre de clarté et de précision qui ont pour titre *Entre Paysans* et l'*Anarchia* et pour auteur E. Malatesta ; cette impitoyable critique, *La Société mourante et l'Anarchie*, livre qui fait penser selon l'expression de M. G. Clémenceau [1] ; ce bref et large exposé de Kropotkine, *Anarchist Communism* ; cette savante étude l'*Anarquia* de Ricardo Mella ; *the Philosophy of Anarchism* d'Albert Parsons, ou les œuvres de Bakounine, etc. ; qu'il parcoure un quelconque de ces livres et il ne pourra avoir en son esprit le moindre doute : la doctrine

1. *Justice*, 25 février 1894 — *La mêlée sociale* — p. 441, 442, — 1 vol. in-18 — Paris 1895.

anarchiste-socialiste est imprégnée de logique. Les théoriciens, les Reclus, les Merlino, les Malato, les C. L. James, les Sébastien Faure, etc. sont des logiciens, s'efforcent à développer le sens de la logique chez ceux qui les suivent.

Que l'on trouve fausse ou vraie la doctrine, peu importe, mais il est une chose certaine qu'elle représente un bel effort de logique et nul n'y pourra contredire.

Cependant, il faut faire une restriction. Il y a plus effort vers la logique que logique réalisée. Si dans l'exposé négatif des doctrines, c'est-à-dire dans la critique des formes sociales contemporaines ou passées, la logique est impitoyable, sans faille d'aucune sorte, on ne peut en dire autant dans l'exposé positif des doctrines anarchistes-socialistes.

Celui-ci n'est point certes dénué de logique, mais elle est lâche et à la chaîne de raisonnement manquent souvent des maillons. Les auteurs s'efforcent à une logique reconstruction sociale et n'y parviennent point. Ils laissent la bride sur le cou à la folle du logis et alors leur imagination les emporte loin. Leur logique au lieu d'être serrée, sans solution de continuité est discontinue, avec des sauts brusques. Les raisonnements s'enchaînent difficilement, on perçoit l'effort, on voit qu'il n'est point toujours couronné de succès.

Donc, d'une façon générale, on peut dire que la doctrine anarchiste-socialiste est logique ou s'efforce de l'être. Elle tend à être logique et par suite à développer chez ceux qui l'adoptent l'esprit de logique.

On conçoit aisément que les adeptes des théories socialistes-anarchistes, trouvant justes et bonnes ces théories à tendances logiques, doivent eux-mêmes posséder cette tendance logique. Auteurs et disciples d'une doctrine sont en nécessaire corrélation avec cette doctrine; celle-ci empreinte de logique, ses auteurs et ses disciples seront des logiciens. On ne peut concevoir qu'il en soit autrement.

Donc, rationnellement nous sommes conduit à affirmer l'existence, dans la mentalité spécifique du socialiste-anarchiste du caractère : sens de la logique.

Comme la logique dans les œuvres de théorie est fortement influencée par l'imagination, nous pouvons déduire que dans les cérébralités le sens de la logique sera modifié, atténué par la sensibilité, la passion. Il sera, d'une façon générale, peu développé, embryonnaire. L'individu aura le désir d'être logique, il appétera vers ce but et s'y efforcera mais sans y parvenir. Chez lui le sens de la logique sera plus à l'état d'aspiration, de devenir, qu'à l'état de réalité. Nous assistons là au développement d'un caractère psychique qui tend de plus en plus à se répandre et à se nettement caractériser mais qui n'arrive point à une caractérisation nette, ni à une expansion considérable.

En somme, la méthode rationnelle nous permet d'affirmer l'existence du sens de la logique dans la mentalité de l'anarchiste-socialiste, mais à un état de développement minime, presque embryonnaire.

La méthode positive conduit-elle au même résultat ? Etudions les extraits suivants des réponses de toutes nationalités que nous reçûmes.

« Mon caractère se distinguait... par ses audaces intellectuelles mais secrètes, par le sens de la logique... Ce n'est que... en violentant ma logique irrésolue que peu à peu et bientôt je m'avouai que ma philosophie était libertaire. » (A. Veidaux.)

« Je suis d'une logique très serrée; je vais jusqu'au bout du raisonnement sans m'arrêter en route, quelle que soit la hardiesse fatale des conclusions. La plupart de mes critiques ont constaté ce « trop de logique. » (O. 7.)

« Entre temps, je discutai avec les anarchistes, qui me faisaient la contradiction pendant mes campagnes électorales et les trouvai plus logiques que mes amis les politiciens, trop sectaires et enclins aux haines mesquines » (K. 11.)

« ... Je suis devenu anarchiste-communiste par raisonnement, par logique. Je fus très impressionné par l'œuvre et l'exemple de Tolstoï, son abandon de sa fortune, de sa situation, son renoncement me parurent justes et il me semblait logique de suivre son exemple. Devenir pauvre volontairement ! J'hésitai, je n'en eus pas le courage. Dépité, je me remis à l'étude forcenée de la médecine seule ; tracassé toutefois de l'idée du sacrifice... Je revins ; j'avais compris que logiquement je pouvais être anarchiste-communiste sans renoncer à ma situation, sans devenir pauvre volontairement. » (Dr H. 6.)

« Raisons qui m'ont conduit à l'anarchie : 5° la logique, l'honnêteté... » (I. 5.)

« Il est temps de vous avouer, monsieur, que bien que l'on m'accorde généralement un peu de bon sens, jugement, clairvoyance, si répandue d'ailleurs, mon esprit n'a jamais su s'accommoder des solutions moyennes et que toujours, avec « outrance » je vais jusqu'au bout de mes idées, jusqu'à leur dernière conséquence logique... Je fus conquis par l'Anarchie dès que je la connus et je suis aujourd'hui pleinement satisfait de cette doctrine absolue où ma pensée se sent en repos au service de son développement logique. » (Ph. D. 4.)

« Comment je suis devenu anarchiste ? C'est par instinct, par raison, par besoin... On nous reproche notre esprit révolutionnaire ! « Comptez plutôt avec le temps, nous dit-on, sur les progrès de la morale, de la science et des arts, pour améliorer le sort de l'humanité. » Mais ceux qui jouissent actuellement des prérogatives, veulent les conserver et les léguer à leurs descendants. Pour défendre leurs fortunes et leurs privilèges, tous les moyens leur sont bons, même le crime, qu'ils se contentent de déguiser sous la défroque des lois. Et si les tortures de cette tyrannie dissimulée font éclater parfois des faits brutaux, comme un choc allume la poudre, à qui s'en prendre? La logique explique dès aujourd'hui la conduite de ces révoltés, comme l'histoire la fait excuser par l'exemple d'antécédents nombreux... » (B. 2.)

« Je puis ajouter qu'avant d'être anarchiste, j'étais ballotté entre cent systèmes philosophiques; aujourd'hui hégelien, demain pessimiste, ensuite catholique, que sais-je? J'étais comme un volant entre les raquettes de ces fantômes qui s'amuseraient parmi les ruines. Depuis que j'ai *compris*, depuis que je ne crois plus, depuis que je suis anarchiste, en un mot, j'ai acquis la lumière intérieure, la *conviction* inébranlable, la sérénité. Tous les jours je médite l'Idée, tous les jours c'est avec une joie nouvelle; tous les jours l'horizon s'élargit et l'avenir humain m'apparaît plus beau, car je vois que l'Anarchie ne peut pas ne pas se réaliser effectivement, car je vois aussi qu'elle est réalisée virtuellement puisque nous la portons en nous. Naguère je faisais des actes de foi et je méprisais mes adversaires. Aujourd'hui je *raisonne* et je plains ceux qui sont dans les ténèbres... » (A. RETTÉ.)

« Je suis anarchiste de raison pure .. » (SÉVERIN L.)

« Je crois que c'est le seul état rationnel de société... » (T. W. B. TURNER.)

« Parce qu'il ne me suffit pas d'accepter l'opinion courante sur ce qui peut m'intéresser, mais je suis poussée à examiner les faits par moi-même et leur raison logique autant que j'en suis capable... J'eus la bonne fortune de faire la connaissance de deux savants anarchistes. L'un, grâce à son esprit de moralité, me fit plaisir du côté moral et émotionnel de la question pendant que le clair et logique esprit de l'autre me convainquait intellectuellement.. » (H. 12.)

« Vers cette époque, je lus *Dieu et l'Etat* de Bakounine et j'eus conscience d'être énormément impressionné par la claire, l'intrépide et convaincante logique qu'il montrait pour disséquer nos institutions politiques et sociales... » (A. M. 27.)

« Je suis un anarchiste parce que je crois qu'aucun état de société autre que celui d'anarchisme-communiste ne peut conduire à une conclusion logique, juste et humaine... » (D. K. C. M. 17.)

« Enfin je suis une anarchiste par suite de mes sentiments, et de mes idées acquises par une étude raisonnée... Je ne puis oublier l'appoint (pour devenir anarchiste) de la vie pratique et rationnelle des communistes d'Oneida dont j'eus connaissance dans le livre d'un Américain il y a quelques années... » (N. W. 19.)

« Tout le progrès industriel tend vers une division du travail de plus en plus grande. Plus le progrès marche, plus la production des richesses devient une fonction sociale requérant un nombre de plus en plus grand d'individus pour l'accomplir! Alors la production étant une fonction sociale, la jouissance doit l'être aussi parce que la jouissance est la corrélation nécessaire de la production. A moins que jouissance et production ne s'accomplissent conjointement, la production ne donne pas tous ses bienfaits sociaux. Ceci est vrai, et la seule voie pour assurer la jouissance sociale est alors la propriété sociale; il en résulte que la propriété commune implique logiquement la possession commune des richesses acquises par les membres de la communauté... » (W. H. Van Ornum.)

« Quoique très dévoué à un moment, une attentive observation de diverses sectes, la découverte de contradictions flagrantes dans le livre sur l'autorité duquel la foi chrétienne est basée, me conduisirent d'abord à chérir quelque sorte de déisme à la Spinoza; mais enfin par le processus d'un raisonnement logique, je devins un athéiste... » (O. Gutzkow.)

« C'est pourquoi la propriété a créé des conditions économiques qui nécessairement ont produit l'exploitation de l'homme par l'homme. D'ailleurs, les richesses sociales peuvent être considérées comme le produit du labeur des générations du passé et du présent. Or ce labeur est si complexe qu'il est tout à fait impossible de limiter la part de chacun. Le communisme est donc selon moi, une chose de droit et de raison. Actuellement il est aussi une chose de nécessité. L'évolution économique de notre temps est cause, en effet, que la vie sociale sans le communisme, est de plus en plus une impossibilité... » (J. Methofer.)

« Une discussion avec un anarchiste me dessilla les yeux; ayant trouvé juste son raisonnement, je me suis mis dans les rangs de ceux qui, à l'avant-garde, combattent âprement pour la disparition des iniquités sociales... » (Lidée.)

« Tout individu, pour limitée que soit son intelligence, a toujours la tendance à vouloir être heureux. Le bonheur de chaque individu existe dans la satisfaction de ses propres sentiments et passions. L'activité que déploie l'homme pour réaliser son bonheur, représente une lutte qu'il doit soutenir dans le milieu où il vit. La lutte oblige d'avoir une logique, de laquelle se déduit une morale. Ainsi se forme le caractère qui se transforme selon le mode de lutte qui le fait agir... » (G. P. 20.)

« L'homme ne doit pas se satisfaire avec cette explication: Dieu. Il doit, de plus, chercher les explications par sa raison. Pour cela, il est besoin d'abattre les préjugés religieux... » (Z. B. 26.)

« Convaincu de la logique des idées que je soutiens... » (MANUEL RECOBER.)

« Parce que je suis complètement convaincu que le communisme-anarchiste est le système économique le plus juste et le plus rationnel, vu qu'il est celui qui se conforme le plus aux lois sublimes et irrévocables de la nature... Je suivis le courant que malheureusement suit la jeunesse d'aujourd'hui en m'abandonnant à des amusements grotesques et vides qui conduisent seulement à la corruption, mais heureusement bien vite je commençai à raisonner; je dirigeai un coup d'œil investigateur sur la société actuelle et je la vis submergée sous le plus vil despotisme... Cette société n'a pas de raison d'être, sa logique est sur la pointe des baïonnettes, m'écriai-je alors!... » (J. E. MARTI.)

« J'acceptais ce que ma raison me disait être bon sans être jamais inspiré par le dépit ou par la haine... » (JOSÉ PRAT.)

« Je suis anarchiste-communiste, parce que je crois logique que chacun contribue à la production selon ses facultés et consomme selon ses moyens... » (AGUSTIN SINERIZ.)

« Je suis anarchiste, parce que l'anarchie satisfait pleinement et crânement, outre ma raison et mes sentiments... Depuis peu de temps, je suis anti-vaccinateur et suis convaincu de l'inutilité de la vaccine, puisque outre que ma raison est plus satisfaite de cette hypothèse, je vois s'écrouler tout l'échafaudage de fonctionnaires, de parasites vivant de ce mensonge, je vois tomber un monopole... » (S. P. 29.)

Il ressort des citations précédentes que le sens de la logique existe chez certains des individus questionnés qui notent leur esprit logique, qui veulent satisfaire leur raison. Même chez quelques-uns, on remarquera que ce sens de la logique est à ce point exaspéré qu'ils sont dits des « logiciens outranciers. »

Observons cependant que nous ne pouvons directement noter l'existence de ce sens de la logique seulement chez un tiers des enquêtés, alors que les autres caractéristiques psychiques se révèlent dans les 10/11 des confessions.

Il résulte de là que l'observation confirme ce que rationnellement nous avons déduit; le sens de la loque est seulement à l'état embryonnaire ou tout au moins dans un stade de développement bien moindre que les autres caractères psychiques déjà déterminés ou à déterminer.

Ce qui confirme encore nos déductions, c'est que l'étude des réponses — de ceux qui ne notent point leur esprit logique ou leur souci de satisfaire à leur raison — montre chez ces individus de toute nationalité, de toute classe sociale, de toute profession un bel effort pour être logique. C'est par une série de raisonnements, assez souvent bien enchaînés, qu'ils sont conduits à l'adoption des doctrines anarchistes-socialistes. Mais, dans cette chaîne de raisonnements, manquent quelquefois des maillons et les conclusions que ces individus déduisent laissent souvent à désirer comme logique. Des facteurs — et il en est tant — dans la genèse des phénomènes sociaux leur échappent et leur raisonnement s'en ressent. Ils sont généralement très émotifs et sensibles, leur affectivité influe alors sur leur sens de la logique qui s'atténue considérablement au point de disparaître pour un œil non exercé. Leur *amour* de la *liberté* et d'*autrui* est très grand, et certains sous l'influence exaspérée de cet amour, aspirent à être les *maîtres*, *haïssent* les bourgeois et appètent la *vengeance*. Leur sens de la logique est obnubilé par leurs autres sentiments.

Malgré ce développement moindre du sens de la logique, on perçoit aisément que les socialistes-anarchistes tendent à être convaincus par la raison de la vérité des doctrines dont ils sont les adeptes, et non à y croire par la foi aveugle. Ils s'efforcent d'être *conscients*, d'expliquer la genèse de leur opinion philosophique par une série d'idées enchaînées les unes aux autres, chaîne qu'ils essaient de faire aussi serrée que possible. Ils tentent d'être logiques, ils désirent posséder ce caractère psychique : sens de la logique. Toutes leurs réponses prouvent cet effort énorme vers l'enchaînement serré des idées, vers la logique impitoyable des raisonnements. Le lecteur en jugera par les extraits suivants.

« Jeune homme dans mon pays (sud-ouest de la France) j'étais un enragé royaliste. De Mun, de Cassagnac étaient mes dieux, j'étais très content quand ils tapaient ferme sur le gouvernement. Je vins à Paris où ne trouvant pas d'ouvrage, j'ai souffert la misère la plus grande.... Enfin j'eus du travail. Je lisais alors l'*Intransigeant*; j'étais devenu un royaliste moins farouche ; et me réjouissais de l'opposition faite au gouvernement par les boulangistes et les révolutionnaires. Le hasard chez un ami me fit tomber sur une brochure de Malato. Elle me plut beaucoup, donna un corps à mes idées ; je fus convaincu. Je me mis alors à étudier..... (D. 3.)

« J'ai cru que non parce que malgré tout je suis optimiste, c'est-à-dire que je crois qu'il y a quelque chose à attendre de la vie, sinon immédiatement du moins dans le futur, sinon pour nous, du moins pour ceux qui nous suivront. Le chemin parcouru depuis les origines m'a fait croire qu'il était possible de marcher plus avant. Pendant quelque temps j'ai cru que les panacées du socialisme suffiraient, mais bientôt la façon dont elles étaient présentées par les marchands d'orviétan qui les vendent, m'en dégoûta, et d'ailleurs j'en compris la vanité. L'histoire future m'apparut sous un autre jour. Jusqu'à présent les révolutions n'ont été faites que pour changer le mode du gouvernement, c'est-à-dire pour substituer une autorité à une autre autorité. C'est pour cela que l'œuvre des révolutions a été caduque, si elles ont été bonnes, c'est parce que la plupart ont diminué le pouvoir de l'autorité, ou tout au moins y ont porté atteinte, mais elles ont été mauvaises parce qu'elles ont laissé subsister le principe d'autorité. Les socialistes ne feraient ni plus ni moins ; ils créeraient un état nouveau, une contrainte, une puissance au-dessus de l'homme, dominant, entravant, enfermant l'individu. Aussi n'ai-je pu être socialiste et je suis devenu anarchiste parce que tout le mal dans ce monde vient de l'autorité, de ce fait monstrueux, qu'un être, une collection d'êtres s'imaginent pouvoir diriger d'autres êtres qu'eux-mêmes, des êtres qui ne leur sont jamais adéquats, sur lesquels par conséquent ils ne devraient pas avoir prise.... Ce sont ces convictions lentement et abstraitement élaborées qui m'ont rendu anarchiste..... » (BERNARD LAZARE.)

« Ce préambule établi, je crois que la lecture des journaux quotidiens, si pauvres, si lâches et toujours si méprisables a de prime abord contribué aux évolutions successives par lesquelles je suis passé, venant du rouge ordinaire, passant au rouge le plus violent pour devenir absolument incolore avec le seul mépris des écoles, vivant sur autrui au lieu de vivre pour... L'autre pourquoi, c'est que si j'élève ma pensée vers les forces aveugles de la nature, vers son espace et son éternité vers ses soleils qui ne sont que des chandelles mal mouchées par rapport à ces ténèbres si grandes et, immédiatement si je fais un retour sur les choses d'ici-bas, ma vie alors n'est rien, mon existence est nulle, ne sachant pas même si je suis voulu ou accidentel, il ne reste qu'une chose grande en moi, c'est ma pensée. » (A. 15.)

« Comment je suis devenu anarchiste? Cette évolution ne s'est accomplie que graduellement. Comme beaucoup j'en ai souffert (des conditions sociales)...... D'abord républicain je n'étais pourtant pas satisfait de l'idéal confus que j'imaginais. Je m'intéressais aux conceptions plus ou moins socialistes émises par des journaux et des brochures. D'autre part mes lectures..... Enfin, il y a environ dix à onze ans j'eus l'occasion de lire les journaux anarchistes lyonnais, puis ensuite le *Révolté* et la *Révolte*. Je compris que c'était là l'idéal le plus en rapport avec les aspirations de l'homme vers son intégrale liberté. Depuis cette conviction n'a fait que s'affirmer en moi. Je n'ai pas été séduit seulement par la grandeur et l'harmonie de la conception anarchiste, mais aussi parce qu'étant la plus conforme aux aspirations humaines, elle doit être la plus pratiquement réalisable. » (M. 14.)

« Enfin je devins libertaire ou si vous voulez anarchiste beaucoup plus par l'observation des phénomènes sociaux que par la lecture des théoriciens anarchistes. Certes je m'intéressai aux brochures et aux livres de Grave, Malato, Kropotkine, etc. Certes je lus avec attention toutes les semaines la *Révolte*, mais malgré tout je restais socialiste-collectiviste nuancé d'autoritarisme. Une théorie pour être acceptée doit être basée sur des faits d'observation ou d'expérimentation. Je cherchai donc à vérifier les doctrines anarchistes, celles relatives à l'autorité qui seules la différencient des autres écoles socialistes. Pour cette vérification j'observais la vie quotidienne. Je vis que l'autorité engendrait plus de nuisances qu'elle n'en empêchait et j'en déduisis *logiquement* la négation de l'autorité, la nécessité de sa suppression.... » (O. 7.)

« Vers cette époque (1889 ou 90) un numéro de la *Révolte* me tomba entre les mains et dès lors je continuai à me procurer ce journal, non à cause de la doctrine que je réprouvais, mais à cause du supplément littéraire qui s'y trouvait et qui m'amusait. Peu à peu l'idée anarchiste se dégagea, s'infiltra dans mon esprit et un jour je m'aperçus que lentement, par étapes, j'en étais arrivé à rayer les différentes entités auxquelles j'avais eu foi si longtemps : autorité, patrie, famille..... Ce jour-là je fus heureux.... » (P. 10.)

« Mon éducation fut religieuse. J'ai ressenti profondément, passionnément la religion, et c'est en elle que j'ai trouvé mon existence la plus intense. Mais là encore j'ai rencontré l'oppression et j'ai dû lutter encore contre elle au plus intime de mon être. J'ai été chrétien malgré les prêtres, malgré les formes étroites où l'on voulait enfermer mon sentiment ; sa liberté, son intégrité se défendaient contre tout ce qui tendait à le mécaniser. Il ne s'éteignit pas même lorsque les dogmes ne lui suffirent plus et qu'il dut les abandonner, et la lutte fut alors entre cette âme vivante et libre et les formes nouvelles, systèmes philosophiques, ou méthodes morales qu'elle se donnait successivement et où très vite elle se trouvait enfermée en des limites toujours insuffisantes, au point que sa recherche devint un vertige fatigant qui se termina par le sommeil. Pour ne pas recevoir de lois, même de moi-même, j'avais renoncé à toute pensée certaine, à toute conception où j'aurais reposé ma vie. Je ne crus plus qu'à mon émotion quel qu'en fut l'objet et je reconnus en elle le principe et le critérium de la beauté. — Mais l'émotion devait nécessairement me faire supposer la vie qui la produit, la vie avec ses déterminations diverses, qu'on les appelle le bien et le mal, la passion, l'intérêt, l'amour etc.... » (M. Pujo.)

« Les années passèrent, je connus la lutte pour l'existence, les jours sans pain et les longues étapes dans la neige, avec aux pieds des souliers éculés. Je vis mes dernières économies fortement éprouvées par de longs chômages, disparaître dans la poche des tenanciers du bureau de placement ; je fus sur le seuil de la suprême délivrance, à bout de force, à bout de misère. Je ne sais pourquoi j'hésitais. Une place promise, du travail entrevu me sauvèrent la vie. On spécula sur ma pénurie et le patron qui m'embaucha me paya d'autant moins que j'étais plus misérable (dans le sens du mot misère). Je n'avais jamais mendié, jamais volé ; j'avais suivi seul, sans soutien, ce qu'on appelle le droit chemin. Pour récompense j'eus la consolation d'être exploité plus audacieusement que quiconque. Je constatai cette chose : on me laissait mijoter dans la mistoufle et l'on ne m'offrait du travail que lorsque j'étais tout à point pour n'avoir plus ni le droit ni la possibilité de débattre mon salaire.... Enfin vinrent des jours meilleurs, le hasard me servit. J'améliorai un peu ma situation, mais dans ma rude adversité, le germe de la révolte que Victor Hugo avait semé en mon cœur s'était développé. Je lisais alors le *Cri du Peuple;* les articles de Vallès m'enflammaient, son *Jacques Vingtras* qui parut en feuilleton, le *Germinal* de Zola qui suivit me tracèrent la voie. Je fis partie d'un groupe révolutionnaire. Toutefois il me restait encore quelques sympathies pour ce qu'on appelle le patriotisme. Le régiment par lequel je passais en fit table rase. Je vis la gloire militaire telle qu'elle est, et l'honneur du noble métier pour ce qu'il vaut. Le régiment fut pour moi l'école de l'antipatriotisme... » (S. 1.)

«.... Et quoi qu'il m'en coutât beaucoup j'arrivai très vite à cette grave constatation que le mal dont on se plaint résulte de ce que tous les hommes dépensent des utilités économiques (pain, viande, meubles, maisons, vêtements, etc.) alors que relativement peu d'individus en produisent; que ceux qui ne font rien, économiquement parlant, vivant aussi bien et même mieux que ceux qui produisent, il faut nécessairement que ceux-ci travaillent, non seulement pour subvenir à leurs propres besoins, mais encore pour entretenir ceux qui ne produisent pas; enfin que le système de la propriété individuelle exigera toujours pour son service et sa sécurité, quoi qu'on en dise et quoi qu'on fasse, toute une immense légion de non-producteurs, soldats, marins, douaniers, policiers, gendarmes, magistrats, hommes de lois, employés et fonctionnaires de toute sorte, lesquels y compris les rentiers et les propriétaires ne cultivant point leur propre fonds, seront malgré toutes les réformes imaginables, nourris, vêtus, entretenus par tous ceux qui remplissent une fonction réellement utile dans la société. Je me livrai à l'examen le plus consciencieux, le plus approfondi du communisme-anarchiste, et fus bientôt contraint de reconnaître que cette conception libertaire était enfin la solution cherchée.. .. » (SÉVERIN L....)

« Et voyant que les conditions des prolétaires ne peuvent être améliorées par les méthodes parlementaires, j'ai embrassé l'Anarchisme.... » (ERNEST YOUNG.)

« Je commençais à penser qu'un tel état de choses, où la classe qui produit toute la richesse est forcée de vivre en une perpétuelle misère, était injuste.... J'étais attiré par ce que disait l'orateur : La propriété privée des moyens de production est la cause de la pauvreté..... Après avoir travaillé deux ans avec le parti socialiste et voyant comment ces hommes étaient corrompus par la politique et voyant que la lutte du travail.... était un combat pour la liberté économique et commençant à voir que les gouvernements sont distinctement opposés à la liberté, je joignis ce parti.... l'Anarchisme.... » (F. W. 8.)

« Le gouvernement est nécessaire aujourd'hui dans l'intérêt des riches pour protéger leur soi-disant propriété ; avec le communisme le gouvernement serait inutile parce que si les travailleurs peuvent produire suffisamment pour tous, ils seront aussi aptes à administrer le tout sans le gouvernement de quelques individus. Je préférerais comparer le communisme anarchiste à une vraie famille. Si, pour le moment, le revenu d'une famille est suffisant pour fournir à tous leurs besoins, les parents ne donneront pas trop à l'un et pas assez à l'autre, mais ils traiteront tous également, c'est la part communistique de l'arrangement. Maintenant, en ce qui concerne la part anarchiste, un véritable père apprendra à ses enfants à faire ce qui est bien au lieu de les négliger et de les punir alors pour cela, il ne les punira pas non plus s'ils commettent quelque chose de mal parce qu'il sait que les punitions ne donnent rien de bon. J'appliquerai ce système à la totalité de la famille humaine et cela, je pense, avec de bons résultats..... » (A. BIRD.)

« Je devins un anarchiste en découvrant que le gouvernement monarchique, républicain ou de quelque sorte que ce soit est toujours en faveur du monopole ou privilège de quelque genre que ce soit. Que ce soit le monopole des moyens d'existence ou le monopole des connaissances, les résultats seront les mêmes, deux classes dans la société l'une dominant l'autre..... En découvrant aussi que la religion a toujours pourchassé et excommunié la science et ses disciples. Et en découvrant que toutes les religions (autres que la religion d'humanité qui est anarchie) sont basées sur ce qui est partiellement faux et partiellement vrai; les plus dangereuses ne se basent point sur les connaissances scientifiques seules, mais sur des raisonnements sur des divers phénomènes de la nature, avant que la science n'ait démontré leur réelle nature, etc. En découvrant que les divers partis politiques, la sociale Démocratie incluse, conserveraient dans l'avenir une grande quantité d'idoles du passé et du présent... » (HENRY CAMPBELL.)

« Je suis un anarchiste parce que l'anarchisme, dans ses présentes lignes générales clairement définies, me semble si naturel, si bien conforme à ma manière de penser que je ne puis m'empêcher d'être en accord avec lui. Je le regarde comme le plus haut idéal que l'esprit puisse concevoir... » (C. H. 13.)

« Je réfléchissais que là-bas dans les bruyères j'étais chez des gens qui dépensaient en une journée pour satisfaire de vains caprices le nécessaire de plusieurs familles et cela sans rien produire. Je réfléchissais que moi au contraire courbé sous un labeur éreintant depuis le matin jusqu'au soir, je gagnais à peine la moitié de mon nécessaire.... Je regardais autour de moi et je constatais que la même misère existait chez mes frères de travail. Je me dis ce n'est pas cependant ainsi que la nature nous a créés, nous sommes victimes d'un vol impuni, d'un vol protégé... » (CHARLES HANSENNE.)

« Un jour je me rencontrai avec un homme qui me dit : Tout ce que propagent les républicains est une farce, leur liberté est très mal comprise, comme on le voit si on regarde ce qui se passe dans toutes les républiques d'Europe et d'Amérique. Je regardai et je compris qu'il avait raison... » (FRANCISCO FREISCAS.)

« La propriété individuelle est un vol, comme dit Proudhon et le vol est sans conteste un crime et le crime mérite en tous sens d'être flétri et combattu. Personne n'a créé la terre, elle est œuvre de la nature et il est naturel qu'elle appartienne à tous... Vous allez écrire un livre et vous direz : ce livre c'est le mien, parce que c'est moi qui l'ai écrit ; selon moi cela n'est pas exact ; le livre n'est pas exclusivement le sien, c'est un effet auquel plusieurs ont concouru. Ni l'encre, ni la plume, ni les caractères ni la machine à imprimer ne sont l'œuvre de celui qui écrit le livre, et sans cela il ne l'écrirait pas. Si le maître ne lui avait pas enseigné à lire et à écrire, si la société ne lui avait pas donné la possibilité d'étudier et fourni la cause qui l'occasionne, est-ce qu'il l'écrirait? Non certainement, et par conséquent le livre appartient à la société qui en bénéficie et qui en conséquence doit à l'auteur ce qui est nécessaire pour *tous* ses besoins... » (PALMIRO.)

« Je devins anarchiste en voyant les crimes et les trahisons des hommes d'ordre et des accapareurs de la richesse sociale. Je réfléchis sur les conditions misérables de mes compagnons d'atelier... J'observai que les magasins étaient pleins de vivres tandis que nous avions faim, et ma raison se refusait à croire possible une telle ignominie. Je cherchai les causes de notre misère et je les trouvai dans la propriété, dans la religion et dans la patrie... » (MARIANO LAFARGA.)

Ainsi, que l'individu soit un intellectuel ou un non instruit, c'est toujours par suite d'une chaîne de raisonnements qu'il arrive à l'adoption des doctrines anarchiques. Peu nous importe que le raisonnement initial soit juste ou faux, ce qui vaut, c'est la constatation d'une suite d'idées amenant à partager l'opinion des théoriciens de l'Anarchie. L'individu assiste en témoin ou en agent aux phénomènes sociaux ; il les observe, les compare et en tire des déductions par un enchaînement d'idées, une suite de raisonnements plus ou moins serrés. Le point de départ, c'est-à-dire le résultat de la comparaison des phénomènes peut être erroné, mais toujours les idées s'enchaînent avec plus ou moins de précision. Si quelque saut brusquement a lieu, ce qui arrive moyennement, l'individu s'est efforcé à bien enchaîner ses idées, à en tirer des déductions logiques. S'il n'a pu arriver à être absolument logique, son effort a été grand pour y parvenir. Il avait le désir, la volonté même d'être logique.

L'adepte des doctrines socialistes-anarchistes est un individu conscient venu par la réflexion à la conviction que ces doctrines représentent la Vérité ? Telle est la conclusion qui s'impose après examen des confessions, et cela que l'Anarchiste-socialiste ait reçu une instruction classique ou que tout jeune il ait été obligé de gagner son pain quotidien.

En somme, tout en étant des sensitifs et des sensibles, les anarchistes-socialistes sont en même temps des gens qui réfléchissent et raisonnent, qui veulent être logiques.

Ce résultat auquel nous ont conduit les successifs examens des théories et des réponses individuelles ne doit pas étonner, car l'étude des professions manouvrières suivies par les anarchistes-socialistes conduit aux mêmes constatations générales. Ainsi dans le *Péril anarchiste* (p. 49), M. Félix Dubois dit textuellement :

« Les cordonniers, les menuisiers, les tailleurs, les parqueteurs, les tisserands, sont les corps d'état qui ont fourni le plus fort contingent au mouvement. Les mineurs y ont pris également une large part, quoique y étant entrés plus tard. Les teinturiers, les mégissiers viennent ensuite.

» C'est en somme les professions sédentaires que l'on voit le plus enclines à l'anarchie. D'autre part, l'ouvrier anarchiste n'est pas en général celui qui travaille dans de vastes ateliers à une besogne commune. De préférence les anarchistes se recrutent parmi les travailleurs qui restent en tête-à-tête avec leur besogne ; le menuisier ou le tourneur qui passe sa journée seul devant son établi ou son tour, et qui peut réfléchir en accomplissant sa tâche ; le tailleur, le cordonnier surtout, accroupis pour le travail souvent machinal de l'aiguille ou du tirepoint, pendant lequel ils ruminent les théories recueillies un peu partout sur les inégalités sociales et le remède à leur apporter [1]. »

Donc, les individus qui, par leur profession, ont possibilité de réfléchir, d'étudier, ont des tendances à devenir anarchistes. Voilà ce qu'on observe en examinant les genres professionnels le plus souvent suivis par les socialistes-anarchistes, c'est dire que ces

1. Dans les réponses que nous eûmes d'Espagnols, d'Argentins, d'Uruguayens, il y a une forte proportion d'ouvriers en tabac, en cigares. D'Angleterre, de Belgique, d'Italie, etc. les réponses donnent aussi une plus forte proportion de professions sédentaires. Notre enquête est donc confirmative de la notation faite par M. Dubois pour la France seule.

personnes deviennent adeptes des doctrines des Malatesta et des Grave par réflexion, par effort vers la logique ou par logique, consciemment enfin.

Donc, analyse des réponses et examen des professions — méthode positive — étude des théories — méthode rationnelle — conduisent à une identique conclusion : Présence dans la mentalité du socialiste-anarchiste du caractère « sens de la logique » dans un stade de développement ou embryonnaire ou légèrement prononcé.

Nous pouvons donc, maintenant, ainsi fixer les caractères psychiques constitutifs de la cérébralité philosophique, spécifique des anarchistes-socialistes : 1° *Esprit de révolte ;* 2° *Amour de la Liberté ;* 3° *Amour du Moi* ou *Individualisme ;* 4° *Amour d'Autrui* ou *Altruisme ;* 5° *Sensibilité ;* 6° *Sentiment de justice ;* 7° *Sens de la logique.*

Le socialiste est un individu *révolté, libertaire, individualiste, altruiste, sensitif* et *sensible, assoiffé de justice,* quelque peu *logicien.*

CHAPITRE VIII

DE LA CURIOSITÉ DE CONNAÎTRE.

« Il faut toujours enseigner la vérité aux hommes. »

D'ALEMBERT.

Dans la cérébralité anarchiste-socialiste nous avons prouvé par l'observation et aussi rationnellement l'existence des caractéristiques : Esprit de révolte, avec ses modalités, esprit de critique et d'examen, individualisme et tendance à la logique.

Un individu possesseur d'une telle cérébration est nécessairement un observateur, un curieux de connaître, de savoir. Pour cultiver son Moi, il a *besoin* d'apprendre. Poussé par sa tendance à la critique et à l'examen il a *besoin* de connaître. Révolté contre les formes sociales qu'il veut changer, il a *besoin* de savoir toujours davantage, plus ou moins profondément ou superficiellement afin de répondre aux objections que l'on fait à ses critiques de la forme sociale autoritaire, à son idéation de la forme sociale libertaire.

Chez l'Anarchiste-socialiste, la sensibilité, le sentimentalisme sont pondérés par un grand effort vers la logique. Réfléchi et conscient, le socialiste-anarchiste a *besoin* d'étudier plus ou moins minutieusement les organes et les fonctions de la société, afin d'établir sa critique, son idéal. Il a *besoin* d'analyser la société, d'imaginer des remèdes aux inconvénients qu'il constate, ou croit constater, de synthétiser tous ces remèdes en l'idéation d'une société nouvelle.

Rationnellement, l'anarchiste-socialiste a *besoin* de connaître, de savoir et par suite il doit exister en sa mentalité un caractère psychique : curiosité de connaître ou appétence de savoir. Si cette caractéristique mentale n'existait point, il n'éprouverait aucune curiosité d'apprendre, aucun désir de savoir davantage, aucun besoin de cultiver son moi, de critiquer les formes sociales, d'en idéer une autre. Alors il ne posséderait ni l'esprit de révolte, ni l'amour du moi, ni la tendance à la logique. Alors il ne serait plus socialiste-anarchiste puisqu'il n'aurait point certains des caractères psychiques qui sont spécifiques de la mentalité des anarchistes-socialistes.

Donc, sans conteste, le socialiste-anarchiste est un curieux ; il est soucieux de savoir ce qu'il ignore. Pour satisfaire cette appétence, ce véritable besoin, il doit observer, lire : il doit s'intéresser aux phénomènes sociaux; il doit étudier toujours, évidemment avec son degré d'intelligence, selon le temps que les soucis de la vie quotidienne lui permettent de consacrer à cette amélioration de son Moi.

Les réponses que nous eûmes vérifient par l'observation, l'exactitude de nos déductions, ainsi qu'on en peut juger par les extraits suivants :

«.... Moi qui aimais les plaisirs, les femmes, je changeai complètement. Je ne songeai plus qu'à lire, qu'à m'instruire; je lus les philosophes matérialistes, les économistes,... » (D. 3.)

« Ce n'est qu'en fouillant par curiosité dans les livres « défendus », en butinant une pensée dans chaque auteur ancien et moderne... J'avais eu l'occasion de lire Darwin, Letourneau, Proudhon, Blanqui, un peu Spencer, la *Révolte* et divers auteurs de tous âges et de tous pays, penseurs subversifs qui bouleversèrent l'instruction très solide et très légale qu'au bahut j'avais reçue... » (A. Veidaux.)

« A l'école communale j'étais un excellent travailleur, tant qu'on me poussa pour avoir une bourse au collège. Je l'obtins. Je fus d'abord un bon élève, puis je cessai de travailler les programmes, m'adonnant à de nombreuses lectures, tous les livres m'étaient bons. Plus tard je lus les philosophes matérialistes, notamment Büchner qui eut une énorme influence sur moi... Lorsque je faisais ma médecine, je me tenais au courant de toutes les nouveautés scientifiques. J'aimais à lire, à étudier, et je l'aime encore. » (Dr H. 6.)

« Au sortir du lycée j'avais commencé à écrire dans les revues scientifiques sur des questions relatives aux sciences physiques. Je me livrai à des recherches en électricité. Plus tard, après mon volontariat, je délaissai quelque peu ce genre d'études pour m'adonner aux sciences médicales, puis à la sociologie. » (O. 7.)

« Leibnitz et Aristote, mes deux auteurs favoris m'avaient merveilleusement préparé à comprendre les théories dites anarchistes. Proudhon, Guyau et Ibsen, que je cultivai ensuite, n'étaient pas pour modifier mon opinion... » (L. MALQUIN.)

« Pourtant, comme bien d'autres de vingt à vingt-cinq ans, j'errai dans le labyrinthe des philosophies, et fus tour à tour Hégélien, Kantien, Spinosiste, etc., jusqu'au jour où Darwin me fut dévoilé. Je ne le compris certes pas du premier coup, mais l'essentielle loi de l'évolution me frappa fortement et mon esprit s'amusa à en trouver les applications sociales... » (P. 10.)

« J'étais de mon naturel très observateur, très curieux, et j'étudiais avec passion tout ce qui me tombait dans les mains.... Avec mes très maigres ressources je m'achetai des livres, des journaux, de quoi écrire, et je m'essayais parfois à la poésie, cherchant à traduire ainsi les pensées qui m'obsédaient... Je fus ainsi environ six mois hors de tout parti, étudiant Marx, Proudhon, et tout ce dont je pouvais me procurer, puis je pris franchement position dans l'anarchie.... Je lisais la brochure « Fais ce que veux » réponse à M. Lefrançais, puis *L'Esprit de Révolte*, *Les produits de la terre*, *Le salariat*, de Kropotkine, et *Entre Paysans*, de Malatesta. » (K. 11.)

« Reçu aux divers baccalauréats, je commençai ma médecine et la politique me passionna ... En même temps je m'initiai comme tant d'autres au bouddhisme dont la pureté me séduisit, en face surtout de l'écœurement où me mettait la franc-maçonnerie et l'esprit petit et bas des matérialistes officiels .. C'est à ce moment que des occupations purement artistiques m'amenèrent à la lecture des *Entretiens Politiques et Littéraires*, du *Mercure de France*, de la *Revue Blanche*, ou des littérateurs aimés, B. Lazare, R. de Gourmont, P. Adam, combien d'autres encore! — m'initièrent à cette doctrine, en même temps que l'acte de Ravachol... » (Ph. D. 4.)

« Puis vinrent les causeries avec mon ami cité ci-dessus qui partageait mes idées, elles nous fortifièrent mutuellement. Ceci dit peut expliquer que lorsque les brochures véritablement libertaires parvinrent jusqu'à moi, elles ne prêchèrent qu'un converti, précisant peut-être, mais n'ajoutant que fort peu à mes idées. Le comment n'est donc qu'une suite de faits insaisissables... » (A. 15.)

« D'autre part, mes lectures ne pouvaient que me développer dans ce sens socialiste, puisque je lisais de préférence les auteurs où je trouvais une critique de la société. » (M. 14.)

« Très frappé je lus alors les œuvres dont je n'avais aucune connaissance. Deux surtout me firent une violente impression : la *Déclaration d'*Etiévant et *Dieu et l'Etat* de Bakounine. Plus tard Guyau, Hœckel, Spencer et à peu près toute l'œuvre anarchiste. Au point de vue de l'idée je fus conquis... » (A. Retté.)

« Plus tard, trois ans après mon entrée en apprentissage, à seize ans, isolé dans un chef-lieu de canton du département de l'Yonne, j'employais mes après-midi du dimanche et mes nuits à bouquiner les in-12 de la bibliothèque municipale. » (S. 1.)

« Mais ce n'est pas seulement au sein de cette tyrannie fantaisiste et odieuse (armée) que j'ai appris à connaître les préjugés énormes de la société et ses vices d'organisation. Une fois mon esprit mis en éveil, il lui a été facile de constater partout le même mal : l'abus du pouvoir. Car ces maîtres que vous avez élus.... la fable du cheval qui prit un cavalier pour se venger du cerf. Voici ce qu'un peu d'observation et d'assez nombreuses lectures (Balzac, la *Conquête du Pain*, la *Révolte*, etc.), m'ont fait comprendre.... Je n'étais pas sans me poser de nombreuses objections, à mesure que j'avançais dans la connaissance des théories anarchistes, mais je trouvais leurs réponses dans les méditations, des lectures ou des discussions entre partisans et adversaires : jusqu'au moment où j'eus un idéal qui m'offrit assez de garanties pour que je puisse l'accepter... » (B. 2.)

« Une fois entré dans la presse et résolu à ne point imiter mes confrères qui, pour la plupart, jugent avec un aplomb imperturbable des questions dont ils ne connaissent pas le premier mot, je me mis en devoir d'étudier les questions sociales pour pouvoir combattre, en toute connaissance de cause, les théories socialistes... Je commençai par étudier séparément... » (SEVERIN L.)

« J'ai vu autour de moi souffrir des misérables, j'ai connu la lutte atroce du capital et du prolétariat, j'ai touché du doigt les mille injustices sociales... Pendant quelque temps j'ai cru que les panacées du socialisme suffiraient, mais bientôt la façon dont elles étaient présentées par les marchands d'orviétan qui les vendent m'en dégoûta et d'ailleurs j'en compris la vanité... » (Bernard Lazare.)

« Je suis anarchiste parce que, ayant étudié les systèmes gouvernementaux... La compulsion des annales anciennes m'a appris que de tous les innombrables systèmes de gouvernement successivement essayés à travers les âges, il n'en est aucun qui n'ait été une source de désordres et d'abus.... Elevé loin de toute influence politique ou religieuse, jeune je m'adonnai à l'espoir de voir la République Universelle; la philosophie de Mazzini était à mes yeux la plus élevée de toutes. Déçu de bonne heure par l'attitude des politiciens de la troisième République Française, ne sachant que penser et espérer pour l'avenir de l'humanité, vers cette époque où las et dégoûté de tout, il me tomba entre les mains un journal anarchiste, un des premiers publiés en France, je le lus avidement.... Par la suite, vivant dans le monde des révoltés, j'ai appris et acquis de plus parfaites connaissances sur les idées pour lesquelles je suis prêt à faire tous les sacrifices.... » (T. D. M. 28.)

« Fils d'ouvrier et enfant du Peuple, j'ai failli devenir bourgeois.... Mon père voulait faire de moi un instituteur, mais j'avais des visées plus hautes; un rêve de gloire m'affolait, il m'entraîna dans la bohême littéraire.... » (E. D. H. 25.)

« Nature impressionnable et assoiffée de justice, je vis que le nombre de ceux qui étaient victimes de la société était immense. J'en souffris et j'observai autour de moi.

J'ai vu des enfants déguenillés ramasser des légumes gâtés et les porter à leurs parents pour les cuire. J'ai vu des enfants en haillons que des gendarmes reconduisaient dans leur commune parce que sans papiers et sans parents, les pauvres petits mendiaient. J'ai vu des femmes brutalisées par des policiers, j'ai vu.... » (A. Nicolet.)

« Je lui répondis que j'en avais assez, que la presse m'écœurait avec ses articles mal rédigés, que même les journaux du Parti ouvrier (c'était à Bruxelles) m'étaient insupportables avec leur manière de déblatérer tout le monde pour se faire croire d'une espèce plus privilégiée de la nature, qu'au fond ils n'avaient pour principes que le « Ote-toi de là! »... Le camarade sortit un journal de sa poche et me dit : « Lis ça, c'est le journal le plus avancé et le plus philosophique. » Pendant ce temps j'avais déplié le papier et lu : Supplément littéraire à la *Révolte*... Le lendemain j'empruntais deux francs à ma mère pour les envoyer à Grave. En peu de temps je fis connaissance avec des livres qui ne se vendent pas dans les gares de chemin de fer, ni ne sont exposés en évidence, comme le *Cadet* de Richepin, aux étalages des bouquinistes.... » (A. B. G. 21.)

« Mon service consistait à faire les corvées à l'extérieur et j'étais à même de constater tous les jours la succulence des mets destinés à ces êtres nuisibles et improductifs, mais n'ayant pas encore l'âge de la réflexion, je regardais cet état d'iniquités d'un air indifférent; cependant j'avais remarqué beaucoup de choses qui me revinrent en mémoire longtemps après.... C'est courbé sous le joug de la puissance capitaliste que mes souvenirs de jeunesse me revinrent à l'esprit et je réfléchissais. Je réfléchissais que là-bas dans les bruyères j'étais chez des gens qui dépensaient en une journée pour satisfaire de vains caprices le nécessaire de plusieurs familles.... Je réfléchissais.... Je regardais autour de moi et je constatais que la même misère existait chez mes frères de travail.... » (CHARLES HANSENNE.)

« La lecture de *Peau de chagrin* m'a suggéré l'idée d'un individu ayant un semblable talisman... Vous pouvez juger par ceci que lorsque mon fils lisait la *Révolte*, je n'ai pas tardé à m'apercevoir que j'étais anarchiste... » (PH. LELIÈVRE.)

« A l'âge de vingt ans, je connus les œuvres de Multatuli, un auteur très connu et très influent en Hollande... Depuis ce temps j'ai lu aussi plusieurs livres et journaux anarchistes. Je lus aussi longtemps la *Révolte*... » (J. METHOFER.)

Ainsi, en ces extraits dus à des Français, des Suisses des Belges, se perçoit facilement un vif désir de s'instruire. Les déclarations de certains, illettrés comme D. 3, K. 11, S. 1, T. D. M. 28, A 15, C. Hansenne, ouvriers sans instruction dont les lettres fourmillent de fautes d'orthographe, sont — par le fait même de cette absence d'instruction — tout à fait suggestives.

Cette même appétence de connaître, si indépendante — chez les socialistes anarchistes du moins — de la classe et de la profession se montre encore chez les illettrés d'Angleterre, d'Ecosse, d'Irlande, d'Allemagne, d'Espagne, d'Italie, etc. autant que chez les personnes instruites des mêmes régions. Les fragments suivants sont à cet égard lumineux.

« Avant que j'eusse atteint dix-huit ans, j'avais examiné la principale partie de la littérature séculariste, socialiste et anarchiste. J'avais fait des excursions dans les travaux de Huxley, de Tyndall, Spencer, Darwin, Comte, Gibbon, Grote, Green, Froude, etc., et quoique j'eusse seulement fréquenté une école publique pendant cinq ans et que je n'eusse pas été en cinquième classe, j'étais capable de tenir une publique controverse dans les colonnes des *Birkenhead News* avec le chanoine Linton... » (T. W. B. TURNER.)

« Enfin, beaucoup parce que j'ai dépensé la plus grande part de ma vie comme étudiante de la théorie des Kindergarten (jardin d'enfants)... » (H. 12.)

« Je commençai immédiatement à étudier le mouvement socialiste... » (F. W. S.)

« J'eus dès mon enfance l'avantage de lire... les principes du parti de la Libre Pensée... Il est aussi à noter que des traces des conceptions de Robert Owen sur le socialisme se trouvaient éparses parmi les pages de la littérature de la Libre Pensée et surtout dans les écrits du Dr Henry Travis qui, à une époque, eurent quelque influence sur moi... Vers ce temps, je lus *Dieu et l'État* de Bakounine... » (A. M. 27.)

« Après une étude de la question, les dangers d'une bureaucratie aussi étendue me semblèrent si grands que pour un long temps je fus partisan de l'anarchisme individualiste... » (A. Z. 23.)

« Ce meeting des sans travail avait été organisé par des socialistes qui furent emprisonnés pour leurs discours. Je fus surpris; pour quelle chose des hommes pouvaient-ils eux-mêmes se sacrifier ainsi? J'étudiai alors leur doctrine dans le *Commonwealth* de Gronlünd, dans *Basis of Socialism* de Hyndman et autres et je devins un socialiste parce que cela me semblait la route la plus aisée pour que l'État prenne la terre et le capital. Peu de temps après l'exécution des anarchistes de Chicago, je lus leurs discours qui me donnèrent une bonne impression. Alors je continuai en lisant les articles de Kropotkine et graduellement je devins un anarchiste... » (A. Bird.)

« Parce que je désire voir établir un système qui ne mettrait aucun obstacle à la libre application des sciences, à toutes les affaires de notre vie quotidienne; je crois que les méthodes scientifiques sont les seules véritables méthodes pour arriver à la vérité; je crois que chaque nouvelle vérité découverte prend la place de quelque erreur du passé. Et l'Anarchie apportera l'avantage des libres expériences et ouvrira large les portes pour que la science entre, de telle sorte que dans un tel état de société, il n'y aura rien pour retarder l'humanité travaillant à sa propre évolution... En découvrant aussi que la religion a toujours pourchassé et excommunié la science et ses disciples... » (Henry Campbell.)

« Alors... j'étudiai les habiles et vraiment scientifiques enseignements de Kropotkine, Malatesta, et autres... J'écoutai et j'appris aussi beaucoup de conférences faites par les camarades A. Henry, Mowbray, Nicoll, Duncan, Tochatti et autres... » (D. K. G M. 17.)

« D'un compagnon j'appris beaucoup. Il me donna diverses brochures et je commençai à fréquenter les meetings socialistes... Je me lançai alors parmi les social-démocrates et pendant mes relations avec ce parti, je consacrai mon temps à l'étude... Je lus toute la littérature anarchiste qui me tomba sous la main... » (G. R. 22.)

« J'étais particulièrement confirmé dans mes convictions par les écrits de Ruskin, Carlyle, Tolstoï, George Fox, Henry George, les socialistes et autres de ces écoles... » (J. C. Kenworthy.)

« Mon accointance avec le socialisme en général commença en même temps que je joignis la Libre Pensée et l'unitarianisme en devenant membre de l'église unitarienne. J'appris beaucoup du ministre Rev. Alex. Webster et en lisant ardemment les journaux, lettres et brochures du camarade Leathem (?) et autres sur lesquels je pouvais mettre les mains... Je lus alors le procès des anarchistes de Chicago, des brochures par Malatesta, Kropotkine, Duncan et autres, et quelques-unes des œuvres de Tolstoï — et aussi, évidemment, j'entendis plusieurs conférences des camarades de London... » (N. W. 19.)

« Je fus d'abord attiré à l'anarchie par la lecture des *Chicago Martyrs* et aussi j'entendis des conférences par les camarades Barless, Bell et Duncan... » (William Reckie.)

« Je ne joignis pas le mouvement socialiste immédiatement, mais en dépit des autres attractions qui se rencontrent sur le chemin d'un jeune homme, je ne pus jamais chasser le socialisme de mon esprit. Bientôt après, je devins un régulier auditeur des meetings... Je fus alors obligé de penser par moi-même... J'étudiais les deux (socialisme légalitaire et révolutionnaire) sans préjugés je crois; mais jamais je ne pus concevoir la justice d'un corps d'hommes, s'appelant eux-mêmes l'État, ayant l'autorité pour forcer les autres à leur obéir... » (GEORGES ROBERTSON.)

« Mais c'était avant que j'eusse commencé à étudier la question et après mon enthousiasme pour mon nouveau joyau découvert commença à s'évanouir. Je commençai à étudier sérieusement la question du socialisme d'État... » (O. P. SMITH.)

« Quand j'étais jeune, ma mère désira que j'étudiasse pour être clergyman, pendant quelque temps, je favorisai cette intention. Mais quand j'eus lu les œuvres de Darwin, de Huxley et autres écrivains de cette école, je rejetai cette idée et commençai à étudier pour la profession médicale. Mais je fus obligé, par les *Res Angustae domi* de devenir commerçant... Vers 1885, je rencontrai William Morris, Hyndman et G. B. Shaw qui, clairement, montrèrent dans leurs conférences la cause fondamentale de la pauvreté... C'est par les écrits de Kropotkine et de Malatesta que j'appris d'abord les dangers de la sociale Démocratie... » (J. TOCHATTI.)

« D'ailleurs, je maintiens que le problème à résoudre est un de l'intelligence contre l'ignorance; il doit être accompli par des appels à cette intelligence au lieu de la passion ou des préjugés. Je devins un anarchiste par une étude des principes et des questions économiques... » (W. H. VAN ORNUM.)

« Quand je joignis les rangs de la sociale Démocratie, en Autriche (1873,) mon alimentation cérébrale consistait exclusivement en les œuvres de Karl Marx, de Lassalle, Liebknecht, Bebel, Most et quelques autres... » (C. H. 13.)

« Et dans la tourmente de la lutte politique..... peu de temps était laissé pour l'étude ou la réflexion. Enfin j'émigrai d'abord en Danemark, ensuite en Angleterre; et c'est là que des observations et des comparaisons me conduisirent à changer mes idées... » (O. GUTZKOW.)

« Mes querelles avec mes parents pour mon manque de religion me donnèrent l'avertissement d'être versé dans toutes ces sciences qui sont en horreur aux Juifs russes vraiment religieux. Un petit nombre de la portion avancée de ces juifs me proposèrent de donner des leçons à leurs enfants dans les « choses mondaines ». Le courage de ceux-ci me permit de ne pas retourner chez mes parents, ce mensonge sur les lèvres : désormais je ferai ce que vous voudrez que je fasse. Ainsi, à l'âge de quatorze ans, au lieu d'être un élève, j'enseignais. Mais j'aimais ma nouvelle profession. Les parents de quelques enfants à qui j'apprenais l'écriture, l'arithmétique furent bientôt contents de moi. En même temps j'étudiais pour moi-même tout ce que je pouvais. J'étais un grand dévoreur de livres, et dans le cours de deux ans je connus réellement ce qui était digne d'être connu. Il n'y avait pas un livre sur les questions économiques ou politiques que je ne lus à cette époque.... Des années passèrent et j'étais préparé pour entrer en une université russe, j'avais alors vingt ans et mon ambition était de me distinguer dans le monde de la science... Bientôt après, il n'y avait pas un livre, une brochure, un article sur l'Anarchisme que je ne lus; mais en même temps je lisais tout ce qui était en opposition avec l'Anarchie...» (R, F. 24.)

« Dès mon enfance j'ai montré une grande envie d'étudier. C'était la plus grande ambition de ma vie, et combien de fois j'ai versé des larmes en réfléchissant que quelques-unes de mes amies fréquentaient l'école et apprenaient toutes sortes de choses tandis que moi je ne savais rien. Alors que mon père restait indifférent à mes lamentations, ma mère fit de son mieux pour me mettre dans une école et depuis ce temps je me suis vouée aux études avec une soif extraordinaire, à la satisfaction générale de mes instructeurs et surtout de la mienne.... Je me suis mise à lire tout ce que j'ai pu obtenir de la littérature socialiste de toutes les écoles : Social démocrate, anarchiste, etc. Il n'y avait pas un meeting, une conférence que je n'y assistasse. » (W. D. 30.)

« A treize et quatorze ans je lisais Haeckel et Darwin sans les comprendre, bien sûr... J'aimais les sciences naturelles et la philosophie et j'étais fervent athée... Je me mis à dévorer les livres parlant des Nihilistes... » (S. P. 29.)

« Je suis entré dans les rangs du mouvement ouvrier le 1er mai 1889, à Trieste (Autriche) dans la société « Confederazione Operaia ». J'ai lu pour la première fois le *Commonweal* de Londres... Au mois de septembre de la même année, j'ai fondé en société avec un social démocrate la feuille socialiste en langue slovène *Delavski List* (feuille ouvrière)... Après le 1er mai 1890 (à la Chaux de Fonds) le rédacteur de la *Sentinelle* demandait mon discours (j'ai parlé en italien)... C'est à Saint-Imier que les camarades m'ont donné la *Revolte* et le *Père Peinard* à lire... » (A. KLEMENCIC.)

« Ce qui le plus contribua après la mort de mon père à former ma conviction ce fut... et la lecture des œuvres de Guerrazzi, de Byron et l'histoire... » (A. AGRESTI.)

«... Sur ces entrefaites j'eus le malheur de perdre ma mère. J'en ressentis une douleur si profonde que mon caractère devint tout à fait hypocondriaque. Je me souhaitais de mourir. Je ne croyais plus de si bonne foi que jadis et je m'en voulais à cause de cela. Après la perte de ma mère, pour me concentrer plus dans ma douleur, je commençais à lire des livres ascétiques. Ils étaient si bondés de métaphysique qu'ils furent rejetés par mon esprit de raisonnement qui se développait de plus en plus. Ce fut alors le tour des livres classiques et surtout les poésies de Fercolo, de Leopardi, de Aleardi qui dans leurs chants reproduisaient l'état psychologique où je me trouvais.... J'eus l'occasion alors de lire les œuvres de Byron qui donnèrent un grand coup à ma foi religieuse.... Ma misanthropie s'augmenta. Isolé, tout seul, sans ami, sans foi, bien souvent je me suis surpris à me familiariser avec l'idée du suicide. Le seul souvenir qui m'attendrissait c'était celui de ma mère. A mon père, qui s'était remarié je ne pensais plus. J'étais retourné à Livourne, je travaillai dans une maison de commerce et aussitôt libéré je retournai chez moi, dans ma chambrette où je m'enfonçais dans la lecture. Les œuvres de Victor Hugo me firent une grande impression : Les *Misérables*, les *Travailleurs de la Mer*, le *93*... Après ce fait (insurrection de Rome) je ne voulus plus entendre parler ni de garibaldiens ni de républicains. Désabusé de tout, je restai quelque temps encore sans fréquenter personne. Cependant la guerre entre républicains et internationalistes continuait ; ce fut alors que l'envie me prit de savoir ce que l'on entendait par internationalistes. Je pus avoir quelques journaux, surtout la *Plèbe* de Milan.... J'avais continué (étant militaire) à lire de temps en temps en cachette des écrits révolutionnaires... Un jour une brochure me vint sous la main. Je la lus, je la relis encore. Cela me fit l'effet d'un éblouissement. C'était une brochure française : *Aux jeunes gens*, de Kropotkine. » (A. N. 16.)

« L'histoire nous prouve que le progrès de l'homme s'avance par l'Association des intérêts. Ainsi l'idéal de la famille, de la tribu, de la commune, de la province, de la nation, de la race ne sont que la marche naturelle de l'intelligence humaine qui arrivera à l'humanité lasse des antagonismes entre la même espèce et voudra réaliser la souveraineté du genre humain sur les trois règnes minéral, végétal et animal. Milieu naturel qui offre une lutte raisonnée à la science et à l'industrie humaine pour le développement de toute l'espèce et ce sera du degré de l'expérience générale que dépendra le bien-être particulier... (G. P. 20.)

« Les esprits doivent avoir le champ libre pour les études scientifiques et naturelles... Pour cela il faut détruire les préjugés religieux... A leur place s'établira la science... Je voulus connaître plus à fond les théories anarchistes, je recherchai les livres anarchistes. Je lus avec passion. Ce que je comprenais, je l'expliquai aux autres, ce que je ne comprenais pas, je me le faisais expliquer... » (Z. B. 26.)

« Alors j'en savais assez pour avoir grand plaisir à lire les périodiques et brochures anarchistes, pour étudier l'idéal anarchiste... » (FRANCISCO FREISCAS.)

« Parce que j'ai soif d'instruction... » (ROMULO FUSTIZ.)

« La première cause qui m'a fait anarchiste fut ma curiosité de lire les journaux et quelques livres : peu parce qu'il m'est difficile de les acheter... Le gouvernement ne s'occupe que de me tenir dans l'ignorance et de me donner des coups... » (IGNACIO JAQUETTI.)

« Je suis anarchiste-communiste parce que... il laisse ouvert le chemin à la science, au progrès, à la civilisation... » (MARIANO LAFARGA.)

« J'appris par les hommes de science que Anarchie signifie pas de gouvernement et émancipation humaine... » (JUAN F. LAMELA.)

« Je vis que, au lieu de donner à l'enfant une instruction saine et scientifique pour qu'il puisse quand il sera grand être utile à la société, on lui atrophie le cerveau avec des idées fausses et routinières en le terrorisant avec le fantôme d'un Dieu imaginaire. Oui, gouvernement, capital, religion, voilà les bases fondamentales de la société actuelle et les causes principales de son malêtre vu que... où il y a religion, il y a ignorance et avachissement... J'étudiais les partis politiques... J'étudiais le parti socialiste.... j'étudiais enfin l'Anarchie... » (J. E. MARTI.)

« Je fus pris d'une joie immense parce que je vis que dans le monde il y a encore des gens qui s'adonnent à l'étude des cerveaux et des idées... Je devins anarchiste parce que je lus une brochure intitulée : *Conferencias socialistas* par Chivelnior... » (JACINTHO MELICH.)

« L'étude des affaires économiques et sociales m'a convaincu que l'avenir est dans le prolétariat... » (JOAQUIN LUIS OLBÈS.)

« Partisan de l'étude pour les travailleurs et de leur union, j'appris en 1884 la constitution d'une société ouvrière à Bilbao, j'y entrai, j'y lus des journaux anarchistes qui me plurent ; je m'y abonnai et me procurai des livres et des brochures... » (PALMIRO.)

« Je suis devenu anarchiste par cette étude continue quoique sans ordre à laquelle je fus conduit dès mon mon enfance par mon amour de la lecture..... Partant d'une éducation infantile incomplète et routinière et m'élevant graduellement jusqu'à la connaissance peut être confuse des principes anarchistes.... » (JOSÉ PRAT.)

« Alors je sentis en moi la nécessité d'étudier les idées pour lesquelles étaient morts ces martyrs (de Chicago), idées que ma raison naturelle me disait devoir être d'importance puisque la bourgeoisie les combattait avec le crime de Chicago. Je cherchais des livres et les premiers qui tombèrent en mon pouvoir furent ceux qui traitaient de l'anarchisme collectiviste et je suivis cette idée. Par la suite, je lus d'autres livres, brochures et périodiques, et discutai avec quelques camarades qui m'amenèrent à me convaincre des avantages du communisme sur le collectivisme... » (AGUSTIN SINERIZ.)

« Toujours disposé à progresser, j'eus les premières notions de l'anarchie qui était propagée par d'autres camarades d'atelier..... Je m'adonnais à l'étude et maintenant comprenant bien les idées anarchistes j'ose m'appeler en religion athée, en politique anarchiste, en économie communiste.... (MANUEL RECOBER.)

« J'ai étudié les problèmes sociaux et je suis arrivé à cette conclusion : La propriété individuelle, voilà l'ennemi.... » (CECILIO FERNANDEZ ZAMORANO.)

« A cette époque (1886) des écrits et traductions publiés dans un hebdomadaire de Lisbonne me firent intéresser plus dans les nouvelles théories... Peu à peu j'allais m'identifiant avec les meilleurs écrits qui venaient de l'étranger et de cette façon s'enracinaient en mon esprit les doctrines communistes anarchistes... Je ne négligeais pas de recueillir des notions sur les différentes branches du savoir humain, spécialement en matière religieuse et étudiant des livres qui chassaient du cerveau tous les préjugés.... » (GONCALVÈS VIANNA.)

« Voyant l'inégalité qui existe dans la société, et la misère dont sont victimes les travailleurs je m'adonnai à l'étude de la question sociale.... » (LIBERTARIO.)

On le voit par les citations précédentes, quels que soient et le pays d'origine et la classe sociale et la profession, le même intense désir d'apprendre se montre chez tous les adeptes des doctrines professées par les Parsons, les Merlino, les Sébastien Faure. En ces lettres si nombreuses qui nous furent adressées un peu de tous les pays, en ces lettres sans orthographe et sans style, émanant d'ouvriers qui, depuis leur enfance ont quitté l'école -- si même ils y furent

— on voit exprimer en une langue fruste, naïve, une volonté d'apprendre, une souffrance de ne le pouvoir à leur gré.

Les âpres difficultés de la vie — souventes fois dès dix ans il faut travailler pour manger — ne permettent point l'étude assidue. Le corps fatigué par le labeur quotidien, le cerveau est peu apte à comprendre. Tant pis! l'individu lit quand même tant est grande son appétence de savoir. Il lit lentement et s'efforce de comprendre, de retenir ce qu'il lit. Il ne parvient point à saisir les raisonnements, il ne comprend pas les mille détails de l'analyse, les grandes lignes de la synthèse. Mais alors il retient les mots, les mots techniques et plus tard il les donnera à ses auditeurs, à ses camarades, ces mots qui pour lui expriment une idée fort vague, et quelquefois même n'ont aucune signification.

N'ayant pas reçu d'instruction, pendant la période d'enfance, les prolétaires n'ont pu apprendre à apprendre; le cerveau n'a pu se développer parce qu'il n'était pas cultivé, et ces malheureux, dévorés d'apprendre, souffrent de ne le pouvoir. Ils perçoivent cette souffrance qu'active encore leur curiosité de connaître.

L'existence de celle-ci dans la mentalité d'individus n'implique point un grand développement de l'intelligence, ni de grandes connaissances, cela signifie seulement que l'individu a le désir de connaître, la volonté d'apprendre. Il peut apprendre mal, digérer avec peine l'élément intellectuel qu'il absorbe... N'importe! il a la curiosité de connaître.

L'anarchiste-socialiste au cerveau cultivé ou non, est affecté de la curiosité de connaître. Notre enquête est venue confirmer notre induction. Dans la mentalité spécifique de l'anarchiste-socialiste existe la caractéristique: appétence de savoir.

A priori, l'étude de la doctrine permettait de prévoir l'existence de ce caractère mental. Les quelques citations suivantes sont, à cet égard, absolument topiques...

« Mais les idées anarchistes sont venues bouleverser tout cela. Niant la nécessité des hommes providentiels, faisant la guerre à l'autorité et réclamant pour chaque individu le droit et le devoir de n'agir que sur sa propre impulsion, de ne subir aucune contrainte, ni aucune restriction à son autonomie, proclamant l'initiative individuelle comme base de tout progrès et de toute association vraiment libertaire, l'idée anarchiste ne peut plus se contenter de faire des croyants, elle doit viser surtout à faire des convaincus, sachant pourquoi ils croient, parce que les arguments qu'on leur a fournis les ont frappés et qu'ils les ont pesés, discutés, et se sont rendus compte par eux-mêmes de leur valeur ; de là une propagande plus difficile, plus abstraite, mais aussi plus efficace. Du moment que les individus ne relèvent que de leur propre initiative, ils doivent être mis à même de l'exercer efficacement. Pour que l'initiative de l'individu puisse s'adapter librement à l'action d'autres individus, il faut qu'elle soit consciente, raisonnée, basée sur la logique de l'ordre naturel des faits ; pour que ces actes séparés viennent converger vers un but commun, il faut qu'ils soient suscités par une idée commune fortement comprise, clairement élaborée, ce n'est donc qu'une discussion serrée, logique et précise des idées qui peut ouvrir le cerveau de ceux qui les adoptent et les amener à réfléchir par eux-mêmes... Les individus veulent donc savoir si cette culbute (de la société) leur sera profitable ou préjudiciable, de là une foule de questions qui amènent à discuter toutes les connaissances humaines, afin de savoir si elles surnageront dans le cataclysme que nous voulons provoquer. De là l'embarras du travailleur qui voit dérouler devant son entendement un tas de questions qu'on s'est bien gardé de lui apprendre à l'école, questions où il lui est bien difficile de se reconnaître, qu'il entend, pour la plupart du temps, traiter pour la première fois, questions pourtant qu'il faut qu'il étudie, qu'il approfondisse et qu'il résolve, s'il veut être apte à profiter de cette autonomie qu'il réclame, s'il ne veut pas user son initiative à son propre détriment, et surtout s'il veut savoir se passer des hommes providentiels... Si les travailleurs veulent s'émanciper, ils doivent comprendre que cette émancipation ne viendra pas toute seule, qu'il faut qu'ils l'acquièrent, que s'instruire est une des formes de la lutte sociale. La durée et la possibilité de leur exploitation par la classe bourgeoise proviennent de leur ignorance ; il faut qu'ils sachent s'affranchir intellectuellement, s'affranchir matériellement... » (JEAN GRAVE. — *La Société Mourante et l'Anarchie*, — p. 20, 21, 22.)

« Les enfants cependant devront être élevés et instruits aux frais de tous et de manière à leur procurer le plus grand développement et la meilleure instruction possible... Si les machines étaient appliquées à toutes les branches de la production et appartenaient à tous, on pourrait en quelques heures de travail léger et agréable, suffire à tous les besoins de la consommation et chaque ouvrier aurait le temps de s'instruire, d'entretenir des relations d'amitié, de vivre en un mot et de jouir de la vie en profitant de toutes les conquêtes de la civilisation et de la science... Quand les journalistes, les ingénieurs, les docteurs, les professeurs, les artistes ont du travail et connaissent leur métier, ils vivent confortablement; mais les imprimeurs, les maçons, les cordonniers, tous les ouvriers manuels, et les pauvres instituteurs et autres travailleurs intellectuels, meurent à demi de faim, même en se tuant de travail. Je ne veux pas dire par cela que le seul travail utile est le travail manuel; au contraire, l'étude est le seul moyen de vaincre la nature, de se civiliser, d'acquérir plus de liberté et de bien-être... Je veux dire que les travaux intellectuels qui sont par eux-mêmes un grand plaisir, qui donnent à l'homme une grande supériorité sur celui qui reste dans l'ignorance, doivent être accessibles à tous et non pas rester le privilège d'un petit nombre... » (E. MALATESTA. — pp. 8, 9, 13. — *A talk about anarchist Communism between two workers.*)

« Sous un tel système (communisme), les avantages de l'instruction, aujourd'hui monopolisés par un petit nombre, seront possédés par tous... Par la liberté économique jointe à l'instruction largement répandue, le coup mortel sera donné aux tyrans grands et petits... » (H. H. DUNCAN. — p. 11. — *A Plea for Anarchist-Communism.*)

« Dans le cours des siècles, la science a multiplié ses découvertes, les religions ne pouvant les nier furent obligées de modifier leurs absurdes articles de foi... Aujourd'hui la science a vaincu. La foi, colonne aux pieds d'argile, avec ses dieux... est morte. La lumière de la vérité chasse les ténèbres de l'Absurde... Les conquêtes de la science ne s'arrêteront point... Dans toutes les chaires universitaires du monde on paye tribut au culte rationnel de l'éternelle nature vivante... Et je conclurai avec un écrivain français, vous les théologiens, vous les prêtres de n'importe quelle église, vous les soutiens de la foi dans le surnaturel, dans l'absurde élevé à l'état de dogme, vous pouvez encore pendant quelque temps gêner la diffusion de l'instruction dans le peuple, mais il n'est plus en votre pouvoir de l'anéantir... » (EDOARDO MILANO. — pp. 74, 75, 79. — *Primo Passo all' Anarchia.*)

« Les écoles publiques soutenues par l'initiative d'associations consacrées à l'enseignement, sont un véritable résumé encyclopédique de toutes les connaissances humaines. Les éléments nécessaires à l'enseignement primaire alors réunis permettent aux enfants d'acquérir les connaissances en se jouant et sans restreindre leurs libertés ni détourner leurs inclinations ou les mouvements spontanés de leur nature... L'enfant passe d'un exercice à un autre, toujours content et toujours apprenant... L'objet de ces écoles n'est pas la formation de savants encyclopédiques, chose pour une part impossible, étant donné le grand développement pris par les sciences. Le plan d'enseignement n'a d'autre objet que de faire connaître à tous les hommes les principes généraux des arts, des industries et des sciences, parce que de cette façon chacun peut librement manifester ses inclinations et se consacrer à la spécialité la plus en harmonie avec son tempérament, son caractère et ses affections. L'élève n'ignore rien de ce qui peut l'intéresser, tous les ordres de connaissances sont communs, et ainsi il peut élire en conscience sa profession afin d'entrer dans le concert social comme membre utile à lui-même et à ses semblables... » (R. MELLA. — *La Nueva Utopia.* — pp. 206, 207, 208. — *Segundo certamen socialista.*)

Là encore, les doctrines, que les adeptes trouvent bonnes à suivre, confirment les déductions de la méthode positive. Les citations que l'on vient de lire montrent nettement que les théoriciens du socialisme anarchiste proclament la nécessité de l'instruction pour tous, conseillent à chacun de s'instruire le plus possible, réclament pour tous l'instruction intégrale.

En résumé, soit qu'on procède par l'examen des doctrines, soit qu'on déduise de l'existence des caractères prédéterminés de la mentalité anarchiste, soit qu'on observe directement les individus, toujours la caractéristique « curiosité de connaître » se décèle comme faisant partie intégrante de la cérébralité anarchiste-socialiste.

Tous ces procédés soit rationnels, soit d'observation se confirment les uns les autres; par suite ils permettent d'affirmer la réelle existence de ce caractère psychique.

Par conséquent, les caractères mentaux spécifiques de la cérébralité anarchiste-socialiste sont:

1° *Esprit de Révolte*; 2° *Amour de la Liberté*; 3° *Amour du moi* ou *Individualisme*; 4° *Amour d'autrui* ou *Altruisme*; 5° *Sensibilité*; 6° *Sentiment de justice*, 7° *Sens de la logique*; 8° *Curiosité de connaître.*

L'anarchiste-socialiste est un individu *révolté, libertaire, individualiste, altruiste, sensitif* et *sensible, assoiffé de justice,* quelque peu *logicien, curieux.*

14

CHAPITRE IX

DE L'ESPRIT DE PROSÉLYTISME[1].

L'anarchiste-socialiste, est doué de révolte, donc il possède des tendances combatives. Il aime à examiner, à critiquer les choses, les êtres, les actes, il a l'esprit d'opposition. Ce penchant à la révolte, joint aux autres caractères psychiques prédéterminés, oblige l'anarchiste-socialiste à réagir chaque fois que sa liberté, son moi, son altruisme, son sentiment de justice sont lésés. Généralement cette réaction est proportionnelle à la lésion. Mais quoi qu'il en soit, il proteste, résiste peu ou prou, car il ne peut pas ne pas résister, protester. A toute lésion de l'intégrité de son moi, nécessairement il réagit afin de conserver cette intégrité obligatoire pour lui.

1. Un fragment de ce chapitre est paru dans la *Société Nouvelle*.

De par son penchant à la révolte, le socialiste-anarchiste est un combatif; il ne peut pas ne pas l'être, car ce serait contraire à la raison.

Une suite de raisonnements, plus ou moins logiquement enchaînés, ont conduit l'individu à l'adoption des doctrines socialistes anarchiques qui, pour lui sont alors réprésentatrices de la vérité. Sa conviction est profonde; en dehors c'est l'erreur; l'Idée est seule la vérité, la cause est juste. — Nombre de socialistes-anarchistes emploient ces termes l'*Idée*, la *Cause* pour désigner la doctrine anarchique-socialiste. — L'adepte est convaincu que l'idéal socialiste-anarchiste est le seul conforme au bien, au beau, au juste. Que dis-je ? Il est — pour lui — le beau, le bien, le juste.

En possession de la vérité, grâce à son amour d'autrui, le partisan des doctrines des Lum, des Most, des Molinari, des S. Faure, veut faire connaître cette vérité au reste des hommes, car il souffre de les voir dans l'erreur. Du jour où il acquiert la conviction qu'il détient la vérité, son altruisme fait germer en son encéphale l'idée de la propager.

Peu à peu par une sorte d'auto-suggestion, cette vérité et son expansion deviennent ses seuls objectifs. Sa joie est d'enseigner, — c'est là encore une cause adjuvante au développement de la curiosité de connaître — la vérité qui pour lui est éclatante. Il a l'idée fixe de la diffuser cette vérité et bientôt cette idée fixe se mue en une foi ardente, cette foi qui soulève des montagnes.

Alors le socialiste-anarchiste propagandise en quelque endroit qu'il se trouve : à l'atelier comme au salon, à table comme au tribunal, en prison comme en liberté. Il parle en des réunions, il écrit en des journaux, il cause en des groupes, il publie des brochures, des pamphlets, des placards, des livres, des revues. Même, il use de toutes ses forces pour agir par l'exemple. Il est, en un mot, le véritable apôtre d'une doctrine, nouvelle ou ancienne, bonne ou mauvaise, peu importe.

Il ne lui suffit point de dire la vérité, il faut encore qu'il en convainque ses auditeurs. Il faut que les gentils acceptent la bonne parole. La propagation de l'idée est le but de l'Anarchiste. Sa combativité se résout en prosélytisme; il possède à cet égard un zèle ardent.

Quand il est parvenu à amener des hommes à penser comme lui, à accepter la même vérité que lui, il éprouve une infinie jouissance. Il a fait des recrues à l'idée et se trouvent ainsi satisfaits son amour d'autrui, son sentiment de justice, son sens de la logique, ses tendances combatives. Cette satisfaction de la plupart des parties constitutives de son caractère s'épanouit en la satisfaction du moi, heureux de voir satisfaits ses désirs, ses tendances.

Faire du prosélytisme est donc une joie pour le socialiste-anarchiste. Pour propager l'idée, il affrontera la prison, le bagne, la mort même, car tout ce qu'il souffrira pour l'idée sera pour lui une jouissance.

Rationnellement, de l'existence dans la mentalité spécifique du socialiste-anarchiste des caractères psychiques prédéterminés se déduit l'existence d'une nouvelle caractéristique mentale: esprit de prosélytisme.

Ce caractère, partie constitutive de la cérébralité philosophique des adeptes de la doctrine socialiste-anarchiste, se pouvait prévoir à la lecture des brochures de propagande ou des journaux. Les uns et les autres sont éminemment imprégnés du Zèle prosélytique. A l'appui, nous citons les quelques passages suivants.

« Malgré tous les bâillons, la parole de la vérité retentira sur la terre et les hommes tressailleront à ses accents, ils se lèveront au cri de liberté pour être les artisans de leur bonheur. Aussi sommes-nous forts, de notre faiblesse même, car quoi qu'il puisse advenir de nous, nous vaincrons! Notre asservissement enseigne aux hommes qu'ils ont droit à la révolte, notre emprisonnement qu'ils ont droit à la liberté, et, par notre mort, ils apprennent qu'ils ont droit à la vie. Quand tout à l'heure nous retournerons en prison et que vous retournerez dans vos familles, les esprits superficiels, penseront que nous sommes les vaincus, -- erreur ! — Nous sommes les hommes de l'avenir et vous êtes les hommes du passé. Nous sommes demain et vous êtes hier. Et il n'est en la puissance de personne d'empêcher que la minute qui s'écoule ne nous rapproche de demain et nous éloigne d'hier. — Hier a toujours voulu barrer la route à demain, et toujours il a été vaincu dans sa victoire même, car ce temps qu'il a passé à vaincre l'a rapproché de sa défaite. C'est lui qui a fait boire la ciguë à Socrate, qui a fait abjurer Galilée dans la torture, qui a brûlé Jean Huss, Etienne Dolet, Guillaume de Prague, Giordano Bruno, qui a guillotiné Hébert, Babeuf, qui a emprisonné Blanqui, qui a fusillé Flourens et Ferré. Comment s'appelaient les juges de Socrate et ceux de Galilée, ceux de Jean Huss, ceux de Guillaume de Prague, ceux de Giordano Bruno, ceux d'Etienne Dolet, ceux d'Hébert, ceux de Babeuf, ceux de Blanqui, ceux de Flourens, ceux de Ferré ? Personne ne le sait ; ils sont le passé, ils étaient déjà morts alors qu'ils vivaient. Ils n'ont pas même eu la gloire d'Erostrate, tandis que Socrate est éternel, que Galilée est encore debout, que Jean Huss existe, que Guillaume de Prague, Giordano Bruno, Etienne Dolet, Hébert, Babeuf, Blanqui, Flourens, Ferré vivent. Aussi serons-nous heureux dans notre malheur, triomphants dans notre misère, vainqueurs dans notre défaite. Nous serons heureux, quoi qu'il nous arrive, car nous sommes certains qu'au souffle de l'idée rénovatrice d'autres êtres arriveront à la vérité, d'autres hommes reprendront notre tâche interrompue et la mèneront à bien. » (*Déclaration de* G. ETIEVANT, p. 27, 28.)

« La majorité, cela ne prouve rien. Quand Galilée a

affirmé le premier, le mouvement de la terre, la majorité, l'universalité de son siècle était contre lui ; aujourd'hui il est admis par tout le monde que lui seul avait raison contre tous. Nous aussi, nous avons raison contre la majorité, et à force de propagande, nous prouverons à cette majorité qu'elle a tort. Elle commence, voyez les progrès que l'idée anarchiste a faits depuis dix ans... Je voudrais bien avoir l'influence que vous me prêtez. J'irais de ville en ville semer la révolte et j'aurais bien vite fait de jeter par terre la société actuelle et de faire éclore l'anarchie. » (Réponse de A. Tennevin à l'interrogatoire du président. — p. 10.)

« Aussi, vous pouvez me juger selon votre conscience, messieurs ; quel que soit votre verdict, je l'accepte. Si c'est une condamnation que vous m'infligez, peut-être plus tard, quand l'écho de ces débats se sera tu, quand le silence se sera fait sur tant de bruit, quand vous serez au sein de vos travaux ou de vos familles — peut-être vous direz-vous : « Ces hommes avaient des théories étranges, ces hommes avaient des idées d'avenir bien extraordinaires, mais ces hommes étaient sincères, ils croyaient profondément ce qu'ils disaient. Et d'ailleurs, que nous fait la prison ? Ne serons-nous pas suffisamment payés des souffrances qui nous attendent peut-être, lorsque les ouvrières de Vienne, nos sœurs de travail, assises en famille pour prendre leur modeste repas se diront : « Là-bas souffrent pour nous les hommes courageux et dévoués qui nous ont aidées à gagner l'heure qui nous permet de manger ensemble. Nos sœurs nous enverront leur souvenir à travers les barreaux de notre prison et cela nous donnera le courage, pour supporter bravement notre peine sans une plainte, sans un regret. » (Défense de PIERRE MARTIN, — *Procès des Anarchistes de Vienne*, août 1890, — p. 60.)

« Certes nous ne demanderions pas mieux que l'évolution de notre société se fît d'une façon lente mais continue, nous voudrions qu'elle pût s'opérer sans secousse; mais cela ne dépend pas de nous ! Nous accomplissons notre besogne de propagande, nous semons nos idées de rénovation ; c'est la goutte d'eau qui s'infiltre, dissout les minéraux, creuse et se fait jusqu'au pied de la montagne. Pouvons-nous empêcher que la montagne s'écroule, brisant les étais que vous y avez ajoutés pour la consolider ?... N'est-ce pas le propre des individus pleinement convaincus d'une idée de chercher à la propager, à la traduire en acte ? L'homme fortement épris d'une vérité peut-il s'empêcher d'essayer de la faire accepter par d'autres et surtout de la réaliser en y conformant ses actes ? Et dans la société actuelle, essayer de mettre des idées nouvelles en pratique, n'est-ce pas faire acte de révolte? Alors, comment veut-on que ceux qui ont tout fait pour propager les idées nouvelles, pour faire comprendre les maux dont on souffre, en expliquer les causes, en démontrer le remède, faire toucher du doigt les joies d'une société meilleure; comment veut-on que ces hommes aillent se mettre en travers de la route de ceux qui cherchent à réaliser les idées qu'ils leur ont expliquées... Or, nous pensons que, dans cette révolution, l'action anarchiste sera d'autant plus forte que nos idées se seront davantage propagées, qu'elles auront été bien comprises, bien élucidées, complètement débarrassées de tout le fatras de préjugés que nous ont laissés l'habitude, l'hérédité et l'éducation. Ce que nous cherchons donc avant tout, c'est à préciser les idées, à les répandre, à grouper des camarades conscients, évitant toute concession qui pourrait voiler un coin de notre idéal... Nous estimons que c'est affaire à la propagande de démontrer aux individus qu'ils ne doivent s'engager que s'ils sont certains de pouvoir tenir; qu'une fois engagés, il y a question d'honnêteté à remplir ses promesses. Certainement c'est encore ici la question de lutte contre ces idées dissolvantes que nous signalions plus haut, mais encore une fois, c'est à notre propagande à démontrer les bons effets d'une entente et d'une confiance complètes entre les compagnons... Dans son livre d'une réelle valeur, *Esquisse d'une morale sans obligation ni sanction*, M. Guyau, dans un chapitre admirable, développe cette idée: « Celui qui n'agit pas comme il pense, pense incomplètement. » Rien de plus vrai. Quand on est bien convaincu d'une idée, il est impossible à celui qui la sent de ne pas chercher à la propager, de ne pas essayer de la réaliser... Et du reste, si nous faisons de la propagande, c'est justement pour essayer de faire entrer nos idées dans la pratique. Car si elles étaient immédiatement réalisables, la force seule des choses suffirait... En temps de révolution, les précurseurs sont toujours dépassés par les foules. Répandons donc nos idées, expliquons-les, élucidons-les, ressassons-les, au besoin, ne craignons pas de regarder la vérité en face. Et cette propagande, loin d'éloigner des adhérents à notre cause, ne peut que contribuer à lui amener tous ceux qui ont soif de justice et de liberté. » (JEAN GRAVE, — *la Société Mourante et l'Anarchie*, — p. 126, 127, 141, 144, 187, 191, 195.)

« Pour nous, Anarchistes, nous ne nous séparerons jamais du monde pour construire une petite église cachée en quelque vaste désert. Ici est le terrain de combat, et nous resterons dans les rangs prêts à donner notre aide où il en est le plus besoin. Nous ne chérissons pas de prématurés espoirs, mais nous savons que nos efforts ne sont pas perdus. Beaucoup d'ignorants qui maintenant nous anathématisent par amour de la routine ou par simplicité d'âme, finiront par se joindre eux-mêmes à notre cause. Pour un homme qui peut librement se réunir à nous, des centaines sont empêchés par les dures nécessités de la vie, d'avouer ouvertement leurs opinions, mais ils écoutent de loin et chérissent nos paroles dans le trésor de leurs cœurs. Nous savons que nous défendons la cause du pauvre, du déshérité, du souffrant; nous cherchons à lui rendre la terre, ses droits individuels, sa confiance en l'avenir et il est naturel qu'il nous encourage du regard et du geste, même quand il ne vient pas à nous... » (ELISÉE RECLUS. — p. 12. — *An Anarchist on Anarchy*.)

« Mais l'anarchie est en cause, clame M. Grinnell. Si cela est, votre Honneur, très bien; vous pouvez me condamner parce que je suis un anarchiste. Je crois avec Buckle, avec Paine, Jefferson, Emerson et Spencer et divers autres grands penseurs de ce siècle que l'état de classes et de castes... est une forme barbare d'une organisation sociale... Vous pouvez me condamner, honorable juge, mais le monde saura qu'en l'an de grâce 1886, dans l'Etat d'Illinois, huit hommes ont été condamnés à mort parce qu'ils croyaient en un avenir meilleur... Maintenant, il y a mes idées. Elles constituent une part de moi-même. Je ne puis m'en dépouiller, et je ne le voudrais pas si je le pouvais. Si vous pensez que vous pouvez détruire ces idées -- qui gagnent de jour en jour plus de terrain — en nous envoyant au gibet; si vous voulez une fois de plus condamner des gens à mort parce qu'ils disaient la vérité — et je vous défie de nous montrer que nous avons menti — je dis, si la mort est la peine pour proclamer la vérité, alors je paierai fièrement et avec bonheur ce prix élevé! Appelez votre bourreau! La vérité crucifiée en Socrate, en Christ, en Giordano Bruno, en Huss, en Galilée, vit encore — ils sont légion, ceux qui nous ont précédés sur ce chemin. Nous sommes prêts à les suivre! » (AUGUST SPIES. — p. 3, 12, — *Défense devant la Cour.*)

« Je sens que je suis condamné (ou que je serai condamné) à mort parce que je suis un anarchiste et non parce que je suis un meurtrier. Je n'ai jamais été un meurtrier. Je n'ai jamais commis de crime en ma vie; mais je connais un certain homme qui est sur la voie de devenir un meurtrier, un assassin et cet homme est Grinnell — l'attorney d'état Grinnell — parce qu'il soutient l'accusation d'après des témoins qu'il sait avoir fait de faux témoignages; et publiquement je dénonce M. Grinnell comme meurtrier et assassin si je suis exécuté. Mais, si les classes dirigeantes pensent qu'en nous pendant, en pendant quelques anarchistes, elles détruiront l'Anarchie, elles se trompent fort, parce que les Anarchistes aiment leurs principes plus que la vie. Un anarchiste est toujours prêt à mourir pour ses principes; mais dans ce cas, je suis accusé de meurtre et je ne suis pas un meurtrier.. Plus les croyants en une juste cause sont persécutés, plus rapidement seront réalisées leurs idées. Pour le moment, en rendant un si injuste et barbare verdict, les douze « honorables hommes », sur les bancs du jury, ont fait plus pour la propagande de l'Anarchisme que des convaincus l'eussent pu faire en une génération. Ce verdict est la condamnation à mort de la liberté de parler, de la liberté de la presse, de la liberté de penser en ce pays; le peuple sera conscient de cela aussi. C'est tout ce que j'ai à dire. » (ADOLF FISCHER. — Défense devant la Cour. — pp. 20, 21. — *The Chicago Martyrs*.)

« Nous nous préoccupons beaucoup de tous les problèmes de la vie sociale, tant à cause de leur intérêt scientifique que parce que, espérant voir l'Anarchie réalisée, nous voulons aider à l'organisation de la Nouvelle Société... Nous combattons pour l'Anarchie et pour le Socialisme parce que nous croyons que l'Anarchie et le Socialisme doivent s'effectuer le plus tôt possible, ce qui veut dire que la Révolution doit chasser le Gouvernement, abolir la propriété particulière et assurer tous les services publics qui, dans ce cas, embrasseraient toute la vie sociale, toute l'œuvre spontanée, libre, non officielle, non autorisée de tous les intérêts et de toutes les bonnes volontés... Quoi qu'il en soit, nous aurons sur les événements quelque influence qui dépendra de notre nombre, de notre énergie, de notre intelligence, de notre intransigeance. Même si nous sommes vaincus notre œuvre n'aura pas été vaine; plus nous aurons été ardents à réclamer la réalisation de nos désirs, moins il y aura de gouvernement et de propriété individuelle dans la nouvelle société. Et nous aurons fait œuvre grande parce que le progrès humain se mesure à la diminution du gouvernement et à la diminution de la propriété privée. Si aujourd'hui nous tombons sans amener notre drapeau, nous pouvons être sûrs de la victoire de demain. » (ERRICO MALATESTA. — pp. 47, 58, 59. — *L'Anarchia.*)

« Mes compagnons et moi avons été en prison, c'est vrai, mais c'était pour une bonne cause; nous irons encore, peut-être même quelque chose de plus mauvais encore nous arrivera, mais ce sera pour le bien de tous et parce que nous voulons détruire l'injustice et la misère... » (ERRICO MALATESTA. — p. 4. — *Entre Campesinos.*)

Visiblement ces extraits sont imprégnés d'un puissant souffle de prosélytisme. Combien de passages analogues, il nous eût été loisible de citer !

Les théoriciens du socialisme anarchiste s'appliquent à développer l'esprit de prosélytisme chez leurs adhérents. Ils cherchent à convaincre et, une fois la conviction obtenue, à inspirer la foi en la réalisation de leurs idéals. Dès que cette foi est possédée par les adeptes, le désir de propagander et l'acte de propagande suivent. L'esprit de prosélytisme se développe par son exercice comme toutes les fonctions, comme tous les caractères. Alors chez certains individus le développement de ce caractère aboutit à une véritable hypertrophie, c'est-à-dire que l'esprit de prosélytisme acquiert un développement anormal, l'homme arrive à une sorte de manie prosélytique ; nous le constaterons en étudiant l'état psychique des propagandistes par la violence [1].

L'adepte des doctrines anarchistes, — c'est-à-dire l'individu qui les trouve justes et vraies, elles qui renferment les citations précédentes, — est nécessairement possesseur dans sa cérébralité de caractère « esprit de prosélytisme » qui n'atteint que chez quelques-uns l'hyperesthésie dont nous parlions.

Donc, rationnellement, le socialisme anarchiste est affecté du zèle de faire des prosélytes.

L'analyse des confessions qui nous furent faites conduit-elle à la même constatation ? On peut en juger par ces extraits :

« Il est d'absolue nécessité que je vous dise que doué d'un naturel expansif et même si je dois croire mes propres observations et surtout les remarques faites par ceux avec lesquels je vis depuis fort longtemps, j'ai une nature de missionnaire... » (T.-D. M. 28.)

« La vie étant absurde, la philosophie du néant est peut-être la vérité, mais puisque la vie est la vie, alors tout à la réalisation de l'anarchie. » (A. VEIDAUX.)

« Je me donnais tout entier à l'Anarchie, j'ai payé bien cher ma témérité, mon chemin de Damas a bien

1. Etude faisant partie d'un livre sur les anarchistes criminels, contribution à la criminologie politique.

manqué de fleurs, mais ma conscience ne me reproche rien et aussi longtemps... » (K. 11.)

« Je suis convaincu que je suis dans la vérité en étant anarchiste; aussi je suis heureux! Je cherche à faire connaître cette vérité au plus grand nombre de personnes possible... Dans ma clientèle, je ne manque aucune occasion de répandre la bonne parole... » (Dr II, 6.)

« ... Quel honnête homme enfin oserait leur jeter la pierre s'il fût assuré qu'ils ont travaillé (les moyens se justifient par le but et valent surtout par leur efficacité immédiate ou lointaine) à la réalisation de ce rêve qui est d'arriver non pas à aimer tout le monde, mais à diminuer les raisons qu'on a de détester et de se manquer les uns les autres. » (B. 2.)

« J'éprouve du plaisir à discuter sur les théories anarchistes. Quand un camarade me demande à lui prêter une brochure je suis content, et dans la conversation de l'atelier j'essaie à convaincre les camarades que je suis dans la vérité. Je serais si heureux de voir réaliser l'Anarchie! » (D 3.)

« Quant à la révolution qu'en cette qualité d'anarchiste je désire et à laquelle je veux travailler, c'est une révolution d'idées et non, entendez-moi bien, une révolution de faits. J'estime qu'il n'est plus suffisant de combattre les modalités de toutes les fictions qui, réunies, forment cet état extérieur à l'individu qu'il opprime, mais qu'il faut combattre les principes mêmes sur lesquels ces fictions reposent... » (BERNARD LAZARE.)

« C'est pour exprimer mon opinion que j'écrivis dans les jeunes revues. Grave me demanda l'autorisation de reproduire mes proses, et je devins bientôt collaborateur régulier à la *Révolte*. » (L. Malquin.)

« Vous voulez bien demander à ceux qui sont venus à l'Anarchie, Monsieur, le chemin qui les y conduisit, et pour reconnaître votre invitation non moins que pour l'*intérêt de cette enquête*, je veux essayer de surmonter une pudeur ancienne (timidité, orgueil ?) à occuper les autres de moi-même... » (Ph. D. 4.)

« Quant aux moyens de le faire triompher, je réprouve la propagande par le fait comme étant contraire à la nature de toute véritable évolution. La société doit se réformer, comme se réforme l'individu, et cette méthode qui est la plus lente et la seule qui puisse réaliser complètement l'œuvre dont nous voyons tous la nécessité. Les actes violents ne peuvent compter que comme des symptômes d'un état mauvais et je crois que cet état en supporte presque toute la responsabilité. Mais la suite des choses, en quoi j'ai confiance, montrera bien qu'il faudra davantage pour fonder ce qui sera... » (M. Pujo.)

« Je m'empresse d'y répondre dès l'instant que cela peut être de quelque utilité. Cependant il m'est difficile de vous exposer tous les faits qui, soit directement, soit d'une façon réflexe, ont agi sur mon intellect et déterminé l'évolution de mes idées ; ce serait vous raconter mon histoire. Je me bornerai à vous citer quelques points principaux qui peuvent donner matière à l'étude. A dix ans — ne riez point — j'étais bonapartiste. A l'école primaire du petit trou de province où j'habitais, je récoltais force pensums à défendre l'auteur de mes jours, un bonapartiste convaincu, contre les attaques de quelques galopins de mon âge dont les parents se convertissaient à la foi républicaine. Je ne sais quels arguments judicieux j'opposais aux arguments non moins judicieux de mes jeunes adversaires... Le régiment fut pour moi l'école de l'antipatriotisme... A la sortie du bagne militaire où, pourtant, grâce à certaines aptitudes, j'ai passé une existence relativement supportable, je devins un militant du parti socialiste révolutionnaire ; pour être précis, j'appartenais à la fraction dite allemaniste, à laquelle je suis encore lié par certains côtés. Tout en luttant pour le parti socialiste révolutionnaire... » (S. 1.)

« Un de mes grands plaisirs c'est la discussion ; il atteint son maximum quand j'ai convaincu mon interlocuteur. C'est pour moi une satisfaction que je ne puis en vérité vous décrire quand j'ai amené par le raisonnement une ou plusieurs personnes à partager ma manière de voir, c'est-à-dire adopter ce que je considère comme la vérité... » (O. 7.)

« Ce jour-là je fus heureux comme un homme débarrassé d'un lourd fardeau, et aussitôt je me mis à faire part de ma découverte à quelques amis que j'avais alors, et j'eus le bonheur d'en convaincre deux ou trois. Les autres m'ont battu froid et nos relations se sont peu à peu refroidies. » (P. 10.)

« Avant d'entrer à l'hôpital j'étais anarchiste théorique ; en sortant j'étais le militant que j'espère n'avoir jamais cessé d'être depuis. » (A. Retté.)

« Que vous dirais-je de plus, mon cher confrère, sinon que pénétré de la vérité, de la grandeur, de la noblesse de l'idée anarchiste, je l'aime au point de souffrir cruellement quand je la vois méconnaître, au point de lui sacrifier ma tranquillité, mes relations de famille, bien des sympathies qui m'étaient chères et mon avenir! » (SEVERIN L.)

« Vous pouvez faire de cette lettre (en excusant sa rapidité et son peu de tenue) l'usage qui vous conviendra; — je suis fier de mes convictions et ne veux pas les cacher... » (I. 5.)

« Je suis un anarchiste parce que je déclare la guerre à cet état de choses. Oui! la guerre au couteau. Je crois dans la force et je voudrais m'en servir pour avancer l'avenir... Je veux faire ce que je peux pour aider à promouvoir la cause que j'ai à cœur; dans cette fin j'entreprendrai d'écrire une série de brochures sur la doctrine et l'enseignement de l'anarchie si quelqu'un voulait les imprimer et publier. J'ai déjà prête pour l'imprimerie une brochure intitulée « Anarchie — ce qu'elle est, ce qu'elle enseigne. » Cela ferait une brochure de 16 pages... » (T. W.B. TURNER.)

« J'évoluai graduellement du salvationisme au radicalisme et à la Sociale Démocratie; je quittai cette dernière à cause de mon abstention du parlementarisme. Alors voyant la façon dont l'Anarchisme était persécuté par la police, je considérai de mon devoir de l'aider. Arrêté moi-même pour une insulte à la famille royale, je me lançai plus avant dans le mouvement. » (ERNEST YOUNG.)

« Depuis mon enfance j'ai activement participé dans un mouvement ou un autre pour l'allégement ou la guérison de la souffrance humaine... J'ai dépensé la plus grande part de ma vie à étudier et à enseigner la théorie éducative des Kindergarten (jardins d'enfants), qui est selon moi essentiellement anarchiste en méthodes et en principes... » (H. 12.)

« Pendant quelque temps, je joignis le parti social démocratique. Après avoir travaillé pendant deux ans dans ce parti... » (F. W. 8.)

« Je joignis la S. D. F. en 1886 — l'année des fameux troubles. A cette époque, dans la Fédération nous parlions de et travaillions pour la Révolution sociale... De ce moment, je devins anarchiste communiste convaincu et je donnai l'aide que je pus au mouvement... » (A. M. 27).

« Je conclus que l'Anarchie était désirable... qu'elle serait enfin réalisée, mais que le temps n'était pas mûr pour la propager. Pendant quelque temps, je restai satisfait avec cette conclusion... Enfin je me convainquis que cela était une nouvelle superstition. C'est alors que je devins un anarchiste... » (G. R. 22).

« Je crois et j'enseigne autant que j'en suis capable que tout gouvernement par force est barbare... » (J. C. KENWORTHY.)

« Je serais non seulement une esclave et une lâche, mais encore une traitresse à moi-même et à mes compagnons de travail et de souffrance, si je n'aidais pas, autant qu'il est en mon pouvoir, les travailleurs dans un mouvement que je considère comme le seul espoir pour une prompte disparition de tous nos maux... » (N. W. 19).

« Je suis un anarchiste parce que je suis dégoûté du présent état de société et je pense qu'il est temps de faire quelque chose pour amener une meilleure condition des choses... » (WILLIAM RECKIE.)

« C'est (l'anarchisme) un idéal, méritant qu'on combatte pour... Bientôt après, je devins un auditeur régulier des meetings et enfin je joignis le socialisme. Je vis bientôt que politiciens et anarchistes étaient irréconciables et conséquemment je me retirai et joignis la demi-douzaine d'anarchistes et ce fut la formation de notre groupe, un acte qu'aucun de nous n'a regretté... » (GEORGES ROBERTSON.)

« Pendant quinze ans, je fus engagé dans ce qui est appelé en Amérique le Labour Movement... Après quelques années d'expérience, je découvris que les Trade-Unions étaient une erreur pour résoudre le problème en question; étant d'une nature progressive, je cherchai naturellement quelque chose plus en harmonie avec le progrès comme généralement le fait tout homme en ma position; j'adoptai alors le socialisme d'état... Je suis un anarchiste-communiste et je continuerai dans l'avenir, comme je l'ai fait dans le passé, à agir dans mon humble sphère pour la cause... Pour elle je travaillerai jusqu'à ce que la mort m'appelle hors de l'actif champ du travail... » (O. P. SMITH.)

« Pendant plusieurs années je luttai pour étendre les Factory Acts aux magasins. Pendant l'agitation je fus plusieurs fois arrêté et emprisonné... » (J. TOCHATTI.) [1].

« Après une étude de la question, les dangers d'une

1. M. J. Tochatti est rédacteur en chef et propriétaire de *Liberty*, journal communiste anarchiste qui paraît mensuellement à London.

bureaucratie si étendue me semblèrent si grands que pour un long temps je défendis l'anarchisme individualiste... » (A. Z. 23.)

« Je devins un anarchiste après avoir passé par les divers mouvements politiques, Indépendant Labour et socialisme d'état inclus... » (D. K. C. M. 17.)

« Les articles (de la *Freiheit*, John Most) de cette époque écrits entre les murs d'une prison furent la preuve de son graduel développement et comme j'arrivai à être intimement uni à l'organe de ce temps, je parle de mon propre développement quand je mentionne d'autres noms, camarades avec lesquels je travaillais la main dans la main pour notre cause... » (C. H. 13.)

« Le mouvement des Trade-Unions, auxquelles je me joignis à cette époque promettaient d'éliminer la misère économique pendant que le Parti Social Démocrate dont je devins un actif membre semblait prêcher le véritable évangile du salut. Je restais un adhérent à ce dernier corps pendant environ cinq ans et dans la tourmente de la lutte politique constamment en danger d'être poursuivi pour le crime de distribution de brochures, de faire partie de sociétés secrètes, etc. (c'était le temps de la loi anti-socialiste, en Allemagne)... » (O. Gutzkow.)

« Le premier argent que je gagnai, je le dépensai pour entrer dans l'organisation appelée les Chevaliers du Travail... A ce moment survinrent les bombes de Chicago Haymarket et le procès célèbre commença. D'abord je le suivis avec curiosité, puis avec impatience et colère contre ces assassins légaux, et quand cet horrible meurtre eut été commis, je jurai dans mon cœur de défendre la cause de ces exécutés... Je commençai à prendre part dans les débats publics sur cette question, je donnai bientôt des lectures, j'écrivis des articles dans différents journaux. Bref, l'Anarchisme depuis lors devint la meilleure part de ma vie... Je vais retourner en Amérique trouvant ma présence là-bas plus importante pour la préparation de nos idées qu'ici en Angleterre et ainsi j'espère continuer tant que mes forces et mes moyens me permettront de le faire. » (R. F. 24.)

« Et voilà ! J'étais préparé. Alors le mouvement socialiste hollandais faisait de grands progrès en 1887 et 1888. Je devins social démocrate et membre actif du parti... » (METHOFER.).

« Jusqu'en septembre 1893 je n'ai rencontré (au Canada) que des non-initiés sinon des adversaires ; mais je puis dire en passant que les Canadiens sont moins réfractaires aux idées libertaires quoiqu'ils soient sous le joug anglais et mangent du bon Dieu à s'en donner des indigestions ; ils sont moins réfractaires, dis-je, que les Américains qui sont ici comme rat dans son fromage. » (A. B. G. 21.)

« Une discussion avec un anarchiste me dessilla les yeux ; ayant trouvé juste son raisonnement je me suis mis dans les rangs de ceux qui, à l'avant-garde, combattent âprement pour la disparition des iniquités sociales. » (LIDÉE.)

« Le compagnon auquel vous avez adressé votre questionnaire me le transmet en m'engageant à vous adresser aussi quelques mots. Je ne demande pas mieux si cela peut être de quelque utilité à la cause... — Un peu plus tard, la si belle déclaration de notre martyr Emile Henry m'a confirmé dans mes convictions naissantes et m'a donné l'enthousiasme avec lequel je ne cesserai plus de combattre pour notre cause... La Suisse ne doit pas rester en arrière dans le concert international des revendications anarchistes. La presse bourgeoise prétend que notre pays n'est qu'une « terre trop hospitalière aux *révolutionnaires étrangers* » mais qu'elle ne fournit pas elle-même d'aliments à la Révolution. — Nous prouverons le contraire. Je m'y emploierai de toutes mes forces... » (E. D. II. 25.)

« Maintenant que ce petit travail soit anonyme ou signé de moi, cela m'est indifférent pourvu que la cause y gagne ; mais je dois vous le dire : mon nom peut être utile en ce sens qu'il est nécessaire que des noms d'anarchistes suisses soient publiés... » (A. NICOLET.)

» Je suis devenu anarchiste en aimant les nihilistes russes dont j'enviais l'auréole de martyr et le sacrifice de leur vie pour une idée grandiose. Tout petit enfant de trois à quatre ans, lorsque ma mère me racontait les souffrances, le martyre de Jésus : m'imaginant que j'étais contemporain de ces événements, je rêvais être un rédempteur et faire disparaître de la terre ses bourreaux, les juifs... En lisant les récits des peines endurées par les chrétiens à Rome et partout, je rêvais d'employer ma vie à répandre la foi, et m'était douce la pensée de mourir sur le bûcher ou d'être dévoré par les bêtes... En 1889 à Paris où je commençais la médecine je fis plus ample connaissance de la littérature anarchique et je devins militant anarchiste puis propagandiste enragé. » (S. P. 29.)

« Au mois de septembre 1889 j'ai fondé... la feuille socialiste, dans la langue slovène, *Delavski List* (feuille ouvrière)... Je fus délégué pour l'organisation de la manifestation du 1er mai... Après le 1er mai le rédacteur de la *Sentinelle* me demanda mon discours (j'avais parlé en italien), je la lui donnai mais dans la publication il fut dénaturé... Au mois de novembre 1890 je me déclarais publiquement comme anarchiste, au cours de conférences de Sébastien Faure. Je fus ensuite menacé d'expulsion par la police et en décembre je suis parti pour l'Amérique du Nord... » (A. KLEMENCIC.)

« Ma conscience me répondit... arrête ta lutte, laisse la pyramide, invite encore les autres à quitter leur place de guerre « *du chacun pour soi* », et apporte tes efforts avec ceux qui voudront créer un milieu d'égaux travaillant au bien-être commun des hommes. » (G. P. 20).

« Peu à peu je recommençais à fréquenter des amis, toujours parmi les ouvriers et le peuple. A 18 ans je rentrais dans une association républicaine mazzinienne. Dans les réunions on parlait toujours de république, de fin de la monarchie, de Trente et Trieste... qui ne me faisaient nullement ressentir cette grande foi que tout jeune homme j'avais eue pour la patrie et surtout pour la religion. J'avais entendu souvent parler de la F.·. M.·. Bien de mes amis républicains en faisaient partie... On me fit comprendre qu'elle était une société secrète universelle qui travaillait pour que l'humanité marchât toujours vers un progrès illimité. Je m'enthousiasmais de ces racontars... On me proposa, je fus admis comme F.·. M.·.... Je croyais être devenu membre d'une société que je pensais très puissante et travaillant au bien-être de tout le monde...

J'étais enthousiasmé et fier d'être apprenti... Cependant tout en étant F.·. M.·. je continuai à fréquenter les associations républicaines où il y avait des scissions... Nous décidâmes de partir (pour la Bosnie contre les Autrichiens). Moi j'allais de tout mon cœur non pas faire la guerre à l'Autriche, mais pour porter mon faible secours à un peuple qui s'insurgeait pour le maintien de sa propre liberté... Je n'eus plus qu'une idée, faire de la propagande. J'avais déjà famille et les affaires marchaient assez bien, mais je ne pouvais plus vivre dans un milieu où il n'y avait pas moyen de faire la propagande. Je profitai des événements d'Egypte en 82 pour quitter ce pays et me fixer à Livourne. Aussitôt arrivé je commençai à me mettre en relations avec tous les compagnons qui étaient alors connus. J'avais une fièvre que je n'assouvissais qu'avec une propagande continuelle à laquelle je dédiais mes moyens et mon temps. Oh! les beaux moments!... Et nous faisions en ce temps-là la propagande avec une ardeur d'apôtres. La police commençait à nous tourmenter, à nous faire des procès, à saisir nos journaux, à nous mettre en prison. Ce n'était rien. On allait devant les persécutions avec la même sérénité que devaient y aller les martyrs chrétiens. Oh! moi j'étais rempli de ma nouvelle religion... » (A. N. 16.)

« Peu de temps après en 1887, moi et des jeunes gens pareils avec mêmes idées nous formâmes un cercle socialiste qui devint en peu de temps anarchiste. » (Z. B. 26.)

« J'étais républicain et je me réjouissais d'entendre les républicains parler de droits et de devoirs et partout où j'allais j'entamais des discussions sur les droits que donne la république et aussi sur ses libertés. » (FRANCISCO FREISCAS.)

« . . Bientôt je me convainquis que l'anarchie était la vérité. Depuis lors je la défends comme je le ferai tant que je vivrai avec mon énergie. » (PALMIRO.)

« J'étais membre de l'internationale des travailleurs .. Je ne désire pas garder l'anonyme, j'ai toujours dit et très haut que j'étais anarchiste... » (CECILIO FERNANDEZ ZAMORANO.)

« Il m'est indifférent que ma réponse soit signée ou anonyme; si c'est nécessaire pour la meilleure réussite de l'Idée qu'elle ne soit pas anonyme, alors vous pouvez publier mon nom. » (MARIANO LAFARGA [1].)

« Moi aimant de rapprocher d'une minute le règne de la justice dans le monde, je réponds aux demandes de M. Hamon... » (IGNACIO JAQUETTI.)

« Je ne désire pas garder l'anonyme, je déclare toujours mes convictions. » (JOAQUIN LUIS OLBÈS.)

« Je désire que ma réponse soit publique... » (JACINTHO MELICH [2].)

« A l'âge de 15 ans, je devins membre de l'Association internationale des travailleurs et je compris que nous sommes tous frères, que l'esclavage provient de l'existence du gouvernement, du capital du catholicisme et des frontières... Quand la bourgeoisie assassina sept de nos compagnons à Xérès en 1885, je devins plus ardent dans la

1. M. Agustin Sineriz exprime la même idée en sa réponse.

2. MM. J. E. Marti, José Prat, E. Oller, en leurs réponses exprimèrent même idée.

propagande parce que je fus révolté par l'injustice qu'on avait commise et par les persécutions dont nous fûmes victimes... Je me révolte contre l'ordre de choses existant et je donnerai jusqu'à la dernière goutte de mon sang pour le salut de l'humanité [1]... Je ne veux pas que ma réponse soit anonyme. » (JUAN F. LAMELA.)

« Je n'ai pas d'inconvénient toutes les fois que ma parole ou mes écrits peuvent être utiles à la cause que je défends, qu'on sache que je combats cette société injuste et inégale. » (MANUEL RECOBER.)

« Dans le même temps (jeunesse) je collaborais à leurs journaux (des associations ouvrières socialistes) avec un cousin qui, à cette époque-là passait pour être l'intelligence la plus lucide et la plus avancée du mouvement socialiste dans le nord du pays... Poursuivant la carrière commencée, deux ans plus tard (1886) mes écrits montrent une tendance accentuée vers le communisme-anarchiste... Dominé par la volonté de développer et propager les doctrines communistes anarchistes dont la sublimité avait pris possession de mon esprit... je tâchai de traduire et d'adapter le manifeste de Madrid à l'organisation naissante de Porto ; cela constitua son premier manifeste, publié dans le N° programme du premier périodique communiste-anarchiste portugais *La Revoluçao social*. En janvier commença sa publication régulière et des circonstances diverses permirent que j'y jouasse le principal et ensuite l'unique rôle. Cette publication eut quarante-huit numéros jusqu'en janvier 1891... Malgré que j'étais complètement dédié à la vulgarisation de ces

1. Lamela est le frère d'un des garrottés de Xérès. Cette phrase énergique n'est donc pas une simple formule.

doctrines... Obligé de suspendre la publication de *la Revoluçao social,* je commençai la publication d'une série de brochures... » (GONCALVÈS VIANNA.)

Quelques-uns des socialistes-anarchistes qui nous répondirent ne notèrent point leur zèle prosélytique alors qu'il existe réellement chez eux. Nous en fûmes personnellement témoin pour W. D. 30, H. Campbell, A. Agresti expulsé de France et de Belgique pour propagande. La profession de Van Ornum, auteur d'ouvrages de propagande, est une preuve de l'esprit de prosélytisme.

A chaque ligne des confessions, l'appétit de propagande éclate. Tout l'effort dont chacun est coupable va vers ce résultat : amener des hommes à voir comme soi.

L'esprit de prosélytisme est peut-être le caractère le plus prononcé de la mentalité anarchiste, ce qui prouve combien l'anarchiste a la foi en la vérité de la doctrine qu'il professe.

La lecture des feuilles anarchistes dans tous les pays où il en existe est, à cet égard, des plus lumineuses[1]. Une souscription permanente est ouverte pour la

1. Voici quelques notations intéressantes. Dans le *Révolté* de 1884 par exemple, on lit souvent la note suivante : « Nous prévenons nos amis des groupes anarchistes que nous tenons à leur disposition de vieux exemplaires du *Révolté* pour la propagande, à condition toutefois qu'ils se chargeront des frais d'expédition. »

propagande [1] et chaque anarchiste donne. Beaucoup se privent pour cela. Pour créer un journal, une revue, pour lancer un placard, une brochure [2], il mettra ses rares bijoux, ses livres mêmes au Mont-de-piété; il se vêtira mal, lui et les siens; il mangera mal, lui et les siens.

Comme l'a constaté M. Félix Dubois dans le *Péril*

Dans *El Corsario* de 1895, nous lisons qu'il s'est célébré une union libre du compagnon Figuerola et de la compagne Ruiz. « L'acte est de grand intérêt pour la Propagande » est-il dit. Une fête eut lieu qui se termina par une collecte en faveur des prisonniers. Dans le *Réveil des Mineurs* de janvier 1892, nous relevons cette note : « Nos lecteurs nous aideraient beaucoup en nous envoyant des adresses de camarade à qui nous pourrions expédier quelques journaux. » Encore cette autre : « Depuis que nous publions le *Réveil* nous avons fait distribuer gratuitement plus de 5,000 exemplaires... » Ou celle-ci : « Nous croyons qu'il serait désirable que Merlino qui parle plusieurs langues puisse faire une tournée dans les centres miniers et qu'il en résulterait beaucoup de bien pour la propagande, » etc., etc.

1. Il y a aussi dans ces journaux des souscriptions pour les prisonniers, pour les familles d'iceux ou pour ceux des compagnons exécutés — ils disent assassinés. Il y a des souscriptions pour la publication de brochures, de placards, de manifestes. Certains journaux — par exemple la *Nueva Idea* qui se publie maintenant à Gracia ou *El Perseguido* de Buenos-Ayres — portent la mention : se publie par souscription volontaire, paraît quand il peut.

2. Les auteurs ne reçoivent généralement rien sur la vente de leurs brochures ; quelques-unes se sont vendues à plus de 30,000. En Espagne nous avons noté des brochures vendues au profit des prisonniers et le prix était à la volonté des acheteurs. Sur des brochures de la République Argentine nous avons lu « De chacun selon ses forces » et c'était là le prix de la brochure.

anarchiste, « l'Anarchiste déploie en la propagande une ingéniosité, une ténacité, une audace que l'on ne trouve plus chez les vieux partis. » Les modes de propagande sont multiples : journaux, revues, images, chansons, conférences, brochures, livres, etc.

Un jour, un jeune anarchiste français me contait que le dimanche — en semaine, il était employé dans un bureau — il allait à la campagne le plus loin possible de la ville où il demeure. Il a emporté avec lui des brochures d'Elisée Reclus, *à mon Frère le Paysan* ; alors il les distribue sur des arbres, sur des tas de pierres, à des fenêtres, toujours bien en apparence. Sur la route, des voitures sont attachées près d'une auberge, il y glisse ses brochures. Le soir, son ballot ainsi distribué il rentrait. Souvent en son retour, il passait près des arbres, des tas de pierres, des fenêtres pour voir si les brochures avaient été cueillies.

Un autre français encore, ne sortait jamais sans emporter quelques exemplaires de la *Révolte* qu'il abandonnait dans les voitures, les omnibus, les chemins de fer, un peu partout enfin.

A London, je sais des jeunes filles de situation aisée qui travaillaient quotidiennement en un atelier pour composer un journal, qui le matin, en hiver, s'en allaient aux docks distribuer des manifestes aux dockers.

Combien d'autres faits analogues ne pourrait-on point citer ? Le prosélytisme est chez quelques-uns si exaspéré qu'ils tronquent des travaux, des citations, qu'ils falsifient des faits consciemment et aussi inconsciemment dans l'intérêt de leur propagande.

Poussés par leur ardeur de prosélytisme, les socialistes-anarchistes propagandisent sans souci de souffrir pour l'Idée. Pour elle, ils brisent leurs relations de famille, d'amitié ; ils perdent leurs places, leurs moyens de vivre. Dans leur zèle, ils vont jusqu'à risquer la prison, le bagne, la mort. Tout pour l'Idée.

Dans les années 1890 et 1891 de notre *France sociale et Politique* combien de faits y sont relatés, qui prouvent cet appétit de prosélytisme, cette insouciance de la misère, des souffrances physiques et morales qu'entraîne leur propagande effrénée, tant variée qu'elle se manifeste à chaque instant de la vie. Misères et souffrances disparaissent devant l'ineffable joie de faire des prosélytes.

En résumé, pour ce nouveau caractère mental comme pour les précédents, les méthodes positive et rationnelle conduisent à la même constatation : existence de l'esprit de prosélytisme dans l'état psychique, spécifique des anarchistes-socialistes.

Donc, parvenu à la fin de notre analyse psychologique, nous pouvons écrire que les caractères mentaux constitutifs de la cérébralité socialiste-anarchiste sont : 1° *Esprit de Révolte ;* 2° *Amour de la Liberté ;* 3° *Amour du Moi* ou *Individualisme ;* 4° *Amour d'autrui* ou *Altruisme ;* 5° *Sensibilité ;* 6° *Sentiment de justice ;* 7° *Sens de la Logique ;* 8° *Curiosité de connaître ;* 9° *Esprit de prosélytisme.*

L'anarchiste-socialiste est donc définitivement un individu *révolté, libertaire, individualiste, altruiste, sensitif, sensible, assoiffé de justice, quelque peu logicien, curieux, affecté de prosélytisme.*

CHAPITRE X

DE L'ÉTAT MENTAL SPÉCIFIQUE DES SOCIALISTES-ANARCHISTES.

> Le vrai, je sais, fait souffrir,
> Voir, c'est peut-être mourir,
> N'importe, ô mon œil, regarde.
>
> GUYAU.

Nous sommes arrivé au terme de notre analyse psychologique. Aucun autre caractère ne se révèle dans les réponses nombreuses[1] que nous eûmes. L'a-

1. Nous reçûmes environ cent soixante-dix réponses. Outre les nationalités dont nous avons donné des confessions, nous en eûmes d'Argentins, d'Uruguayens, de Suédois. Nous remercions ici tous ceux qui voulurent bien nous aider dans notre œuvre scientifique en nous envoyant une réponse à notre questionnaire. Nous prions ceux qui ne sont point cités de bien vouloir nous excuser. Pour beaucoup nous reçûmes leurs lettres, notre livre se terminant; d'ailleurs, vu leur nombre, nous dûmes nous restreindre dans la quantité des confessions employées. Celles qui ne nous servirent point confirment l'état d'âme que nous avons déterminé.

narchiste-socialiste a donc une constitution mentale qui lui est particulière et qui est un agrégat de caractères psychiques. Ces caractères sont, nous l'avons vu par l'observation et rationnellement : Esprit de Révolte, Amour de la Liberté, du Moi, d'Autrui, Sensibilité, Sentiment de justice, Curiosité de connaître, Sens de la logique, Esprit de prosélytisme.

Chacun de ces caractères, pris en particulier, n'est nullement spécifique de l'état essentiel des anarchistes-socialistes. Chacun d'eux se rencontre en des cérébralités d'individus qui ne sont nullement socialistes-anarchistes. La tendance à la révolte, par exemple, appartient à tous les révolutionnaires, et on peut être révolutionnaire, sans avoir l'idéal social des Carpenter, des Merlino, des Bruno Wille, des Grave. Cette tendance se rencontre chez les socialistes autoritaires, chez les impérialistes, les royalistes en France, chez les libéraux en Russie, les républicains en Espagne, les radicaux en Angleterre. Chez les uns les tendances sont progressives, chez les autres, elles sont régressives, mais cela importe peu en l'occurrence, car il suffit de savoir que la tendance à la révolte existe chez ces individus.

L'esprit d'examen, de critique, — dérivés morphologiques de la tendance à la révolte — se manifeste en outre chez la plupart des hommes qui s'adonnent au culte des sciences, des lettres, des arts.

L'esprit d'innovation — autre dérivé morphologique — le philonéisme existent dans tous les cerveaux des socialistes autoritaires, des inventeurs, des découvreurs de toute sorte, des artistes, des littérateurs jugés originaux.

L'amour de la Liberté, l'amour du Moi se rencontrent chez les artistes qui sont souvent d'ardents individualistes et qui veulent la liberté pour... eux. Le libéral s'affirme amant de la liberté, mais il la veut pour lui et quelques-uns, non pour tous. Le riche, noble ou bourgeois, conservateur a un intense amour de son Moi. Il ne songe qu'à la satisfaction de ses appétits, souvent de motifs vulgaires sinon bas, en usant des qualificatifs habituels et sans que cela frappe ces individus d'un stigmate quelconque.

L'altruisme existe en la mentalité des socialistes autoritaires, des philanthropes.

La curiosité de connaître se trouve chez tous les hommes de science. L'esprit de prosélytisme est dans la cérébralité des catholiques sincères et convaincus, des adeptes des multiples sectes d'Angleterre et d'Écosse, des socialistes autoritaires.

Chacun des caractères psychiques que nous avons déterminés par les méthodes positive et rationnelle appartient à des individus qui ne sont point anarchistes-socialistes. Mais l'ensemble de ces caractères mentaux est constitutif de l'état essentiel des socialistes-anarchistes.

Pour être socialiste-anarchiste, il ne suffit point de s'intituler tel. Il ne suffit point de crier : Vive l'Anarchie !

Ce cri, la qualification d'anarchiste que certains se donnent sont seulement l'indice d'une révolte, d'une protestation contre l'état social. Le voleur que les magistrats viennent de condamner, le miséreux que la police brutalement arrête, vocifèrent : Vive l'Anarchie ! Cela ne signifie nullement qu'ils sont anarchistes-socialistes et notre psychologie ne les concerne point. Ce n'est pas à dire qu'ils ne peuvent devenir anarchistes, qu'ils ne le sont réellement, mais leur cri — par le seul fait qu'il a été poussé — ne permet pas de les classer parmi les socialistes-anarchistes.

Pour être socialiste-anarchiste, il faut être l'adepte, dans leurs lignes générales, dans leurs principaux points, des théories qu'ont exprimées les Elisée Reclus, les Kropotkine, les Malatesta, les Malato, les Guyau, les Parsons, les Most, les Spies, les James, les R. Mella, etc. Qui n'a pas avec ces doctrinaires un même idéal social et moral — j'entends toujours abstraction faite des détails — ne peut justement se dire socialiste-anarchiste. Ceux qui sont les adeptes de ces théories, ceux-là seulement sont anarchistes-socialistes et ceux-là possèdent l'état d'âme que nous avons déterminé. Ils possèdent en leur cérébration tous ces caractères psychiques et leur agrégat constitue la mentalité philosophique spéciale à ces adeptes, car elle les différencie de tous autres sectateurs d'autres doctrines.

Ceux dont l'état essentiel se rapprocherait le plus de celui spécifique des socialistes-anarchistes seraient les socialistes autoritaires ou étatistes ou social démocrates ; mais la mentalité anarchique socialiste se différencie de la leur, parce que l'amour de la liberté en fait partie intégrante tandis qu'on ne le trouve point dans la cérébralité des socialistes autoritaires.

L'état psychique ainsi déterminé donne un *type* d'anarchiste-socialiste. J'entends que ce type mental est idéal comme le sont tous les types des naturalistes. Il ne correspond exactement à aucun socialiste-anarchiste en particulier, mais correspond exactement à tous les anarchistes-socialistes pris collectivement.

Chaque socialiste anarchiste participe de ce type idéal, moyen, c'est-à-dire que chaque individu qui professe les doctrines des Bakounine et des Grave a les tendances constitutives de ce type. En chaque anarchiste-socialiste, ces tendances sont à des degrés différents de développement. Suivant les autres tendances psychiques particulières aux individus, elles subissent des déformations. Les unes s'atrophient presque, d'autres s'hypertrophient. Les influences héréditaires, nationales, professionnelles agissent sur ces tendances pour atténuer les unes, exacerber les autres. Toujours, cependant, on retrouve chez le socialiste-anarchiste toutes les caractéristiques mentales que nous avons déterminées. Les différenciations qui existent entre les individus adeptes de cette doctrine sont purement de degré et point de nature.

Les qualités cérébrales varient en intensité suivant la nation, la profession, l'individu. Chez les uns prédomine l'altruisme, chez d'autres l'individualisme. D'aucuns seront surtout libertaires alors que maints autres seront principalement des révoltés. Chaque caractère influence ses voisins et plus ou moins les déforme.

La passion — fruit de la sensibilité -- agit sur l'altruisme et le mue en haine chez certains.

Ainsi E. D. H. 25, poète et professeur, ne parle que de haine : « Cela ne me donna point encore la haine... La haine m'est enfin venue de tous les ouvriers du crime... Il me manquait le compagnonnage réconfortant qui entretient la haine... J'ai souffert encore, mais avec la consolation que je me vengerais et que je vengerais mes frères... Il n'y a plus en moi.... qu'une soif aussi de colère et de vengeance contre tous ceux qui nous oppriment... » Ainsi M. A. Nicolet écrit qu'il est « un anarchiste dont le cœur déborde de haine...» Ainsi T. D. M. 28 nous dit: « Je suis anarchiste, je ne sais si c'est par haine de toutes les misères que nous subissons ou si c'est plus... » « Mon cœur se révoltait d'indignation et de haine... » écrit Charles Hansenne.

La passion vive a ainsi déformé l'altruisme. On a des haineux, des violents par altruisme. C'est cet altruisme obnubilé par la passion qui conduit certains à l'usage de la bombe ou du poignard. La violence, ont écrit Spies, Parsons, écrivent tous les jours les socialistes-anarchistes de la Grande-Bretagne [1], ne constitue pas l'anarchie socialiste, mais il est des adeptes de cette doctrine qui, de tempéraments plus ou moins violents, plus ou moins passionnés, sont poussés par altruisme à user de violence, à haïr.

Libertaires, certains veulent imposer leur idéal; ils veulent faire le salut de la masse populaire malgré elle. Ils veulent la convertir malgré elle. L'altruisme et l'esprit de prosélytisme se sont développés au détriment de l'amour de la liberté et du sens de la logique. Ils sont analogues aux terroristes de 1792, qui par amour de l'humanité tuaient des humains, aux catholiques qui persécutaient les hérétiques par amour pour eux.

Chez maints autres l'amour de la liberté tant s'exa-

1. Sur les affiches anarchistes anglaises et écossaises on lit presque toujours : L'anarchisme n'est pas la bombe.

gère, que le sens de la logique est atténué, que l'altruisme, l'esprit de prosélytisme, l'individualisme sont déformés.

Ainsi il y a quelques années, un jeune anarchiste-socialiste désireux de propagander demanda, à certains « camarades » plus vieux dans le mouvement, conseil sur la forme de propagande à employer. L'un Z vanta la propagande théorique des idées; Y, une femme passionnée par tempérament, conseilla la propagande bruyante, au besoin même la violence si les patrons récalcitraient. Le jeune socialiste-anarchiste, fort indécis, recourut à un troisième V qui lui répondit une lettre dont nous extrayons :

« Chacun de nous a son caractère, ses instincts naturels, son tempérament; et par conséquent la conduite de tous les jours doit varier chez les individus.

Pourvu que cette conduite soit toujours raisonnée et sincère, et que, chez les anarchistes elle soit inspirée par la compréhension de la liberté personnelle et de la solidarité entre camarades, il n'y a rien à dire.

Encore une fois : Fais ce que veux !

Aussi n'ai-je point de conseils à vous donner. A chacun de faire ce qu'il trouve bien.

Z a raison, Y a raison, cela dépend des caractères.

..... Pas de mot d'ordre ! que chacun soit à lui-même son conseiller ! »

Or V est un écrivain qui écrit articles, livres et

brochures pour répandre ses conceptions du Juste, du Beau, du Bien, du Vrai; il donne des conseils à tous ses lecteurs, car il les invite — il le souhaite ardemment — à adopter ses conceptions. En la lettre ci-dessus, V refuse d'exprimer son opinion sur la propagande, il refuse de donner un conseil. Il ne perçoit point son illogisme, provoqué par l'hypertrophie de son amour de la liberté. Son souci de l'individualité de son correspondant — altruisme exacerbé — est tel qu'il altère son individualité à lui, V. Pour être pleinement logique, individualiste, et propagandiste, V devait, après avoir noté les observations de la lettre précédente, ajouter son opinion, avec démonstration, sur la forme de propagande qu'il jugeait la meilleure. Ce faisant il eut été aussi libertaire et altruiste qu'il l'a été et plus logique, plus individualiste. Chez V, l'amour de la liberté en s'exagérant a diminué le sens de la logique et déformé les autres caractéristiques mentales.

Il y a donc entre chaque anarchiste-socialiste des différences individuelles dues au développement différent — sous les mille et mille influences de l'ambiant — des diverses qualités mentales dont l'agrégat est spécifique de ces adeptes.

Il y a aussi des différences entre les groupes nationaux de ces socialistes-anarchistes. Ainsi, comme nous l'avons noté, l'individualisme se constate à un degré moindre d'intensité chez les Anglais, les Ecossais, les Espagnols. Ainsi, cependant, presque tous ces derniers veulent être nommés, ne veulent pas conserver l'anonyme, par passion prosélytique. Anglais, Ecossais et Espagnols parlent de religion, car en ces pays, l'esprit religieux est vivace, alors que Français, Belges, Suisses n'en parlent point.

J'avais demandé qu'on m'indiquât la nationalité et tous le firent mais pour indiquer leur internationalisme, beaucoup écrivirent « né en... » ou « ... de naissance ». Les Espagnols dans une assez grande proportion, expriment sous une forme grandiloquente leur négation de la patrie. Dans leurs réponses nous relevons notamment ces phrases : « Né en une partie de la planète terrestre que l'on appelle Espagne... Ma patrie est très grande et n'a d'autres frontières que celle de la nature elle-même. » — « Quoique je naquis en Espagne, ma nationalité est le monde. Etant cosmopolite, non seulement je n'ai pas de patrie, mais en plus je les hais toutes et spécialement celle où je suis né. » — « Espagnol quoique je n'aie pas de patrie. » — « Nationalité : L'univers, » « Né en cette partie du monde qu'on appelle l'Espagne. » — « Nationalité, le monde entier. Né en un point que l'on appelle Valencia. » — « Je n'ai d'autre nationalité que l'univers sans frontière. »... Cette grandeur dans le sentiment de l'humanité appartient — fait à noter — le plus souvent à des individus peu cultivés, des ouvriers manuels ou plutôt des manœuvres, qui écrivent — n'ayant aucune instruction — en une langue très peu classique tant sous le rapport de l'orthographe que sous celui du style.

En même temps que le socialisme anarchiste est une doctrine philosophique, il est aussi un parti politique et un parti d'avant-garde. A tous les partis analogues, dans tous les temps et dans tous les lieux, se joignent, à côté des adeptes conscients, pondérés, nombreux, quelques individus impondérés, êtres anormalement développés. Cette anormalité se manifeste diversement, suivant les individus, par des actes criminels, ou par de la démence ou par de l'imbécillité !

Des criminels, des fous se joignent à ce parti, s'affichent socialistes-anarchistes, de même qu'au commencement du christianisme tous les criminels, les prostitués des deux sexes, les aliénés se joignaient à la secte nouvelle.

Deux ou trois de ceux qui nous répondirent nettement montrent une réelle impondération cérébrale. L'un d'eux, Allemand, est anarchiste « parce qu'il est un homme avec un cerveau ; sa profession est confesseur de la vérité avec la plume et la bouche. » Comme nationalité, il est « membre de la société de toutes les créatures dans le monde, y compris la voie lactée ».

Un autre, Français, me dit qu'il est anarchiste « parce qu'il est né avec des yeux et des oreilles.... ». Quelques-uns — deux ou trois — quintessencient les raisons de leur anarchisme de telle sorte que c'est littéralement incompréhensible. Ce sont des mots alignés, insignificatifs en leur juxtaposition.

Chez ces êtres au développement cérébral imparfait, la morale d'un Guyau ou d'un Kropotkine, exposée dans les journaux de propagande, a produit une plus grande déséquilibration et provoque des actes idiots ou criminels. Leur cerveau n'était pas apte à comprendre la grandeur certaine de cette morale et ils se sont démoralisés. Cette action nuisible sur certains êtres n'est point niable ; on peut la constater en étudiant les fastes judiciaires des individus qui s'intitulent anarchistes et que réclament comme tels certains propagandistes dans les journaux du parti. Par amour de l'humanité, certains de ces impondérés sont amenés à la haine des bourgeois et de leurs œuvres.

Un socialiste-anarchiste d'une très grande valeur intellectuelle nous contait qu'un jour des anarchistes-socialistes — ou se croyant tels — lui avaient dit : « Tu vas à la bibliothèque. Eh bien ! déchire donc des livres pour faire du mal aux bourgeois. » Il ne put leur faire comprendre l'ineptie de leurs paroles. Un autre, révolté par l'influence — néfaste selon lui — de l'Église, aspirait au moment de la Révolution sociale pour détruire les églises de pierre ou de bois. Peu lui importait la destruction de chefs-d'œuvre de l'esprit humain ! Il était convaincu que la destruction des églises-monuments serait la destruction des religions spiritualistes si mauvaises dans son opinion[1].

En somme, ces déséquilibrés forment une minorité petite même, dans la grande masse des socialistes-anarchistes épars dans le monde. Ils sont d'ailleurs beaucoup moins anarchistes-socialistes qu'ils ne le croient et qu'ils ne le disent. Ce sont le plus souvent de simples révoltés avec de vagues appétences d'altruisme, joint à une atrophie plus ou moins complète du sens logique. Ce sont des êtres arrêtés dans leur développement cérébral, pauvres aliénés à des degrés divers chez lesquels a surnagé la tendance altruiste qui leur fait désirer une ère de bonheur pour tous. De bonne foi, quelques-uns de ces pauvres êtres se figurent avancer l'heure du bien-être, de la justice et de la li-

1. Dans une étude pseudo-scientifique de M. Bérard — actuellement député de l'Ain — parue dans les *Archives d'Anthropologie criminelle* en 1892, on lit que les anarchistes ne songent qu'à détruire ; que leur pensée ne va pas plus loin que la destruction des monuments publics. Dans une critique de ce travail que nous publiâmes en 1893, dans l'*Art social*, nous protestâmes, avec preuves, contre ce dire d'un magistrat peu criminologue. La vérité nous oblige — et cela ne nous coûte nullement — à constater que *partiellement* M. Bérard avait raison. Nous disons *partiellement* parce que ceux qui pensent comme M. Bérard l'écrivait, ne sont pas *les* anarchistes mais bien *quelques* anarchistes, des exceptions, en somme.

berté pour tous, en *estampant*, en volant le bourgeois ou en détruisant des choses appartenant à des bourgeois.

Il était de notre impartialité de parler, dans cette étude psychologique, de ces impondérés qui se croient fermement anarchistes-socialistes et qui en réalité le sont fort peu. Mais une étude de l'état psychique des adeptes des doctrines socialistes-anarchistes ne pouvait être basée sur de tels individus, parce que dans l'ensemble des adeptes, ils constituent seulement des exceptions et en vérité peu nombreuses.

Celui qui justement s'appelle anarchiste-socialiste a pour mentalité spécifique un agrégat de caractères qui ne se rencontreraient point tous dans la mentalité de ces pauvres déséquilibrés. Ces caractères, que nous avons découverts au cours de notre analyse, sont, même dans le type cérébral spécifique de l'anarchiste-socialiste, à des degrés divers de développement.

Il semble, à en croire notre enquête, que d'une façon générale les caractéristiques les plus développées sont : l'esprit de révolte, l'amour d'autrui, l'esprit de prosélytisme. Ce sont là des qualités mentales qui se rencontrent, agrégées, chez tous les socialistes. Elles ont chez la plupart des anarchistes atteint un éminent degré de croissance; après viendrait l'amour de la liberté qui, dans le genre socialiste, est spécifique de l'espèce libertaire ou anarchiste. La curiosité de connaître, l'amour du Moi, le sentiment de justice sont à des degrés de moindre croissance.

En résumé, il existe — notre enquête parmi les hommes et parmi les doctrines l'a prouvé — un type mental qui différencie l'anarchiste-socialiste des autres sectes socialistes, qui le différencie des autres hommes. Tous les individus adeptes des Malatesta, des Reclus, des Malato, etc., participent de ce type constitué par un agrégat de caractères psychiques tels que : Esprit de révolte, Amour du Moi, d'Autrui, de la Liberté, sentiment de justice, sens de la logique, curiosité de connaître, esprit de prosélytisme.

Suivant des différences individuelles, dues aux ambiances héréditaires, sociales, nationales, professionnelles, climatériques, chaque socialiste-anarchiste est toujours plus ou moins révolté, plus ou moins libertaire, individualiste, altruiste, plus ou moins affecté du sentiment de justice, curieux de connaître, appétant de logique, plus ou moins propagandiste.

CHAPITRE XI

DU CARACTÈRE DE L'ANARCHISTE-SOCIALISTE[1]

> « Il n'est pas dans ce monde un motif assez fort pour qu'un savant se contraigne dans l'expression de ce qu'il croit la vérité. » E. RENAN.

Comme tous les hommes, les anarchistes-socialistes possèdent des tendances diverses. Parmi elles, il en est qui sont communes à tous les anarchistes. Nous les avons déterminées. Ce sont ces tendances communes — leur ensemble est spécial à l'individu qualifié anarchiste-socialiste — qui prédominent en la cérébralité de l'être, le différenciant des autres individus.

Ces tendances particulières subordonnent à elles

1. Ce chapitre a été publié dans *Free Review* (London), dans la *Riforma sociale* (Roma), dans la *Société Nouvelle* (Paris et Bruxelles).

toutes autres tendances; elles provoquent l'atrophie de ces dernières ou en empêchent le développement. Par leur agrégat, elles sont réellement créatrices de l'« état d'âme » anarchiste-socialiste.

Chez l'anarchiste existe donc une harmonie mentale résultante de l'équilibre, — non pas par suite de l'égalité des tendances, — mais à cause de la subordination des tendances à quelques-unes d'entre elles. Celles-ci que nous connaissons l'emportent sur les autres et tracent à l'individu la voie à suivre. Il y a unité dans la vie de l'Anarchiste dont la fin est réellement l'expansion de ce qu'il dénomme Vérité, de ce qu'il estime être le Juste, le Bien, le Beau.

Les *Unifiés* sont « ceux en qui l'harmonie résulte non pas de l'équilibre des tendances à peu près égales en force, mais bien de la subordination de l'ensemble des tendances à l'une ou à quelques-unes d'entre elles. Celles-ci font l'unité de la personne et ne laissent guère aux autres tendances que l'activité nécessaire à l'entretien de la vie et à la conservation de la santé, lorsque même elles n'entraînent pas la ruine de l'esprit et la mort de l'organisme par la rupture de l'harmonie indispensable [1].

Il ressort de là que l'anarchiste-socialiste est du type *unifié*; les tendances communes, par notre ana-

1. Fr. Paulhan. — *Les caractères* — p. 22 — Paris 1894 — Félix Alcan, éditeur.

lyse déterminées, forment un système prédominant sur les autres tendances individuelles et caractérisant l'anarchiste-socialiste.

Dans la mentalité anarchiste se rencontrent les qualités : esprit d'examen, amour du moi, sens de la logique, curiosité de connaître. De là résulte que l'Anarchiste-socialiste participe du type *réfléchi*. Avec M. Paulhan, nous entendons ainsi désigner les individus qui ont l'esprit attentif, qui examinent leurs sentiments, leurs désirs, leurs actes, leurs qualités, leurs pensées.

L'anarchiste, nous l'avons démontré, est un observateur des phénomènes sociaux. Il les réunit en son cerveau, les compare et en tire des conclusions. C'est un analyste de ses sentiments, de ses pensées, de ses désirs. Innombrables sont les « pourquoi » qu'il se pose à lui-même. Il passe au crible de la raison tous ses sentiments, toutes ses sensations. C'est donc justement que nous le classons parmi les « réfléchis », les maîtres d'eux-mêmes. Même lorsque, propagandiste par la violence, l'anarchiste agit criminellement, il est encore un « réfléchi » un « maître de soi ».

« Lorsqu'on examine ses pensées et ses désirs, ses qualités quelles qu'elles soient, il arrive que l'on s'y complaît. Lorsque l'on s'y complaît on n'est pas loin de se plaire à les mettre en relief et parfois désirer que les autres prennent goût à les admirer [1]. »

Cette juste remarque le serait encore si l'on écrivait : « *On n'est pas loin de désirer que les autres les partagent.* » L'Anarchiste-socialiste est, nous le savons, affecté de prosélytisme ; il veut que les autres partagent ses idées qui, pour lui, représentent le Vrai, le Juste, le Beau, le Bien. Elles ne sont ainsi représentatrices pour lui de la Vérité, de la Beauté, du Bien que parce que l'anarchiste examine ses idées, scrute ses sensations, analyse ses sentiments ; parce qu'il est en un mot, un raisonnant, un « réfléchi ».

En la mentalité anarchiste-socialiste nous avons décelé la présence de l'esprit d'opposition, modalité de l'esprit de révolte. Aussi est-il du type *contrariant*. Toutefois, on remarque aisément que, grâce à la curiosité de connaître, l'opposition n'est pas recherchée pour elle-même. L'anarchiste ne contredit pas pour l'unique plaisir de contredire. Certes en contredisant il jouit, mais cette jouissance n'est pas son but. Il a pour fin dans sa contradiction de s'éclairer, d'accroître ses connaissances. Il veut atteindre à la vérité et, pour ce, il examine le pour et le contre, soutenant l'un ou l'autre suivant son interlocuteur. Chemin faisant, la contradiction, par elle-même, lui a donné une jouissance qui s'intensifie progressivement par son

1. Fr. Paulhan — p. 34 — L. C.

accession à ce qu'il juge la vérité et qui atteint son maximum de perfection quand il a réalisé sa fin finale : l'expansion de l'Idée.

Généralement, l'anarchiste n'est pas ballotté entre deux croyances contradictoires. Il est arrivé à la certitude bien que, toujours, il examine les phénomènes pour infirmer ou confirmer cette certitude. Puisque affecté du sens de la logique, il ne peut être flottant entre deux idées opposées, une fois qu'il a atteint ce qu'il estime la vérité, il s'y arrête, il s'y fixe.

L'anarchiste-socialiste n'est pas un inquiet, un hésitant. Il sait — on croit savoir ce qu'il veut et il le veut fortement. Il a des passions vives, mais peu mobiles. Il a de la *fixité* dans les idées, les opinions. Il est devenu anarchiste-socialiste à la suite d'une série de délibérations comme l'ont montré les extraits confessionnels que nous avons donnés comme on le verra dans un ultérieur chapitre sur la genèse de l'anarchiste. Il a longuement élaboré ses idées ; il a délibéré son opinion. Il est plus convaincu que croyant. Il n'arrive pas à la conviction par la foi, mais il atteint à la foi par la conviction.

Cette fixité dans les idées n'implique point l'invariabilité de l'individu. Cela signifie seulement que l'anarchiste n'est pas en proie à une permanente lutte de ses tendances. Il ne se produit point chez lui une variation continue des tendances dominantes.

Quand l'anarchiste cesse d'être anarchiste, cela résulte d'une infinité de causes, — notables plus ou moins, — génitrices d'une délibération. C'est cette délibération — résultante nouvelle — qui provoque le non anarchisme de l'individu. Par *fixité, fixé*, j'entends donc dire : que l'anarchiste socialiste n'est pas hésitant sans cesse entre des tendances ou des groupes de tendances ; qu'il n'est pas constamment en proie à des désirs opposés ; qu'il ne subit pas l'alternative domination de tendances contraires. L'anarchiste-socialiste est doué « d'amour du moi », « d'amour d'autrui » et de « curiosité de connaître ». Aussi s'intéresse-t-il à beaucoup de choses, à tout même. Il n'est aucun phénomène naturel, social qui n'attire et ne retienne son attention. Il veut savoir plus qu'il ne sait ; il veut faire progresser son moi ; il veut qu'autrui perfectionne son moi. Avec Terentius, il dit :

Homo sum : humani nihil a me alienum puto.

De cet intérêt pour tout ce qui est résulte l'*ampleur* du caractère.

« L'ampleur du caractère suppose un grand nombre de tendances, d'émotions, de sentiments, de croyances, d'idées...... Les grands sentiments généraux ou abstraits indiqueront en général un caractère plus large ou tout au moins l'ampleur relative de ces sentiments mêmes[1]. » On le voit ; l'anarchiste possède un caractère ample, large.

Quel caractère peut avoir plus d'ampleur que celui de l'homme, qui à tout s'intéresse ; qui éprouve des émotions fréquentes — l'anarchiste jouit d'une grande sensibilité ; — qui pour Patrie a le monde entier ; qui considère tous les hommes — n'importe leur origine — comme ses frères ?

Au dire de l'auteur de *Les Caractères*, l'antipatriotisme naît *ou* de sentiment froissé *ou* d'une réaction contre les excès d'un patriotisme inintelligent *ou* d'idées générales « très élevées, un peu prématurées seulement ». M. Paulhan admet l'alternative en cette génération. Il erre. Les causes efficientes de l'antipatriotisme sont l'agrégat des causes précédemment énumérées : froissements de sentiments, réaction contre le chauvinisme, idées générales. Ces causes s'ajoutent entre elles, se composent et leur résultante est : l'antipatriotisme.

Chez l'anarchiste-socialiste les idées générales prédominent. Pour origine cette prédominance reconnaît l'existence des qualités mentales « sens de la logique, curiosité de connaître ». Il élabore son antipatriotisme, il le délibère, le raisonne. De ses personnels froissements, il infère les froissements d'autrui. Du particulier, il conclut au général. Dans cette gé-

1. Fr. Paulhan — p. 72, 73 — L. C.

néralisation les griefs personnels s'effacent parce que lointains et n'apparaissent plus visiblement que les idées générales, abstraites. Alors elles subordonnent les autres causes, terre à terre, qui ont jeté l'individu dans la voie conduisant à l'antipatriotisme.

L'amour de l'universalité des hommes est aussi une preuve de la prédominance des idées générales dans l' « état d'âme » spécial aux individus que nous étudions. De par son « altruisme » joint à son « prosélytisme » l'anarchiste est un *humanitaire*, ce type peu actuel au dire de M. Paulhan qui semble le considérer comme le type de demain. Cette catholicité dans l'altruisme, incluant fatalement l'antipatriotisme lequel exige l'antimilitarisme — toutes tendances qui sont chez l'anarchiste et qui confirment la caractéristique « sens de la logique » — dénote une réelle *ampleur* de caractère.

Il ne peut être ici question de l'ampleur des tendances considérées individuellement, c'est-à-dire de la complexité de chacune d'elles prise en particulier. Cette ampleur varie avec chaque individu. Or ici nous traitons de la mentalité collective, constituante du type anarchiste-socialiste et non de la cérébralité individuelle de chaque anarchiste.

Au sens psychologique, M. Paulhan défini ainsi la *pureté* : Absence, dans un désir, dans une passion de tout élément discordant, de tout élément hétérogène[1]. Etant donnée cette définition, l'anarchiste possède la *pureté* de caractère. Sa cérébration est si homogène que généralement l'analyse la plus précise n'y décélera point de discordance. Sous l'influence des milieux, les qualités psychiques se développent. Par leur développement ces tendances caractéristiques de l'anarchiste-socialiste empêchent celui des autres tendances hétérogènes, nuisibles. Elles les atrophient ou tout au moins les cèlent sous une épaisse couche de gangue. L'homogénisation s'accomplit. Il y a lutte entre tendances diverses, élimination des plus faibles par les plus fortes ; il se produit une sélection et bientôt la mentalité anarchiste est fixée. Tout élément tendant à produire l'hétérogénisation a été éliminé. Plus n'existe d'élément discordant. L'anarchiste-socialiste tend vers sa fin : la diffusion de l'idée. Cet esprit de « prosélytisme » hyperexcité chez beaucoup, exagéré chez tous est l'indéniable preuve de la *pureté* du caractère chez l'anarchiste.

Considérons maintenant l'intensité des tendances, — j'entends le développement de chacune des tendances, — nous observons alors que l'anarchiste-socialiste est un *passionné*. Souvent au cours de cette étude nous avons noté l'exacerbation des qualités psychiques. Elles sont, quasi toujours, développées au-dessus de la moyenne ; j'entends que chez les autres

1. P. 78 — L. C.

hommes elles sont parvenues à un degré moindre de développement.

Les tendances particulièrement « outrées » sont : l'esprit de révolte ; l'altruisme ; l'amour de la liberté ; l'esprit de prosélytisme.

La grande intensité de ces tendances reconnaît pour causes une vive sensibilité, une émotivité telle que la réaction est toujours rapide, quelquefois violente.

L'anarchiste-socialiste est un *passionné*. D'apparence calme, d'air froid, d'attitude indifférente quelquefois, il n'en est pas moins un *ardent*. Tel était Proudhon nous apprend l'auteur de *Les Caractères*. Il est « maître de soi » même quand pour une part il appartient au type *impulsif* comme Ravachol, Vaillant, Henry, Pallas. Son calme, son indifférence, sa froideur sont de surface et résultent d'une considérable tension d'esprit[1]. D'aucunes fois cette tension

1. Quelques faits : En 1894, lors des arrestations en masse des anarchistes, l'un d'eux, M. X... fut gravement insulté par un juge d'instruction qui connaissant son caractère, voulait le faire « mettre hors de ses gonds ». M. X... eut la volonté de rester calme, mais il paya cette tension d'esprit d'une véritable crise de colère quand il fut sorti du cabinet du juge. Une détente s'était produite.

Un autre, Fénéon, littérateur et artiste d'une haute intelligence, garda dans les affres du secret, en cellule, une sérénité, une impavidité qui, par toutes les gazettes furent notées. En même temps, elles observaient que cette indifférence était une attitude car elle célait un cœur chaud, une forte sympathie, se dépensant aisément pour ses amis, une sensibilité exquise perceptible en ses critiques d'art si originales. De par sa volonté puis-

d'esprit ne suffit pas à contenir la passion. Une explosion subite a lieu. Alors la passion irrupte violemment. Toutes digues sont rompues, de même un torrent. Alors parfois sont agis des actes criminels.

Il y a, chez l'anarchiste-socialiste, — c'est-à-dire dans le groupe des tendances psychiques spécifiques de l'anarchiste — lutte continuelle entre la tendance à l'action passionnée et la tendance à l'inhibition par réflexion, raisonnement. D'un côté, agit la réflexion, de l'autre la sensibilité. L'action est la résultante de ces deux forces. Suivant que l'emporte la sensibilité ou la réflexion, l'action sera violente, irréfléchie ou réfléchie, longuement délibérée. Jamais l'inhibition est telle qu'il n'y ait aucune action, car jamais la sensibilité n'est annihilée par la faculté de raisonnement.

En somme, l'anarchiste-socialiste appartient au type *passionné* ; il est doué d'une grande intensité de sentiments.

« Cette intensité s'accompagne souvent de la non-
» satisfaction des désirs non seulement parce que la
» satisfaction la diminue ou la fait disparaître, mais
» parce qu'une passion très violente ne peut guère
» être pleinement satisfaite [1]. » Tel est le plus sou-

sante, Fénéon dominait sa sensibilité, inhibait sa passion ; aucune détente extérieure n'avait lieu, la volonté était maîtresse.

1. Fr. Paulhan — L. C. p. 84, 85.

vent le cas chez les anarchistes, ce qu'explique leur appétit de prosélytisme. Ils cherchent toujours à satisfaire leur passion de façon à éprouver le maximum de jouissance et ils n'y parviennent jamais. La non-satisfaction de ses désirs ne jette point l'anarchiste dans le dégoût, ne le conduit pas à l'ennui, ne le mène pas au suicide *direct*. Il a la foi sur la conviction basée, qu'un jour ses désirs se réaliseront. Aussi cette foi l'empêche d'arriver à l'ennui, au dégoût; à la misanthropie, au suicide.

Cependant il arrive que la non-satisfaction *rapide* des désirs conduit quelques-uns au suicide indirect. Ils sont dégoûtés de la vie et la veulent quitter, mais encore en cet ultime acte, ils veulent propagander. Il leur faut aider à la réalisation de leur idéal et leur suicide doit œuvrer en ce sens. Alors ils agissent et, pour se tuer, ils tuent autrui [1].

Passionné, l'anarchiste affronte avec insouciance les ennuis de toute sorte que lui cause inévitablement son zèle prosélytique. Que lui importent la misère, la prison, le bagne, la Mort! De cette ardeur dérivent des qualités secondaires : esprit d'entreprise, audace, énergie, vaillance.

La propagande, sous ses multiples formes, est par

1. Nous nous proposons de développer l'explication de cette genèse de l'acte de violence en un livre sur les anarchistes criminels, contribution à la criminologie politique.

excellence, la révélatrice de ces caractères entreprenants, audacieux, énergiques, vaillants[1].

Par la possession des qualités « sentiment de justice, altruisme, sens de la logique », l'anarchiste-socialiste se classe parmi les *constants* et les *tenaces*.

Il est constant parce que étant *certain* de posséder la vérité, il s'y tient d'une façon opiniâtre. Il est tenace parce que son attachement à ses idées repose sur une base solide : Amour d'autrui, sentiment de justice, sens de la logique.

Les tendances de l'anarchiste-socialiste sont persistantes. Sa ténacité même dégénérerait vite en de l'entêtement irréfléchi si son philonéisme ne venait contrebalancer cette tendance.

1. Voir le chapitre IX. — A chaque instant cette audace, cette énergie se révèle souvent avec grand bruit. Lors du tirage au sort à Saint-Etienne, M. Chapoton crie : « Le patriotisme est le dernier refuge d'un bandit! Vivent les peuples frères! » A Grenoble, M. Murmain en un interrogatoire de la cour d'assises déclare que le drapeau tricolore cache un amoncellement de cadavres. En correctionnelle, à Marseille, un autre crie : Vive l'anarchie! ce qui lui vaut un mois de prison. A Saint-Denis, dans la salle même de la mairie, un conscrit refuse de tirer au sort, et s'écrie: « Vive l'anarchie! A bas la patrie! ». Nous rappellerons l'affichage sur les murs de Paris du placard *Armée coloniale* par les anarchistes. E. Mursch et J. Sluys; l'affaire Dardare, Leveillé, Decamps à Clichy. A Saint-Ouen, sur les murs, en lettres d'un mètre de hauteur, les anarchistes écrivent : « A bas l'autorité! A bas la Police! (voir *France Sociale et Politique*, année 1891 — p. 165, 166, 217, 219, 225, 226, 244). — On remplirait des volumes avec des faits analogues.

Ténacité et constance sont modalités passives de la persistance des tendances ; la persévérance en est la forme active. La persévérance ne se lasse pas ; elle tend vers un but déterminé à force de patience et sans souci de la longueur du temps. Elle signifie : action continue — que rien n'interrompt — pour la réalisation de ce but.

L'anarchiste-socialiste est un *persévérant*. Il a un idéal et cet idéal il veut le réaliser ; il tend sans cesse d'une façon *continue* à le rendre réel. Chacun de ses actes, chacune de ses pensées tend, pour ainsi dire, à cette réalisation de son rêve. Et cependant il sait souvent qu'il ne pourra la voir, qu'il n'en jouira point. Comme Jésus il pourrait dire : « Mon royaume n'est pas de ce monde. » Et il persévère vers la fin rêvée ! Aux milieux variés dans lesquels il vit, sur lesquels il agit, il adapte ses moyens de propagande. C'est un persévérant parce que c'est un ardent de prosélytisme.

Cette ténacité dans les opinions, cette persévérance dans un idéal et dans sa réalisation se constate facilement à la lecture des fastes judiciaires relatifs aux anarchistes. A chaque instant ils disent devant les juges : « Vous pouvez nous condamner. Nous ne changerons pas d'opinion. Nous sommes et nous resterons anarchistes. [1]. »

1. Voir la *France Sociale et Politique* années 1890, 1891, 1892, 1893 ; ces deux dernières années en préparation.

Cette ténacité, cette persévérance, cette réflexion, cette maîtrise de soi qui, nous l'avons montré, se rencontrent dans l'« âme » anarchiste font que l'anarchiste est un *volontaire*. Comme il a pour le Moi un amour profond et que permanemment il cherche à le perfectionner il tend sans cesse à cultiver sa volonté. Il s'éduque pour être volontaire.

Etant donnés son amour du nouveau et sa curiosité, l'anarchiste-socialiste possède une intelligence *souple*.

Par souplesse des systèmes psychiques, M. Paulhan entend « leur facilité plus ou moins grande à » se transformer, à absorber de nouveaux éléments » et à s'adapter aux circonstances sans se déformer » ou se dissoudre ». Souplesse est synonyme de plasticité. L'anarchiste a l'intelligence plastique, quelquefois même trop plastique. Ne lui arrive-t-il point d'accepter pour bonnes des idées rien que parce qu'elles sont nouvelles ? Ne s'assimile-t-il pas mal des idées parfois trop rapidement absorbées ?

La réalisation de son idéal est le but qu'il poursuit : grâce à son appétit de prosélytisme, sans cesse il y pense ; grâce à son altruisme, sans cesse il cherche à le trouver meilleur, cet idéal. Mais de là résulte que les obstacles à la réalisation lui échappent. Il voit le but et point les moyens d'y arriver. Il accepte les moyens qu'on lui propose sans y appliquer son esprit de critique ; il se les assimile rapidement mais mal parce que le but, l'idéal à réaliser et bientôt réalisé — il en a la foi — a obnubilé pour une part son intellect, parce qu'en outre il possède une imagination vive, bien que tempérée par la raison, et l'amour des principes abstraits — nous le verrons plus loin.

Son intelligence est souple; son caractère est raide, entier, inflexible, fier, rude quelquefois. Ainsi était Proudhon avec sa franchise dépourvue d'artifice.

L'anarchiste-socialiste est *inflexible* parce que sa mentalité est caractérisée par l'esprit de critique, le sentiment de justice, le sens de la logique, le zèle prosélytique. Il a la certitude de connaître la vérité ; il a la volonté de la répandre. Aussi rien ne le fera céder, rien ne le fera plier : ni la misère, ni les objurgations craintives des siens, ni la prison, ni le bagne, ni la mort. *Il sera inflexible.* Plus les poursuites et les peines qui l'atteindront seront violentes, plus il persévérera dans son opinion, plus il s'ancrera dans ses idées, plus il sera convaincu de connaître la vérité. « Les grandes choses dans un peuple, a dit Renan, se font d'ordinaire par la minorité. » L'anarchiste-socialiste a la certitude que cet aphorisme est exact et cela le confirme en ses idées, en son idéal. *Il reste inflexible.*

L'anarchiste-socialiste est *fier* parce que dans sa

mentalité existent l'amour du moi, l'amour d'autrui, la curiosité de connaître.

L'anarchiste-socialiste est un *impressionnable*, car l'analyse psychique nous a révélé sa vive sensibilité. Son émotivité est inhibée par la réflexion. Permanemment l'individu surveille ses impressions. Il prend garde à ce que sa réaction soit rationnelle et non impulsive. Son raisonnement refrène sa passion. Raison et sensibilité s'équilibrent chez lui. Cette pondération ne le conduit point à l'indifférence. Encore que flegmatique, il entre facilement en activité dès qu'il subit un choc. Et à chaque instant, il subit ce choc, car ses sentiments, son idéal sont lésés par tous les phénomènes sociaux. Il est impressionnable parce qu'il est affecté de prosélytisme, d'altruisme, d'esprit de révolte, du sentiment de justice.

Grâce à sa curiosité de connaître, l'anarchiste-socialiste participe du type *intellectuel*. Cependant il n'étudie pas pour la joie d'étudier, mais à fin de diffuser la bonne parole. C'est là, la chose qui importe à l'anarchiste. Son intellectualisme est fortement mitigé par son prosélytisme.

Il a plus de facultés critiques que de facultés créatrices. Il raisonne plus qu'il n'imagine. L'analyse psychologique nous a montré, en effet, l'existence, dans « l'âme » anarchiste-socialiste, des caractères : esprit critique, sens de la logique. L'imagination, malgré cette subordination, n'est pas annihilée car nous avons révélé dans la mentalité anarchiste les facultés : esprit d'innovation, philonéisme.

Nous avons vu que l'anarchiste-socialiste était un passionné. Par ce côté de sa nature psychique, il appartient au type *affectif* en usant de la terminologie de M. Paulhan. « Les affectifs, dit ce psychologue, ont horreur d'une conduite rationnelle ; ils opposent volontiers les impulsions du sentiment à la « froide raison. »

Généralement l'anarchiste-socialiste n'a pas horreur de la raison. Il se pique volontiers de n'agir que rationnellement. Son affectivité est donc tempérée par sa réflexivité. Il vit autant par « le cœur » que par le cerveau ; ces deux vies cardiaque et cérébrale sont chez lui harmoniques. Par son affectivité, il réagit rapidement ; par sa réflexivité sa réaction est inhibée dans sa rapidité en même temps que les moyens de réagir lui sont découverts.

L'anarchiste-socialiste est évidemment un *orgueilleux*. Il aime en effet son Moi, il a des convictions fortes ; il croit posséder la vérité.

Fatalement l'orgueil conduit à l'ambition. Donc l'anarchiste-socialiste est un *ambitieux*. D'espèce particulière est son ambition, car interviennent les facteurs psychiques : amour d'autrui, amour de la liberté. Il ne veut pas dominer, il veut convaincre. Il préfère l'influence à la domination ; son prosélytisme si zélé en est une preuve.

Chez l'anarchiste-socialiste, l'amour de la célébrité, de la gloire ne s'allie pas à l'ambition, à l'orgueil comme il en est assez fréquemment chez les hommes. Cette alliance n'existe pas parce que, en la cérébralité anarchiste, se trouve l'esprit de prosélytisme. Ce que par dessus tout, il ambitionne, c'est la diffusion de ses idées. N'avons-nous pas noté que l'anarchiste aimait à garder l'anonyme [1]. Il le fait non pour fuir les responsabilités, non par crainte d'une pénalité quelconque : grâce à sa passion de propagande, il affronte avec indifférence, souventes fois avec plaisir, les peines les plus grièves.

Non, s'il garde l'anonyme c'est qu'il lui est loisible de propagander davantage. Libre, il peut remplir encore sa mission prosélytique. En outre, par amour de la liberté, il tient à se préserver des individus ; ne voulant point de maître, il ne veut être le maître de personne. Pour ce, il importe que la doctrine ne soit pas symbolisée en des individualités, il faut qu'elle soit élaborée par des anonymes. L'amour de la Liberté prédomine l'amour du Moi qui logiquement devrait pousser l'individu à aimer la gloire.

1. La *Révolte*, le *Père Peinard* étaient anonymes de même que *Freedom*, *De Fakkel*, *Der Anarchist*, el *Despertar*, *La Liberté*, La *Anarchia*, *Sempre avanti*, etc. etc.

L'anarchiste-socialiste aime cependant la gloire pour ses idées. Il voudrait sa doctrine par tous approuvée, suivie. Il jouit quand un acte, une pensée, un phénomène quelconque appelle l'attention publique sur l'idée, qu'il a faite sienne. Il est glorieux pour l'idée, point pour son nom à lui.

Cet état d'âme, assez rare, ne se rencontre que chez les passionnés pour une idée. Chez les premiers chrétiens par exemple, on le retrouvera. Toutefois, quand on scrute l' « âme » anarchiste-socialiste, on constate la présence d'un certain amour-propre, d'un certain orgueil pour *soi*. Il gît comme entouré d'une épaisse gangue générée par l'intensité du prosélytisme, de l'altruisme, de l'amour de la liberté qui sont dans les mentalités anarchistes. L'anonymat des journaux est plus apparent que réel ; les noms des écrivains en sont connus et il en résulte une notoriété, quelquefois une célébrité qui agréablement chatouille l'orgueil pour *soi* existant chez tous les hommes. Il est effacé ce personnel orgueil, mais il est. Ainsi me fut répété ce propos d'un anarchiste, après l'adoption de certaines lois spéciales.

« Hein! disait-il, riant et ironique, c'est pour nous qu'ils ont légiféré ! c'est même à cause de moi seul. »

Il perçait en le ton, encore plus qu'en les paroles l'orgueil pour soi, qui en fait, existe chez *tous* les hommes à un degré plus ou moindre de développement. Dans la mentalité anarchiste-socialiste, il est en somme infime, si on le compare à l'orgueil pour les idées, à l'ambition d'influencer intellectuellement les hommes.

Si par cynisme, on entend l'indifférence au blâme ou à l'approbation d'autrui, l'anarchiste-socialiste est un *cynique*. Il brave les idées reçues ; est insoucieux des convenances ; affronte les lois. Il affirme son idée et confesse sa foi. Voilà la raison de son mépris des coutumes mondaines, des règles de toute nature. Ce genre de cynisme suppose l'orgueil de l'individu et encore plus l'intensité des sentiments comme l'a observé M. Paulhan. Cette ardeur dans la passion ne permet pas à des considérations quelconques d'arrêter l'expansion de ces sentiments, de ces idées. L'anarchiste est *cynique*, parce qu'il a l'esprit critique, une vive sensibilité, l'appétit de prosélytisme.

Comme tous les initiateurs, les révolutionnaires, les meneurs de peuples, l'anarchiste-socialiste est affecté de l'amour des principes abstraits.

Chez certains hommes, la passion sociale désintéressée l'emporte sur les considérations personnelles et sur les intérêts des groupes sociaux [1]. Proudhon aurait sacrifié la France elle-même si la civilisation et la Libre-Pensée l'avaient exigé [2].

1. PAULHAN, *loc. cit.*
2. *Correspondance de Proudhon*, VI, 155, cité par PAULHAN.

Ce sacrifice de la Patrie, de la Famille, de l'individu, même pour l'idée est caractéristique de toute « âme » anarchiste-socialiste. Tout anarchiste-socialiste est comme Proudhon. Dans les conversations de l'atelier ou du salon, dans les déclarations des prétoires, dans les articles des journaux, dans les études des revues, l'anarchiste ne manque point d'affirmer qu'à l'Idée, si besoin était, il ferait, indifférent ou joyeux, le sacrifice de sa patrie, de sa famille, de son individu. Et cette affirmation voit sa réalité prouvée par des faits. Pour leur idée qu'ils estiment être la vérité, combien ont subi de la prison ; ont fui le clocher natal — et en fait ils l'aiment — ; ont rompu d'amicales et anciennes relations ; ont brisé avec des personnes aimées ; ont refusé des places, des honneurs, de l'argent ! Comme les chrétiens d'antan, ils préfèrent aux jouissances mondaines, aux richesses, la joie intime de connaître la vérité et de la confesser. Naturellement suivant chaque individu, le sacrifice varie en intensité. Tous, cependant, témoignent de leur foi. Par suite, plus ou moins à son idée, chacun jette en holocauste ses amitiés pour les siens, ses désirs ambitieux et glorieux pour soi, ses amours du foyer natal, de la patrie.

Toutefois leur appétence du martyre, effet de leur émotivité et de leur passion prosélytique, est pondérée par leur réflexivité, effet de leur sens de la logique, de leur esprit critique. Le plus souvent l'anarchiste élabore longuement sa pensée. Il agit après délibération. Il a envisagé les conséquences de l'expression de sa pensée et il n'agit que s'il a jugé les résultats probables pour l'Idée adéquats aux désavantages certains pour son individu. Son sacrifice est raisonné, réfléchi.

La passion sociale désintéressée — j'entends désintéressée de mobiles vulgairement qualifiés bas [1] — prédomine puissamment dans la cérébralité anar-

1. Je me trouve dans la nécessité d'user de la terminologie commune. Au point de vue psychologique, la bassesse ou l'élévation des sentiments, des idées, des mobiles n'importe en rien. Cela n'a de valeur qu'au point de vue moral. Cette qualification de « bas » n'implique donc aucune idée réprobative ou approbative. Je n'écris ni une apologie ni une diatribe ; j'examine avec la sérénité de l'homme de science l'état psychique de l'Anarchiste-socialiste. Les mobiles communément désignés comme bas, sont : amour des richesses, du pouvoir pour ses avantages matériels, des places et fonctions, de la gloire pour ses avantages matériels, etc.

Si, en moraliste, on considère les individus affectés de la passion sociale désintéressée, on constate que ces individus ont un caractère moral élevé, supérieur à celui des individus dont la passion sociale est intéressée. Cette constatation se prouverait facilement par l'analyse des phénomènes historiques. Les hommes ont toujours regardé les passionnés sociaux par mobiles élevés comme meilleurs, plus grands que les passionnés sociaux par mobiles bas.

Cette supériorité ou infériorité des mobiles n'ont, nous le répétons, aucune importance psychologique, car en fin d'analyse : *Tout homme agit pour jouir.*

Tout acte, toute pensée a pour unique fin la jouissance ou la moindre peine, ce qui est une modalité de la jouissance. Ce

chiste. Passionné social, affecté d'amour pour les principes abstraits — n'aime-t-il point l'humanité plus pour ce qu'elle devrait être (ce qu'elle sera) que pour ce qu'elle est[1] ? — il est ainsi en vertu de sa vive sensibilité, de son esprit de critique, de son intense prosélytisme, de son sentiment de justice, de son sens de la logique.

Si l'anarchiste-socialiste ardemment désire l'amélioration générale de la société, souhaite le bien-être pour tous, appète avec force vers un infini progrès, il ne symbolise point cette appétence en un individu comme font par exemple les Césariens, les Royalistes, comme l'ont fait les Boulangistes à un récent moment de notre histoire. Sa passion sociale est *pure* en ce sens qu'il ne s'y allie point de passions parasitiques, parfois intensificatrices, parfois diminutives de la passion sociale.

L'anarchiste-socialiste ne symbolise même pas son amour du perfectionnement social en un Dieu. A lui se peut appliquer cette parole de M. Paulhan[2] : « L'a-

n'est point le lieu de refaire ici la démonstration de cette vérité, déjà prouvée magistralement par un savant que la science a malheureusement trop tôt perdu. Nous voulons parler de M. Guyau. Le curieux lira fructueusement l'œuvre de ce normalien et particulièrement son *Esquisse d'une morale sans obligation ni sanction*.

1. Pensée d'Émile Henry, citée dans la *Libre Parole*, 25 mai 1894.

2. L. C. p. 192.

mour de la perfection, l'amour du vrai, du beau et du bien, de tout ce qui constitue pour les croyants les attributs intellectuels et moraux de Dieu subsiste, mais sans leur attribution à une même personne. Ils gardent leur forme abstraite. »

Et ce philosophe ajoute que ceux qui ont un tel amour pour ces idées abstraites constituent le type des saints laïques et athées.

Pour posséder son ardent amour du juste, du vrai, du beau, du bien — selon ses conceptions — l'anarchiste n'a nul besoin de symbole parce que la sensibilité et la réflexivité s'équilibrent en son encéphale. Cette non-nécessité de symboliser sa passion, il la doit à la combinaison de ces caractéristiques psychiques : esprit d'examen, amour de la liberté, sensibilité, sens de la logique, curiosité de connaître.

« Peu de choses sont plus choquées en nous, par notre faute ou celle des autres, que nos tendances instinctives pour le vrai, le bien, le beau. Le réel s'oppose cruellement à l'idéal et en s'opposant à lui, il le fait comprendre, l'impose et dans une certaine mesure le crée. La réflexion se fait et la tendance consciente se forme, se développe, vit de sa vie propre et tend à devenir la règle et le moteur de la conduite. Et si une fois nous connaissons la portée de la tendance et l'universalité de son objet, si nous le considérons comme un principe général, comme un des fondements de l'ordre universel, une des formes de la vie morale du monde, nous avons en somme l'amour de Dieu sans la personne de Dieu; chez les rêveurs ou les sensitifs, une sorte de mysticisme sans Dieu peut très bien naître et grandir. Au fond, la philosophie ainsi comprise ne différera pas essentiellement de la religion, les mots mêmes en peuvent être conservés et nous avons toute la série des états d'âmes qui vont du mysticisme catholique à l'adoration du protestant ou du déiste, à l'ivresse du panthéiste pour qui Dieu est la substance infinie en qui nous vivons et même à l'émotion de l'athée pour qui « Dieu » se réduit à un ensemble de lois morales, à un idéal non réalisé et qui ne le sera sans doute jamais. Et l'idée de Dieu ne varie pas beaucoup plus du théiste à l'athée que du catholique au déiste, parmi les panthéistes même il en est qui penchent plus d'un côté, d'autres qui tombent de l'autre. »

Ainsi parle M. Paulhan [1] et il exprime une vérité. Chez l'anarchiste-socialiste, souventes fois elle se vérifie. La philosophie incline à la religion, a noté avec raison M. Daniel Saurin. Panthéiste ou athée, l'anarchiste a pour son idéal une sorte de culte. Son amour pour ce qu'il conçoit comme vérité est réellement religieux. L'anarchiste-socialiste a une religion, mais elle

1. L. C. p. 192, 193.

est sans rite ; elle est purement intellectuelle et son objet est sa conception du Vrai, du Juste, du Beau. Comme le catholique ardent, comme le calviniste farouche, comme tous les sectateurs d'une quelconque religion, l'anarchiste a la foi, une foi invincible en la réalisation future, lointaine ou proche, d'un état social nouveau où l'humanité jouira d'un grand bonheur. Pour l'anarchiste, l'Idée est Dieu.

Sa philosophie incline à la religion, ne s'en différencie pour ainsi dire point. C'est avec raison que M. Aurélien Schöll a pu dire : L'anarchie est une religion. Il en est ainsi parce que la cérébralité de l'anarchiste-socialiste renferme les facteurs : altruisme, amour de la liberté, prosélytisme.

Indifférent aux détails de la vie matérielle, à l'argent, à la bonne chère, au confort, au luxe, l'anarchiste-socialiste concentre son activité sur un point. Ce point, c'est ce qu'il conçoit comme la vérité, le bien. Son activité est grande, car il est ardent et passionné. Il appartient au type d'unifiés avec prédominance de la passion sociale.

Il possède une personnalité robuste, car il aime et cultive son moi. Il n'est pas un pâle reflet de son milieu ; il n'est pas une insignifiante poupée.

Alors que la masse des hommes réfléchit les opinions d'une minorité comme les miroirs réfléchissent les images, l'anarchiste pense par lui-même. Il absorbe des idées, des phénomènes et il se les assimile; il en nourrit son intellect; il se crée une intellectualité comme on se crée un corps avec des aliments.

En résumé, l'anarchiste-socialiste typique, de par sa mentalité prédéterminée, est un unifié, maître de soi, réfléchi, contrariant. Il a de la fixité dans ses idées, de l'ampleur dans son caractère, de la pureté dans ses tendances, de la souplesse dans son intelligence. Il est ardent dans ses entreprises, audacieux, énergique, persévérant dans son but, inflexible dans ses opinions dont il est fier, très impressionnable, aussi affectif qu'intellectuel, plus critique que créateur, orgueilleux et ambitieux d'influencer les hommes. Chez lui, la dominante est la passion sociale. Sa fin caractéristique par excellence est le prosélytisme pour amener l'humanité à établir ce qu'il conçoit comme l'Idéal social.

Comme pour l'état mental, nous devons dire qu'il s'agit ici du type du caractère anarchiste-socialiste. C'est un caractère idéal, moyen, correspondant à tous les adeptes pris collectivement, mais ne correspondant à aucun pris individuellement. Chaque individu anarchiste-socialiste participe de ce type, c'est-à-dire que son caractère, par certaines tendances, entre dans les catégories dont nous avons parlé. Mais ces tendances, suivant les individus, sont à des degrés divers de développement; et de l'action des unes sur les autres et aussi de l'action des autres tendances particulières à l'individu résultent des déformations plus ou moins atténuées, plus ou moins prononcées, des tendances spécifiques du caractère de l'anarchiste-socialiste.

La réflexion, la maîtrise de soi, sont chez l'un atténuées par son ardeur et son énergie, chez un autre par l'émotivité. La réflexivité d'un troisième diminue sa fixité, pendant que chez un quatrième l'ambition d'influencer les hommes et la passion sociale s'unissent pour quasi atrophier la souplesse d'intelligence et la réflexivité, etc., etc.

Il s'agit donc, nous le répétons, d'un type idéal de caractère dont participent tous les anarchistes-socialistes, mais qui n'est le portrait d'aucun en particulier.

FIN

TABLE ALPHABÉTIQUE

DES

NOMS CITÉS

S

T

V

W

X

Y

Z

TABLE ANALYTIQUE

DES MATIÈRES

Imprimerie Générale de Châtillon-sur-Seine. — Pichat et Pépin

Contraste insuffisant ou différent, mauvaise qualité d'impression

Under-contrast or different, bad printing quality

www.ingramcontent.com/pod-product-compliance
Ingram Content Group UK Ltd.
Pitfield, Milton Keynes, MK11 3LW, UK
UKHW021100220726
13924UKWH00005B/2178